SV

Eva Corino
Das Nacheinander-Prinzip

Vom gelasseneren Umgang mit
Familie und Beruf

Suhrkamp

Anmerkung der Autorin:
Alle Namen, Orte und Arbeitgeber, die bei ihrer ersten Nennung
mit einem Stern * gekennzeichnet sind, wurden auf Wunsch
der beschriebenen Personen geändert.

Erste Auflage 2018
suhrkamp taschenbuch 4881
Originalausgabe
© Suhrkamp Verlag Berlin 2018
Suhrkamp Taschenbuch Verlag
Alle Rechte vorbehalten, insbesondere das
der Übersetzung, des öffentlichen Vortrags sowie
der Übertragung durch Rundfunk und Fernsehen,
auch einzelner Teile.
Kein Teil des Werkes darf in irgendeiner Form
(durch Fotografie, Mikrofilm oder andere Verfahren)
ohne schriftliche Genehmigung des Verlages reproduziert
oder unter Verwendung elektronischer Systeme verarbeitet,
vervielfältigt oder verbreitet werden.
Umschlagabbildung: Lottermann and Fuentes
Umschlaggestaltung: Rothfos & Gabler, Hamburg
Druck und Bindung: CPI – Ebner & Spiegel, Ulm
Printed in Germany
ISBN 978-3-518-46881-4

Inhalt

Teil 1 Das Nacheinander-Prinzip

Teil 2 Lebensgeschichten

Teil 3 Bestandsaufnahmen

Teil 4 Expertisen

Teil 5 Metamorphosen

Teil 6 Chancen

Teil 1 Das Nacheinander-Prinzip

Im Gleichzeitigkeitswahn

Nehmen wir meine Schulfreundin Marie*. Sie ist 36 Jahre alt, hat einen attraktiven Franzosen geheiratet, beide sind aufstrebende Ingenieure. Marie arbeitet als Managerin bei der französischen Eisenbahn. Sie managt den Bahnhof von Toulouse*, hat 230 Leute zu beaufsichtigen. Sie stellt sicher, dass die Züge auf den richtigen Gleisen einfahren, die technischen Störungen behoben werden, dass der Bahnhof sauber ist, die Geschäfte pünktlich öffnen. Außerdem überwacht sie den Bau einer neuen TGV-Trasse.

Ein ganz normaler Tag in ihrem Leben, sagen wir, ein Mittwoch, sieht so aus: Sie hetzt früh los, um ihre beiden Kinder, ihre fast dreijährige Tochter und einen sechs Monate alten Sohn, in die Krippe zu bringen, dann gleich weiter ins Büro. Dort muss sie als Erstes die Gleisarbeiter beschwichtigen, denn für den kommenden Tag ist ein Streik angekündigt. Es folgt ein Meeting nach dem anderen. Um 17 Uhr hetzt sie zurück zur Krippe, um ihre beiden Kinder abzuholen. Sie bugsiert die Babyschale in den Van, lässt ihre Aktentasche auf dem Autodach liegen und merkt erst zu Hause, dass sie fehlt. Sie kehrt um, findet sie, macht noch ein paar Einkäufe auf dem Weg, kocht dann ein warmes Abendessen, badet die Kinder, schläft beim Vorlesen in Kleidern ein, wacht um Mitternacht wieder auf und spült die schmutzigen Töpfe ab.

Mittlerweile ist Donnerstagnacht. Früher hat ihr Mann Jean* am Donnerstagnachmittag die Tochter abgeholt und im Park mit ihr gespielt. Aber seit er in die Privatwirtschaft gewechselt ist, macht er viele Dienstreisen. In dieser Nacht wird Marie vier Mal geweckt. Der kleine Jacques* braucht seine Flasche, will getragen werden, holt sich vermutlich die Nähe, die seine Mutter ihm am Tag vorher nicht geben konnte. In den frühen Morgenstunden küsst sie seine Stirn und stellt fest, dass er hohes Fieber hat. Sie ruft bei ihren Eltern an, in der Hoffnung, dass ihre Mutter anreisen und Jacques versorgen kann; in den nächsten Tagen soll der zweite Streckenabschnitt der TGV-Trasse eingeweiht werden. Am Telefon sagt die Mutter, sie könne nicht kommen, der Vater müsse ins Krankenhaus. Marie hat das Gefühl, dass sie eigentlich stehenden Fußes nach Deutschland reisen müsste, um den Eltern Beistand zu leisten. Aber das geht jetzt leider nicht, sie bestellt ihre Babysitterin, zwängt sich in ihr Kostüm und los, ein neuer Tag beginnt -- und dieser ganz normale Wahnsinn, den man heute gerne »Vereinbarkeit« nennt.

»Vereinbarkeit – wer weiß, wie es geht?«, titelt die *ZEIT*. »Die Lüge von der Vereinbarkeit«, beklagt die *Wirtschaftswoche*. Vereinbarkeit ist der Fetisch, das Sehnsuchtswort der Stunde, und das hat natürlich einen tieferen Grund. Vereinbarkeit ist ein beschönigendes Wort für etwas, das sich in Wirklichkeit oft anfühlt wie Zerrissenheit. Heute fällt die Zeit der Familiengründung mit der beruflichen Profilierung beider Eltern zusammen. Zeitnot und das ständige Gefühl von Überforderung sind die Folge. Kinder, Partnerschaft: ein logistisches Problem statt Glücksversprechen! Am Arbeitsplatz muss man so funktionieren, als hätte man keine familiären Aufgaben. Und wenn die Großeltern nicht mehr helfen können, sondern selbst hilfsbedürftig werden, bewegt sich die »Generation Sandwich« hart an der Grenze der eigenen Belastbarkeit.

Phasen der Entspannung und der äußersten Anspannung aller Kräfte sind heute zu ungleich über den Lebenslauf verteilt. Im Alter haben die meisten Menschen weniger Verantwortung, als gut für sie wäre. Die Pubertät wird in die Länge gezogen, die Familiengründung immer weiter hinausgezögert – aus Angst vor Festlegung und den anstrengenden Aufgaben, die sich in der Lebensmitte drängeln. Den richtigen Partner finden und »dingfest machen«, solange die biologische Uhr noch tickt. Familie gründen, sich hingebungsvoll um die eigenen Kinder kümmern.

Ein Zuhause schaffen, bauen, renovieren, einrichten. Für das Alter vorsorgen. Alles geben im Beruf, zwei Karrieren voranbringen, wenn nötig, sogar umziehen und pendeln. Dabei gutaussehend und sportlich sein, kulturell und politisch auf dem Laufenden bleiben. Wie soll man das alles gleichzeitig schaffen und bewältigen? Das ist kaum möglich. Und ich kenne viele, die an dieser Quadratur des Kreises gescheitert sind, die ihre Gesundheit ruiniert, ihre Ehen beschädigt, ihre Kinder vernachlässigt haben. Mit teilweise äußerst dramatischen Folgen.

Der Familiensoziologe Hans Bertram hat dieses Phänomen die »Rushhour des Lebens« genannt. Noch treffender finde ich es, von einem »Gleichzeitigkeitswahn« zu sprechen: Weil es wahnsinnig ist zu glauben, dass moderne Mütter all das gleichzeitig leisten könnten, was sie leisten müssten, um in Familie und Beruf ihr »Soll« zu erfüllen. Das schaffen nur sehr wenige, die Happy Few, die besonders stark sind, besonders begabt und besonders gute Bedingungen haben. Aber was ist mit den anderen? Mit der großen Mehrheit der Frauen, die unter ganz normalen Bedingungen leben? Sollen die sich trotz der ständigen Selbstausbeutung als ungenügend empfinden?

Frauen werden nicht ermutigt, Familienphasen einzulegen. Weil die ökonomische Faktenlage es so will: Die Sozialforscherin Ute Klammer etwa, die 2011 im Auftrag des Familienministeriums am ersten Gleichstellungsbericht mitgeschrieben hat, warnt vor längeren Erwerbspausen. Mütter, die über das gesetzlich zugesicherte Maß hinaus vom Arbeitsmarkt fernbleiben, haben oft ein sehr geringes Lebenserwerbseinkommen. Und das Armutsrisiko ist groß, vor allem, wenn sie sich scheiden lassen und als Alleinerziehende große Lasten schultern müssen.

Aber was ist die Alternative? Marie hielt den gnadenlosen Takt ihrer Arbeitstage knapp zwei Jahre durch. Kurz nach der Geburt ihres dritten Kindes brach sie vor Erschöpfung zusammen und brauchte lange, um sich wieder zu erholen.

Nehmen wir eine andere Freundin, Stephanie*. Sie arbeitete

bis vor ein paar Jahren in Brüssel bei der Europäischen Kommission* und sanierte daneben ein marodes Haus, hochschwanger, während ihr Sohn sich in der Krippe ständig irgendwelche Keime einfing, so dass sie ihn den halben Winter lang zu Hause behalten und ihre liegengebliebene Arbeit in Nachtschichten erledigen musste. Leider hatte ihr Mann das Gefühl, dass sie den Aufbau seiner Karriere nicht hinreichend unterstützte. Und leider hatte Stephanie das Gefühl, dass er sich nicht genug um die Kinder kümmerte – so dass sie ihre knappe Zeit zu zweit mit Streit und Vorwürfen zubrachten. Und als dann eine fröhliche Praktikantin an seine Bürotür klopfte, ging die Ehe endgültig in die Brüche.

In Deutschland werden heute 49 Prozent der Ehen geschieden, in Belgien, wo beide Eltern in der Regel Vollzeit arbeiten, sind es sogar 71 Prozent. Natürlich gibt es immer persönliche Gründe für das Scheitern von Beziehungen. Aber sie scheitern auch, weil die Druckzustände der Rushhour so schwer auszuhalten sind. Und weil die Paare ein unrealistisches Bild von Vereinbarkeit im Kopf haben, dem nur Supermänner und Superfrauen gerecht werden könnten. Ein familienpolitischer Diskurs, der dieses unrealistische Bild zum Leitbild erhebt, ist gefährlich und alles andere als nachhaltig. Er führt nämlich dazu, dass viele Frauen sich als Versagerinnen fühlen. Sie können sich abrackern, wie sie wollen. Sie haben trotzdem das Gefühl, immer im Defizit zu sein: Die Kinderlosen, weil sie Teil der demografischen Krise sind. Die hauptberuflichen Mütter, weil sie kein Geld in die Rentenkasse einzahlen. Und die berufstätigen Mütter, weil sie im Büro weniger verfügbar sind als die kinderlosen Kolleginnen und ihren Kindern weniger Aufmerksamkeit schenken können als die hauptberuflichen Mütter.

Die hellsichtige amerikanische Soziologin Arlie Russell Hochschild hat analysiert, dass berufstätige Mütter heute mindestens in zwei Schichten arbeiten: die erste Schicht am Arbeitsplatz und die zweite Schicht zu Hause. Wenn sie Pech haben, kommt auch noch eine dritte Schicht hinzu: die Auseinandersetzung mit den negativen Folgen ihrer Abwesenheit, der erschöpfte Kampf gegen die Traurigkeit, Wut und Verweigerungshaltung ihrer Kinder.

Inzwischen nimmt jeder dritte Vater Elternzeit, in der Regel allerdings nicht länger als zwei Monate, was auch zeigt, welches Männerbild in Deutschland noch immer herrscht. Der Mann muss arbeiten, aufsteigen und funktionieren, außerdem noch, so viel es geht, Vater sein und wenigstens symbolisch im Haushalt helfen. Und weil das natürlich auch eine Überforderung ist, kriechen Väter und Mütter gleichermaßen auf dem Zahnfleisch, vermuten aber ständig, der andere habe in diesem Rollenspiel den leichteren Part. Wahrscheinlich würde es Männern tatsächlich besser gehen, wenn sie sich weigerten, »potente Funktionsmaschinen« zu sein, die niemals scheitern. Aber von dieser Weigerung sind die meisten Männer im Alltag noch ziemlich weit entfernt.

Wenn aber Mütter kurz nach der Geburt ihrer Kinder ins Erwerbsleben zurückkehren und Väter zu Hause nicht einspringen können oder wollen, ist man oft beim »Outsourcing« angelangt. Dann sollen Tagesstätten, Tagesmütter, Nannies und Au-pairs die Lücke füllen, die die übermäßige Berufstätigkeit der Eltern im Leben ihrer Kinder hinterlässt. Geht das? Und bedeutet Familienmanagement dann nicht, dass immer weniger Familie und immer mehr Management stattfindet? Sehr viel Organisation, rings um eine leere Mitte?

Bei Wikipedia findet sich folgende Definition: »Outsourcing bzw. Auslagerung bezeichnet in der Ökonomie die Abgabe von Unternehmensaufgaben und -strukturen an externe Dienstleister. Es ist eine spezielle Form des Fremdbezugs einer bisher intern erbrachten Leistung.«

Im Jahr 2012 hat Hochschild in den USA ein Buch veröffentlicht mit dem Titel: *Outsourced Self. What happens when we pay others to live our life. (Das outgesourcete Selbst. Was passiert, wenn wir andere Leute dafür bezahlen, dass sie unser Leben leben*). In diesem hochinteressanten Buch beschreibt sie, dass Aufgaben, die früher das »Kerngeschäft« der Familie waren, heute zunehmend an externe Dienstleister vergeben werden. Weil den Eltern einfach die Kraft fehlt, sie noch selbst zu übernehmen.

Immer größere Teile des privaten und familiären Lebens werden zu Markte getragen: Das Kleinkind? Zack, zur Tagesmutter. Der demente Opa? Zack, ins Altenheim. Die kriselnde Ehe? Zack, zum Therapeuten. Das warme Mittagessen? Wird in verschiedenen Kantinen eingenommen. Der Einkauf? Wird per Internet bestellt. Die Hemden? Werden in der Reinigung gleich gebügelt. Die Herbstferien? Gestaltet der Trainer im Fußballcamp. Der Kindergeburtstag? Organisiert das Team in der Kletterhalle.

Hochschild spricht mit den Konsumenten dieser schönen neuen Dienstleistungswelt. Und sie macht deutlich, dass sie diesen Konsum zugleich als Erleichterung und als großen Verlust erleben. Denn natürlich erinnern die Eltern einen Kindergeburtstag, den sie selbst imaginieren und mitfeiern, viel intensiver als einen, den sie nur »gebucht« haben.

Zu viel »Outsourcing« bedeutet, dass wir als Eltern eine tiefe Dimension der eigenen Lebenserfahrung einbüßen.

Eine andere Folge des Gleichzeitigkeitswahns ist, dass so mancher Kinderwunsch unerfüllt bleibt. Viele junge Paare träumen von einer großen Familie, trauen sich aber nicht, mehr als ein oder höchstens zwei Kinder zu bekommen. Sie haben panische Angst, sonst den Anforderungen ihres Berufs nicht mehr gerecht zu werden und aus allen Karriere-Rastern herauszufallen, und zwar für immer.

Und wenn die Kinder flügge werden und aus dem Nest hüpfen, sind die Eltern plötzlich traurig. Weil sie nicht richtig »satt« geworden sind als Mütter oder Väter. Weil sie die Erfahrung, für Kinder sorgen zu dürfen, doch gerne mehr ausgekostet hätten. Der psychologische Umschlag von: »Bloß kein Kind mehr, das wird mir alles zu viel!« zu: »Hätten wir doch bloß noch eins bekommen, es ist auf einmal so still hier im Haus!« kann heute sehr schnell kommen.

Das ist das Problem bei dem Modell des »Adult Worker«, das in familienpolitischen Kreisen viel diskutiert wird: Wenn Vater und Mutter zu jedem Zeitpunkt ihres Lebens Erwerbstätigkeit und Erziehungsleistung kombinieren wollen, dann kombinieren sie auch den Stress aus beiden Bereichen: Den Stress der Deadlines, der ständigen Meetings, der Telefonate in überfüllten Zugabteilen, der hastig verschlungenen Brötchenhälften. Den Stress der durchwachten Nächte, der streitenden Geschwister, der Trotzanfälle und der umgestoßenen Gläser. Und den Stress, zwischen zwei ganz verschiedenen Zeitgefühlen zu vermitteln.

Nun ist das kindliche Zeitempfinden wie ein langsamer, ruhiger Fluss. Es ist schön, wenn Eltern die Gelegenheit haben, mit offenen Augen an seinem Ufer entlangzugehen – und wartend zu sehen, wie lange ihre Kinder spielen, streunen, staunen, toben, trödeln und träumen wollen … Aber wenn alles gleichzeitig stattfinden muss, die Familiengründung und die berufliche Profilierung von beiden Eltern, dann heißt das auch, dass sie diese Gelegenheit nicht mehr haben. Und dass die Kindheit ihren freien und fließenden Charakter verliert.

Die Autorin Antonia Baum hat das einmal sehr gut beschrieben, in einem FAS-Artikel mit dem Titel: »Man muss wahnsinnig sein, um heute ein Kind zu kriegen«. Baum ist Anfang dreißig und sieht die Kinderfrage wie ein Damokles-Schwert auf sich zukommen. Warum, fragt sie sich, soll sie ein Kind bekommen, wenn sie gar keine Zeit dafür hat und es pausenlos wegorganisieren muss? Wann solle denn da eine Beziehung zu dem Kind entstehen? Mit einem Jahr in die Kita, dann in die Ganztagsschule: »Auf dem Weg zur Kita rennen, damit ich nicht zu spät komme, aber mein Kind will sich vielleicht irgendeine Blume ansehen oder findet einen Lastwagen toll, und dann muss ich es da wegziehen, weil ich, im Dienst der Arbeit, keine Zeit habe.« Die Autorin nennt es ein »Selbstausbeutungskonzept«, das schon beginnt, bevor man überhaupt Kinder hat. Arbeit, Beziehung, Körper, Bildung und Einrichtung – alles müsse heute perfekt sein, und perfekte Kinder sollten obendrauf, wobei die sich so oft dem Perfektions- und Timing-Wahn entziehen würden, dass das Ganze gar nicht mehr kompatibel sei, nach dem Motto: »Es ist jetzt aber total unpassend, dass du schlecht träumst, muss das sein? Ich habe zu tun!«

Nun kann man natürlich argumentieren, dass wir auch die Freuden aus beiden Bereichen kombinieren. Aber mein Eindruck ist, dass wir beim Zehnkampf des modernen Lebens inzwischen emotional nach dem Motto leben: »Mehr ist weniger!«

In den letzten fünfzehn Jahren sind die Familienphasen immer kürzer und gehetzter geworden. In einer Studie des DIW zur Wirkung des Elterngeldes, das im Januar 2007 eingeführt wurde, heißt es: »Erwerbsunterbrechungen von Müttern in Deutschland waren im internationalen Vergleich überdurchschnittlich lang. Die Verkürzung der maximalen Bezugsdauer von 24 Monaten beim Erziehungsgeld auf zwölf Monate beim Elterngeld entsprachen der politischen Zielsetzung, diese Unterbrechungen zu verkürzen. Eine Analyse tatsächlicher Veränderungen des Erwerbsverhaltens auf Basis des Mikrozensus bestätigt, dass sich die Erwerbsbeteiligung von Müttern im zweiten Jahr nach der Geburt des Kindes deutlich erhöht hat, vor allem unter Müttern mit niedrigem Einkommen.«

Für viele Vertreter aus Wirtschaft und Politik ist das ein Sieg. Aber ein Sieg ist es nur, solange wir uns in einem Diskurs bewegen, der Erwerbstätigkeit für das Wichtigste hält, und Familienarbeit nur für ein notwendiges Übel. Und solange wir nichts dagegen haben, dass die Tage unserer Kinder durchgetaktet werden und diktiert sind von den beruflichen Zwängen ihrer Eltern, von uns.

Was mir vorschwebt

2006 präsentierte Ursula von der Leyen eine von der Deutschen Industrie gesponserte Broschüre mit dem Titel: *Wachstumseffekte einer bevölkerungsorientierten Familienpolitik.* Die Strategie dieser Politik müsse sein, »knappe Ressourcen so einzuteilen und zu konzentrieren, dass die wesentlichen Funktionen von Familie – Reproduktion, Unterhaltssicherung, Sozialisation, Daseinsvorsorge – mit ökonomischen Zielen harmonieren können«. Und was ist mit der Erziehung der Kinder durch ihre Eltern? In ihr sehen die Autoren jener Broschüre anscheinend »keine wesentliche Funktion von Familie«.

Über die Bedeutung der frühen Jahre für die kindliche Entwicklung wurde in den letzten Jahren viel geforscht und geschrieben. Alles, was im ersten, zweiten und dritten Lebensjahr passiert, hat große Auswirkungen auf die körperliche, geistige und soziale Entwicklung eines Kindes. Und noch wichtiger: auf seine Lebensfreude und seine Bindungsfähigkeit. Moderne Bindungsforscher wie der Psychiater und Psychotherapeut Professor Dr. Karl Heinz Brisch von der Universität München werden nicht müde zu betonen, dass Bindung der Bildung vorausgehen muss. Weil ein sicher gebundenes Kind in der Regel mehr Lust hat, zu lernen und seine Umwelt zu erkunden.

Kurioserweise hat sich zeitgleich eine Lebensform etabliert, die auf die frühestmögliche Trennung von Eltern und Kindern setzt – und für alle sehr schmerzhaft ist, jedoch der herrschenden Karrierelogik dient.

Aber warum eigentlich diese Ungeduld, warum die Eile? Die Lebenserwartung von Männern bei Geburt lag 2015 bei 78,4, die Lebenserwartung bei Frauen bei 83,4 Jahren, Tendenz steigend. Seit dem Jahr 1900 ist die Lebenserwartung beider Geschlechter um rund 40 Jahre gestiegen. Und seit dem Jahr 1950 haben sowohl die Männer als auch die Frauen rund 15 Jahre

Lebenszeit hinzugewonnen. Das muss man sich einmal vorstellen: Was wir mit 15 zusätzlichen Jahren alles anstellen können! Wenn wir es richtig anstellen, zumindest:

- Wir sind in einer historisch einmaligen Situation.
- Wir haben so viele berufliche Chancen wie nie zuvor.
- Wir sind gleichberechtigt wie nie zuvor.
- Wir leben so lang wie nie zuvor. Und das gesünder als je zuvor.

Wir profitieren von den Errungenschaften der modernen Medizin, von Sport und guter Ernährung. Unser Alltag verlangt uns vergleichsweise wenige körperliche Strapazen ab. Das bedeutet, dass wir länger gesund und leistungsfähig sind. Junge Frauen haben Möglichkeiten, von denen frühere Frauen-Generationen nur träumen konnten, wie den selbstverständlichen Zugang zu Bildung und Beruf, das Recht auf sexuelle Selbstbestimmung und eine sensationelle Wahlfreiheit in jedem Bereich des privaten und öffentlichen Lebens. Noch im 19. Jahrhundert war jede Geburt für sie eine Frage von Leben und Tod, die Kinder- und Müttersterblichkeit hoch, das Kindbettfieber grassierte. Heute ist das Risiko, bei der Geburt eines Kindes sterben zu müssen, winzig klein geworden. Fast alle Kinder, die eine Mutter zur Welt bringt, darf sie auch großziehen und bis ins hohe Erwachsenenalter begleiten. Wenn ihr letztgeborenes Kind die Pubertät erreicht, steht sie in der Mitte ihres Lebens. Das bedeutet, dass die Mutterrolle heute nicht mehr ein ganzes Frauenleben ausfüllen kann. Und umgekehrt heißt es auch, dass wir die Lebensphase, in der wir Mutter werden und sein können, wieder mehr ausschöpfen sollten.

Wenn wir wollen, dann können wir länger arbeiten und später in Rente gehen. Dann haben wir mehr Zeit für Verrücktheiten, mehr Zeit, um unsere Kinder zu erziehen und uns an ihnen zu freuen, mehr Zeit, um etwas zu lernen, Berufe zu ergreifen und zu wechseln. Wir könnten nach einer glücklichen und gelassenen Familienphase mit neuen Impulsen ins Berufsleben zurückkehren.

Aber so einfach ist das anscheinend nicht. Zwar sind in den westlichen Demokratien die Frauen dem Gebären längst nicht mehr »unterworfen«. Durch Verhütung, Abtreibung und künstliche Befruchtung haben sie die Möglichkeit, ihre Fortpflanzung stärker willentlich zu kontrollieren. Das ist im Grunde ein Fortschritt, hat aber auch eigene Tücken, insofern, als sich die Frauen und Männer manchmal mit ihren Planungen selbst im Weg stehen, in ihrem »Karriere- und Optimierungswahn« ewig nach dem perfekten Partner und dem idealen Zeitpunkt suchen – und am Ende allein dastehen.

Denn von all den Wahlmöglichkeiten fühlen viele sich auch verunsichert. Eben weil sie nicht wissen, was sie wählen sollen. Weil sie Angst haben, etwas zu verpassen. Und weil sie den Eindruck haben, den widersprüchlichsten Erwartungen gerecht werden zu müssen. Manche wünschen sich aus diesem quälenden Zustand sogar zurück in eine Zeit, in der gesellschaftliche Konventionen regelten, wie Männer, Frauen und Kinder zu leben hatten. Aber diese Form von Eskapismus bringt niemanden weiter.

Es gibt diesen berühmten Satz von Leo Tolstoi, der am Anfang von *Anna Karenina* steht: »Alle glücklichen Familien sind einander ähnlich, jede unglückliche ist unglücklich auf ihre Weise.«

Ich glaube, das stimmt nicht mehr. Nicht nur, weil sich in den vergangenen hundertfünfzig Jahren die Gesellschaft und die Art, wie die Menschen leben, arbeiten und sich selbst wahrnehmen, auf revolutionäre Weise verändert haben: Von der Agrar- zur Industriegesellschaft, von der Industrie- zur Dienstleistungsgesellschaft, von der analogen zur digitalen Wissensgesellschaft – mit diesen unterschiedlichen Produktionsweisen haben sich natürlich auch die Familienformen verwandelt, von der bäuerlichen Großfamilie bis hin zur multilokalen Mehr-Generationen-Familie.

Ich denke, dass heute, im sogenannten Zeitalter des Individualismus, jede Familie ihre eigene Weise erfinden muss, um glücklich zu sein. Und dass wir alle lernen müssen, noch mutiger und zugleich realistischer mit unserer neuen Wahlfreiheit umzugehen.

Frauen und Männer haben heute gute Chancen, sich ein Leben zu entwerfen, das ihren individuellen Talenten, Interessen und Bedürfnissen entspricht. Sie können sich fragen: Was ist gut für mich? Was ist gut für die Menschen, die ich liebe? Und was ist meine eigene Philosophie vom guten Leben?

Früher hatten die Frauen nur eine einzige Option: nämlich Familie. Es wurde erwartet, dass alle Frauen die Mutterrolle anstreben, annehmen und ausfüllen – und zwar ihr Leben lang. Und das war natürlich eine schreckliche Einengung und Bevormundung. Heute gibt es drei klassische Optionen, und die Frauen können wählen: Sie können nur für die Familie leben. Sie können nur für den Beruf leben. Sie können Familie und Beruf gleichzeitig leben.

Natürlich gibt es Frauen, die sich für eine dieser drei Möglichkeiten entscheiden und damit glücklich werden. Aber in den Hunderten von Gesprächen, die ich in den letzten drei Jahren mit Müttern geführt habe, wurde mir klar, dass viele sehr unzufrieden sind und auf der Suche nach einem Ausweg. Weil sie beides, Familie und Beruf, auf eine anspruchsvolle Weise leben wollen. Und weil ihnen das mit den drei klassischen Optionen nicht gelingt.

1. Leben sie nur für die Familie, dann leiden sie, wenn die Kinder sie nicht mehr brauchen und die Enkel auf sich warten lassen. Weil sie dann 15 bis 25 Jahre lang nicht genug zu tun haben.
2. Leben sie nur für den Beruf, dann fehlt ihnen das Zusammensein mit ihren Kindern. Und sie leiden, weil sie mit deren Erziehung einen bedeutungsvollen Teil ihres eigenen Lebens outsourcen.

3. Leben sie Familie und Beruf gleichzeitig, dann leiden sie in der Rushhour des Lebens unter Stress, Überanstrengung und dem Gefühl, nichts richtig zu machen.

Und weil diese Nachteile sehr ins Gewicht fallen, brauchen wir unbedingt noch eine

4. Option: das Nacheinander-Prinzip. Leben wir nach diesem Prinzip, können wir unsere Kinder in Ruhe begleiten, ohne dafür mit zwei Jahrzehnten der Langeweile zu büßen. Und wir können uns beruflich verwirklichen, ohne den mörderischen Stress der Rushhour zu erleiden. Es schenkt uns einen gelasseneren Umgang mit Familie und Beruf. Und zwar besonders in Konstellationen, wo Gleichzeitigkeit misslingt: Wenn beide Partner sowohl starke berufliche Ambitionen haben als auch eine anspruchsvolle Vorstellung von Erziehung und Familienleben. Wenn sie sich mehr als ein oder zwei Kinder wünschen. Wenn die Frau ihren Mann stoisch weiterliebt, obwohl er keine Lust hat, sich »feministisch korrekt« zu verhalten, sprich: Wenn er keinen Eifer zeigt, Milchflaschen aufzuwärmen, Töchter zum Schwimmunterricht zu fahren, Rechtschreibfehler in Schulheften zu korrigieren und nach dem Baden dreißig winzige Fingernägel zu schneiden. Wenn er dreckige Töpfe erst mal »einweicht«, anstatt schnell den Abwasch zu machen. Und wenn er sich trotzdem nachts ans Bett der Kinder schleicht, um ihnen über das Haar zu streichen. Wenn Chefs den Wunsch nach Teilzeit mit einem lauten Hohnlachen quittieren. Wenn einer der Partner für seinen Beruf ständig umziehen muss. Wenn keine fabelhafte Großmutter um die Ecke wohnt, die alle Zeit und Geduld der Welt hat – und wenn das Geld fehlt, um jemanden anzuheuern, der diese fehlende Großmutter ersetzen könnte.

Und last but not least: Wenn man gar keinen Ersatz möchte, sondern lieber selbst die prägende Figur im Leben der eigenen Kinder sein.

In diesem Buch will ich versuchen, möglichst unideologisch zu sein. Ich will fragen, zuhören und Geschichten erzählen, die von eigenen Wegen zwischen Beruf und Familie handeln, von Erfolg und Scheitern, Wut und Sehnsucht. Auf keinen Fall will ich anderen Frauen vorschreiben, wie sie zu leben haben. Nein, meine Schilderungen sollen den Blick freimachen für die Vielfalt der modernen weiblichen Lebensläufe und für die wachsende Möglichkeit, die Mutterrolle als eine echte Hauptrolle zu begreifen, ohne für immer darauf festgelegt zu sein.

Im Gespräch mit Experten aus Politik, Wirtschaft und Wissenschaft habe ich analysiert, wie die Gesellschaft umdenken und eine kostbare Schonzeit schaffen kann für die sensiblen Jahre der Familiengründung, auch wenn die finanziellen Ressourcen der Eltern knapp sind. Und ganz praktisch möchte ich zeigen, wie der Wiedereinstieg und berufliche Neustart von Müttern heute gelingen kann.

Im Folgenden beschreibe ich ausführlich die Lebensläufe von sechs Frauen und einem Mann, die das Nacheinander-Prinzip gelebt haben.

Man kann es so sehen: Sie mussten gegen den Strom des Zeitgeists schwimmen, um die eigene Karriere für die Kinder phasenweise auszusetzen und um dann wieder ambitioniert berufstätig zu werden.

Man kann es aber auch so sehen: Sechs von den sieben Beschriebenen haben studiert und sind Teil der gut ausgebildeten Mittelschicht. Sie waren privilegiert, denn sie hatten finanziell die Möglichkeit, sich für eine Familienphase zu entscheiden und wurden von ihren Partnern unterstützt. Ich bin davon überzeugt, dass sie etwas vorgelebt haben, das immer mehr Frauen – und Männer! – nachahmen und erfinderisch variieren können. Gleichzeitig weiß ich natürlich, dass Alleinerziehende oder weniger gut ausgebildete Normalverdiener zusätzliche Herausforderungen zu bewältigen haben. Der materielle Verzicht für sie

ist in einer Familienphase härter und der berufliche Wiedereinstieg oft mit größeren Risiken verbunden. Wie Frauen aus allen
Schichten genau das trotzdem schaffen und phasenweise im Beruf kürzertreten können: Dieser Frage gehe ich in der zweiten
Hälfte des Buches nach.

Mit Anfang 20 habe ich das Pariser Picasso-Museum besucht. Jeder Raum dort ist einer bestimmten Schaffensphase gewidmet –
der blauen und der rosa Periode, der kubistischen und der sur-
realistischen. Und auch wenn die meisten Menschen nicht die
Schaffenskraft eines Picasso haben, könnten wir uns ein Leben
in Phasen vorstellen.

Möglich wäre es nämlich schon: Eine junge Frau kann heute erst einmal ihre Ausbildung machen, ein paar Jahre ihre Freiheit genießen, studieren, experimentieren, reisen, ausgehen, die
Heldin sein in ihren unglücklichen und glücklichen Liebesge-
schichten. Sie kann sich in ihren ersten Job stürzen, sich in einer
professionellen Welt ein Standing erarbeiten. Dann eine Familie gründen, sich auf ihre Kinder konzentrieren – und fünf, acht,
zwölf Jahre später, wenn die Kinder sie nicht mehr so dringend
brauchen, ihren beruflichen Wiedereinstieg vorbereiten und realisieren.

Sie kann zunächst in Teilzeit arbeiten, den Umfang und die
Reichweite ihrer Arbeit konsequent steigern, im Crescendo
sozusagen. Sind die Kinder groß, kann sie noch einmal ihre ge-
ballte Kraft und Erfahrung in den Beruf investieren und eine
zweite berufliche Blütezeit erleben. Nach dem späten Renteneintritt hat sie die Möglichkeit, ihre beruflichen Kenntnisse in
Ehrenämter einfließen zu lassen, den Familien ihrer Kinder als
Großmutter beizustehen. Sie kann auf Reisen gehen, eine andere
Form der Ungebundenheit erleben – und in der Zeit des hohen
Alters darauf vertrauen, dass ihre Kinder und Enkel ihr zur Seite
stehen, wenn die eigenen Kräfte nachlassen.

Das wäre für mich, mit ein paar Strichen skizziert, die Vision eines selbstbestimmten Frauenlebens. Und sie ist nicht etwa utopisch, es gibt eine ganze Reihe von existentiellen, sozialen und technischen Entwicklungen, die für ein Nacheinander-Prinzip sprechen.

Frauen sind heute tendenziell besser ausgebildet als Männer. Mädchen haben in der Schule bessere Noten und machen häufiger Abitur als Jungen. Frauen studieren zielstrebiger als Männer und sie haben auch häufiger einen qualifizierten Abschluss. 84 Prozent der Frauen zwischen 20 und 30 haben eine abgeschlossene berufliche Ausbildung 27 Prozent der jungen Frauen sogar einen Universitäts-, einen Fachhochschulabschluss oder einen Meisterbrief.

Außerdem verfügen viele zum Zeitpunkt der Familiengründung schon über etliche Jahre Berufserfahrung und ein Netzwerk, auf das sie später wieder zurückgreifen können. Das ist etwas, was in der Generation unserer Eltern alles andere als selbstverständlich war; da gab es noch zahllose Frauen, die ihre Ausbildung abbrachen, sobald sie heirateten und das erste Kind erwarteten.

Auch waren Krippen, Kindertagesstätten und Ganztagsschulen in Westdeutschland noch eine absolute Rarität. Kinder kamen um 12 oder 13 Uhr aus der Schule, und es war gesellschaftlicher Konsens, dass sie dann ein von der Mutter selbst gekochtes Mittagessen vorfinden sollten. Und dieses Mittagessen »zerhackte« den Tag und ließ es vielen finanziell bessergestellten Müttern als Frivolität erscheinen, an eine Erwerbstätigkeit außer Haus zu denken. Worte wie »Telearbeit« und »Homeoffice« waren noch nicht erfunden. Und das führte dazu, dass sie die Jahre, in denen ihre Kinder längst auf weiterführende Schulen gingen und sich für andere Dinge interessierten als die treublickende Begleitung ihrer Mütter, nicht für ihr berufliches Fortkommen nutzen konnten.

Erst als die Kinder das Elternhaus wirklich verlassen hatten, machten sich diese Mütter oft halbherzig auf die Suche nach einer Arbeit oder einem wirkungsvollen Ehrenamt, das die entstandene Leere füllen sollte – häufig ohne Erfolg. Das ist vielleicht die problematischste Seite des westdeutschen Hausfrauenmodells: Die Trauer über das »empty nest« im Alter zwischen 50 und 65 Jahren konnte zum beherrschenden Lebensgefühl werden.

Die Anwältin Susanne Winckler erzählt zum Beispiel, dass ihre Mutter an dem Tag, als ihre jüngste Tochter Abitur machte, bitterlich geweint habe. »Meine Mutter ist ganz in der Mutterrolle aufgegangen«, sagt Susanne, »hat sich vollumfänglich um mich und meine zwei Schwestern gekümmert, und zwar bis zum Abitur. Sie hat gerne gekocht und gebastelt. Sie hat Kostüme genäht, Puppenhäuser gebaut und uns liebevoll gepflegt, wenn wir krank waren. Aber sie hat sich sehr schwergetan, von dieser Rolle Abschied zu nehmen, zwanzig Jahre lang eigentlich. Und wir Töchter hatten auch nie das Gefühl, wirklich losgelassen zu werden. Berufstätig ist meine Mutter nie gewesen. Ehrenamt, das hat sie überlegt, aber nie realisiert. Mein Vater war als Rentner noch sehr aktiv und hatte es nicht nötig, ständig umsorgt zu werden. Also schlug sie dann den resignativen Weg ein, mit langen Bridgepartien am Nachmittag.«

In den vergangenen fünfzehn Jahren wurde gewaltig in den Ausbau der Betreuungsinfrastruktur investiert. Inzwischen ist es für Eltern aus allen gesellschaftlichen Schichten normal geworden, dass sie diese Infrastruktur auch nutzen. Das hilft auch denjenigen Müttern, die nach einer längeren Familienphase in den Beruf zurückkehren, weil sie so die Verantwortung für die Erziehung ihrer Kinder auf mehrere Schultern verteilen können.

Außerdem hat die Rollenflexibilität der Männer zugenommen, auch ihre Bereitschaft, zu Haushalt und Erziehung beizutragen. Sie pochen nicht mehr auf das Gewohnheitsrecht, sondern lassen sich darauf ein, die Arbeitsteilung in der Familie in verschiedenen Lebensphasen neu auszuhandeln.

Beim beruflichen Wiedereinstieg können die Frauen heute

deutlich selbstbewusster sein. Die demografische Krise sorgt für eine zunehmende Knappheit auf dem Arbeitsmarkt, für den viel beschworenen Fach- und Führungskräftemangel. Und das setzt immer mehr Unternehmen unter Druck, sich im Inneren zu reformieren und nach außen als ein »attraktiver Arbeitgeber« zu präsentieren.

In einem werbenden Text der Firma Bosch heißt es zum Beispiel: »In seinen Leitlinien hat sich das Unternehmen einer flexiblen und familienbewussten Arbeitskultur verpflichtet. Dies zeigt den weltweit rund 375 000 Mitarbeitern, dass familiäre Verpflichtungen genauso wertgeschätzt werden wie berufliches Engagement. Dafür stehen zum Beispiel über 100 verschiedene Arbeitszeitmodelle, Homeoffice, Jobsharing und auf Betreuungszeiten abgestimmte Familienarbeitsplätze im administrativen und produktionsnahen Bereich ... Das Ziel ist klar: das Potential einer top ausgebildeten Generation von Frauen noch besser zu nutzen – und zwar auf allen Hierarchie-Ebenen.«

Der tendenziell spätere Renteneintritt macht es für die Unternehmen attraktiver, in den Wiedereinstieg von qualifizierten Mitarbeitern und Mitarbeiterinnen zu investieren, die noch zwanzig bis dreißig produktive Jahre vor sich haben. In der Generation unserer Eltern gab es in vielen Unternehmen gar keine Möglichkeit, Teilzeit zu arbeiten. Oder es gab genau eine Möglichkeit: die 50-Prozent-Stelle. Heute hat sich das Spektrum deutlich erweitert. Und in besonders fortschrittlichen deutschen Unternehmen wie beispielsweise dem Werkzeugmaschinenbauer »Trumpf« kann man seine Arbeitszeit alle zwei Jahre neu festlegen, kann zum Beispiel 15 Stunden arbeiten, 28 oder 40.

Telearbeit und Homeoffice sind keine Notlösungen mehr, sondern ein attraktiver Teil der neuen Arbeitswelt. Und zwischen dem, was Homeoffice vor dreißig Jahren war und was es heute bedeutet, hat die Digitalisierung einen echten technischen Quantensprung bewirkt. Besonders in wissensintensiven und kreativen Berufen sind ein stilles Zimmer, ein Laptop und ein

Smartphone schon die besten Voraussetzungen, um produktiv zu sein.

Die Erfindungen der letzten beiden Jahrzehnte erlauben es einer wachsenden Zahl von Menschen, zu Hause zu arbeiten, in der Nähe ihrer Kinder und in Einklang mit den Lebensrhythmen ihrer Familien. Außerdem schafft das Internet neue Möglichkeiten für Mütter, sich selbstständig zu machen und mit wenig Kapital ein florierendes Unternehmen zu gründen.

Trotz dieser Entwicklungen sind Frauen, die das »Nacheinander-Prinzip« leben, noch die Ausnahme und nicht die Regel. Warum ist das so? Es gibt Widerstände, die wir überwinden müssen.

Wenn Mütter wiedereinstiegen, dann konkurrieren sie einerseits mit den Young Professionals, die mit frischen Qualifikationen von der Uni kommen, rund um die Uhr verfügbar sind und noch dem Ideal des modernen Arbeitnehmers entsprechen: No attachment, no obligation! Und andererseits konkurrieren sie mit den früheren Kollegen gleichen Alters, die deutlich mehr Berufserfahrung haben.

Noch herrscht die Überzeugung, dass die entscheidenden Karriereschritte schon bis zum 35. Lebensjahr passiert sein müssen. Es gibt Untersuchungen, dass die überwältigende Mehrheit der Angestellten, die besser oder überdurchschnittlich gut verdienen, das schon in eben diesem Alter getan haben. Aber diese unsichtbaren »Altersnormen« ergeben in einer Gesellschaft mit einer drastisch erhöhten Lebenserwartung keinen Sinn mehr. Genauso die grobe Bismarck'sche Dreiteilung, die in unserem Rentensystem fortwirkt, welche die Jugend für die Ausbildung vorsieht, die Erwachsenenzeit für die Arbeit und das Alter für das reine Ausruhen von der Arbeit. Dieses starre Schema widerspricht den Ideen vom »lebenslangen Lernen«. Die Innnovationszyklen der Informationsgesellschaft sind so schnell, dass wir uns ständig neu orientieren müssen und die Menge an spezifischer Berufserfahrung weniger wert ist. Das ist eigentlich gut für Mütter und Väter, die nach einer Familienphase wieder einsteigen wollen.

Auch in Deutschland verabschiedet man sich allmählich »von dem bürokratischen Monster einer kontinuierlichen Karriere« (Hans Bertram). Denn es passt nicht mehr zur wachsenden Fragmentierung der Berufsbiografien, die den Menschen eine größere geistige und räumliche Beweglichkeit abverlangt.

Der amerikanische Soziologe Richard Sennett hat diese Fragmentierung schon vor vielen Jahren in seinem Buch *Der flexible Mensch* beschrieben: In den USA ist es selbstverständlicher als in Europa, dass Menschen in ihrem Leben mehrfach Jobs und berufliche Identitäten wechseln können und wechseln müssen. Das spiegelt sich in der optimistischen Formel: »Re-invent yourself!«

Entsprechend müssten wir darauf hinwirken, dass sich neue Altersnormen durchsetzen, bestimmte Karrieren auch zwischen vierzig und fünfzig Jahren angefangen und beschleunigt werden können. Denn was ist mit all den gut ausgebildeten Müttern, die ihre Erwerbstätigkeit unterbrechen beziehungsweise ein bis zwei Jahrzehnte in Teilzeit arbeiten, um ihre Familien gut versorgen zu können? Oft wird unterstellt, dass sie mit Anfang vierzig keinen beruflichen Ehrgeiz mehr haben. Aber stimmt das? Tatsächlich sind viele Frauen mit Anfang vierzig auf dem Höhepunkt ihrer Schaffenskraft. Und sie wissen auch genau, was sie mit dieser Kraft noch alles erreichen wollen.

Familienarbeit ist Arbeit, nicht das Gegenteil davon. Sie muss ein selbstbewusster Teil der Lebensläufe werden. Man soll nicht schamvoll verstecken müssen, was man bei der Erziehung der eigenen Kinder geleistet hat. Und es muss klar sein, dass in dieser »Schule des Lebens« eine Reifung der Persönlichkeit stattfindet, die der Berufstätigkeit in Form von sogenannten »Soft Skills« zugutekommt: als Menschenkenntnis und Entscheidungsfreude, als die Fähigkeit, Gespräche zu führen, Gemeinschaften zu stiften und lebendige Prozesse zu organisieren.

Natürlich gibt es Branchen, in denen allgemeine Lebenserfahrung den Mangel an spezifischer Berufserfahrung nicht ausgleichen kann, Branchen, in denen die Qualifikationen schnell veralten, wo bei den »ausgestiegenen« Eltern tatsächlich das stattfindet, was Ökonomen mit einem überaus kühlen Wort als »Humankapitalverlust« beschreiben. Es wäre deshalb klug, wenn wir als Gesellschaft mehr Mittel und Möglichkeiten für Weiterbildung bereitstellen, spezielle Returnship- und Trainee-Programme für wiedereinsteigende Eltern, kurze Studiengänge für das »Updaten« von Fachwissen. All das würde dazu beitragen, die Durchlässigkeit des Arbeitsmarktes für engagierte Mütter und Väter zu erhöhen.

Allerdings – ein Bewusstseinswandel vollzieht sich nur langsam. In den allermeisten Personalabteilungen herrscht immer noch das alte Denken. Und beim Recruiting zählt am Ende dann doch, ob man eine lückenlose Erwerbsbiografie vorweisen kann. Dabei wird nicht bedacht, dass Mutter und Väter nach der Rushhour deutlich produktiver sein können als währenddessen. Weil sie sich wieder mehr auf den Beruf konzentrieren können. Und weil sie durch die Feuertaufe der Familiengründung standhafter, effizienter und insgesamt leistungsfähiger geworden sind.

Aber viele Personaler haben diesen neuen Frauentypus noch nicht »auf dem Schirm«: ambitionierte Frauen, die nach zehn Jahren intensiver Familienarbeit den Hebel wieder umlegen und Karriere machen wollen. Weil sie keine Notwendigkeit mehr sehen, ihrer zwölfjährigen Tochter bei den Hausaufgaben das Händchen zu halten. Und weil sie die Unternehmensziele jetzt wichtiger nehmen als den Schnupfen der Tante. Und das sind dieselben Frauen, die ihren Kindern in den ersten Lebensjahren kaum von der Seite gewichen sind, sie geduldig gestillt und getragen haben, wenn sie nachts mit einem Alptraum aus dem Schlaf schreckten.

Hier müssten die Unternehmen umdenken und überlegen, wie sie diese Frauen – beim Kampf um die besten Köpfe – für sich gewinnen können.

Die Angst vor dem Urteil der anderen

Es ist absurd: Wir leben in einem der reichsten Länder dieser Erde und behaupten, für die wesentlichen Dinge des Lebens keine Zeit zu haben. Und kein Geld.

Viele junge Paare haben tatsächlich den Eindruck, dass sie sich eine Familienphase finanziell gar nicht mehr leisten können. Zwar sind sie oft traurig, ihre Kinder nach 14 Monaten Elternzeit schon in Betreuung zu geben. Und vielleicht sogar in eine Betreuung von zweifelhafter Qualität. Aber sie denken, dass sie keine andere Wahl haben. Und bei Eltern mit niedrigen Einkommen ist das leider oft so. Auch hier müsste der Staat einspringen und dafür sorgen, dass die zusätzliche Privilegierung von Besserverdienenden durch das Elterngeld wieder ausgeglichen wird. Darauf werde ich im sechsten Teil des Buches noch zu sprechen kommen.

Doch was ist mit den Angehörigen der breiten gesellschaftlichen Mittelschicht? Sie haben durchaus die Möglichkeit, sich bis zu einem gewissen Grad zwischen Zeit- und Geldreichtum zu entscheiden – zwischen einer größeren Lebensqualität (durch mehr Zeit für die Familie) und einem größeren Lebensstandard (durch mehr Konsum von Gütern und Dienstleistungen).

Beim Nacheinander-Prinzip müssen die Paare ja nur für eine Weile auf ein zweites Gehalt verzichten – und nicht ein ganzes Leben lang wie bei der klassischen Hausfrauenehe. Weil die Perspektive ja ist, nach ein paar Jahren wieder in einen interessanten und lukrativen Job einzusteigen. Und weil die Paare sich dann überlegen können, wie sie diese Jahre finanziell überbrücken: Wie lange können wir mit einem einzigen Einkommen auskommen? Können wir auf Erspartes zurückgreifen? Auf was können wir verzichten? Und können wir sparen, indem wir bestimmte Aufgaben in Haushalt und Erziehung wieder selbst übernehmen, anstatt sie von bezahlten Dienstleistern ausführen zu lassen?

Schon jetzt sind Putzkräfte, Lieferdienste, Babysitter und natürlich auch die Erzieherinnen in der Kita die unverzichtbaren Vereinbarkeitshelfer der modernen Familie. Und sie verschlingen einen nicht unbeträchtlichen Teil des erwirtschafteten Einkommens.

In dem 2017 erschienenen Buch *Die verkaufte Mutter* schreibt Christiane A., die sich entschieden hat, ihre Berufstätigkeit an den Nagel zu hängen und mit ihren Kindern zu Hause zu bleiben: »Unser Haushalt soll mehr als ein Haushalt sein, in dem Schul- und Arbeitsleben organisiert wird. Wir wollen mehr als funktionieren. Leben ist mehr. Familienleben ist schön.« Christiane A. weiß, dass sie dem Staat bestimmte Einnahmen durch Steuern auf ihr Arbeitsgehalt vorenthält und auch die Umsatzsteuer des Schnellimbisses neben der Schule. Sie bezahlt kein Geld für einen Business-Dress, keine Animatoren für Geburtstagsfeiern, verzichtet auf Fertiggerichte und die Reparatur des Fahrradplattens im Fachgeschäft, engagiert keine Fensterspezialreinigungsfirma und sagt: Lieber »keine weiteren Ausführungen, nicht dass ich durch Publikmachen meines Lebensstils zum Feind des wachsenden Bruttosozialprodukts werde«.

Es wird oft gesagt, dass Familien heute häufiger auf zwei Einkommen angewiesen sind, anders als noch in den siebziger und achtziger Jahren, als das Einkommen des Vaters in der Regel ausreichte.

Die ökonomische Forschung zu dieser Frage ist nicht eindeutig. Aber jüngste Untersuchungen belegen die These, dass die Löhne sogar gestiegen sind. Das Institut für Arbeitsmarkt- und Berufsforschung (IAB) und das Bundesfinanzministerium haben im Auftrag der *ZEIT* die Lohn- und Steuerdaten der Bundesbürger analysiert. Und sie haben herausgefunden, dass das mittlere Gehalt für eine Vollzeitstelle zwischen 1985 und 2014 um erstaunliche 99 Prozent gestiegen ist. Die Lebenshaltungskosten sind dabei nur um 65 Prozent gestiegen. Und die Steuerabgaben sind sogar gesunken, so dass eine vierköpfige Familie heute – unter Berücksichtigung der Inflation – deutlich mehr Geld zur Verfügung hat als noch vor dreißig Jahren.

»Wie aber ist dann das Klischee zu erklären, wonach ein Mittelschichtsgehalt heute nicht mehr für das reicht, was früher möglich war?«, fragen die *ZEIT*-Journalisten Kolja Rudzio und Frida Thurm in ihrem Artikel »Wozu der ganze Stress?«. Die Antwort, die sie geben: Mit dem Wohlstandsniveau der achtziger Jahre gäbe sich heute niemand zufrieden. Niemand wolle heute ein Auto ohne Klimaanlage oder sich eine Ferienreise verkneifen, um ein Reihenhaus in einem Vorort abzubezahlen. Die meisten Menschen würden sich nicht nach den Eltern oder Großeltern orientieren, sondern nach ihrer unmittelbaren Umgebung.

Wenn in der höheren Bildungsschicht in 73 Prozent der Familien beide Eltern arbeiten, dann setzen sie den Maßstab. »Dann werden ihre Doppelverdiener-Einkommen zur Messlatte für das, was man sich leisten können muss: den Städtetrip zwischendurch, die Bio-Lebensmittel, die Wohnung in einem beliebten Stadtviertel, die Smartphones der Kinder. Ein Alleinverdiener mit mittlerem Gehalt fällt da leicht ab.«

Diese Daten zeigen, dass es oft nicht die wirtschaftliche Notwendigkeit ist, die die jungen Paare daran hindert, das Nacheinander-Prinzip zu realisieren. Es ist eher die Angst, mit dem Lebensstandard der Nachbarn nicht mehr mithalten zu können.

Und es sind andere psychologische Widerstände: die Angst, als rückwärtsgewandt zu gelten und dem herrschenden Leitbild von einer »modernen Frau« nicht zu entsprechen, wenn man ein paar Jahre mit seinen Kindern zu Hause bleibt.

Die drei Wellen des Feminismus.
Und der Anfang der vierten

Dem leidenschaftlichen Engagement von Feministinnen in den vergangenen hundert Jahren haben wir es zu verdanken, dass die Gleichberechtigung von Mann und Frau heute in den westlichen Gesellschaften ein unbestrittenes Ideal geworden ist. Und vielleicht lohnt es sich, einen kurzen Moment innezuhalten, um die Siege und Errungenschaften der Frauenbewegung zu feiern.

Die erste Welle der Frauenbewegung setzte Anfang des 20. Jahrhunderts ein und dauerte bis zum Beginn der Weimarer Republik. Sie erstritt ein paar ganz fundamentale bürgerliche Grundrechte für die Frauen, nämlich das Recht auf Bildung und Beruf sowie das aktive und passive Wahlrecht. 1893 wurden die ersten Gymnasialkurse für Frauen eingerichtet. Ab 1909 hatten Frauen in Deutschland endlich Zugang zu den Universitäten. 1919 konnten Frauen zum ersten Mal deutschlandweit wählen, und zwar die Weimarer Nationalversammlung.

Dann kam die Nazi-Zeit mit ihrer verheerenden Mutterkreuz-Ideologie (dem Führer ein Kind schenken!), mit einer strengen Bestrafung von Abtreibung und der festen Überzeugung, dass Frauen in qualifizierten Berufen nichts zu suchen hätten. Während des Krieges und auch in der Nachkriegszeit waren sie jedoch »berufstätiger« als jemals zuvor und mussten es auch sein, weil die Männer im Krieg waren, in Gefangenschaft oder an der Front gefallen.

In der Wirtschaftswunderzeit der fünfziger und sechziger Jahre kehrten viele Frauen in den USA und in Westdeutschland an den »Herd« zurück. Die Familien wuchsen, man zelebrierte und mystifizierte die Hausfrauen- und Mutterrolle in einem technisch modernisierten Umfeld: mit Kühlschränken, Waschmaschinen, figurbetonten Kleidern und brechend vollen

Supermärkten. Aber gerade den gebildeten Frauen war das zu wenig – und sie trauerten heimlich, dass sie das, was sie etwa im Studium gelernt hatten, nicht noch anders gebrauchen konnten. Das war »das Problem ohne Namen«, das Betty Friedan in ihrem 1961 erschienenen Buch *The Feminine Mystique* (*Weiblichkeitswahn*) beschrieb.

In Ostdeutschland war die Lage natürlich anders. Die Berufstätigkeit der Frauen war ein zentraler Teil des neuen sozialistischen Menschenbilds. Die Kindheit der Kinder wurde früh verstaatlicht, um die Frauen »freizustellen« für ihre Arbeit, und auch, um die Erziehung der nächsten Generation von Anfang an ideologisch in die »richtigen Bahnen zu lenken«.

Die zweite Welle der Frauenbewegung setzte 1968 ein und dauerte bis zum Ende der siebziger Jahre. Für sie war die sexuelle Selbstbestimmung der Frau eines der zentralen Themen. Sie kämpfte für neue Möglichkeiten der Verhütung (durch die neu erfundene Antibabypille), für die Legalisierung der Abtreibung und gegen Vergewaltigung in der Ehe. Einerseits. Gleichzeitig diskutierte sie die Rolle der Frau in einer immer noch von Männern regierten Welt, stritt für die finanzielle Unabhängigkeit der Frauen, für Berufstätigkeit und die Besetzung von Machtpositionen im öffentlichen Leben.

Eine Vielzahl neuer Gesetze trat in Kraft: 1969 das Arbeitsförderungsgesetz, 1970 das Nichtehelichengesetz, 1974 das Gesetz zur Fristenlösung, 1976 die Indikationsregelung zum Schwangerschaftsabbruch, 1977 das Gesetz zur Ehe- und Familienrechtsreform, 1979 das Gesetz zur Einführung des Mutterschutzes und 1986 dann das Bundeserziehungsgeld- und -urlaubsgesetz, beides wichtige Meilensteine auf dem langen Weg zu einer besseren Vereinbarkeit von Familie und Beruf.

Die dritte Welle der Frauenbewegung kam in den neunziger Jahren. Die Botschaft lautete: Achtung, wir haben die Ziele der zweiten Frauenbewegung noch lange nicht erreicht! Wir müssen unsere Irrtümer korrigieren, die Männer stärker einbeziehen, die unterdrückten Mütter aus anderen Kulturen. Und wir müssen jetzt endlich dafür sorgen, dass aus der rechtlichen Gleichberechtigung der Geschlechter eine tatsächliche Gleichstellung wird. Das Wort »Gender Mainstreaming« wurde erfunden, eine politische Strategie, um Gleichstellung durchzusetzen. Der Grundgedanke war, dass die unterschiedlichen Lebenssituationen und Interessen von Frauen und Männern bei allen Entscheidungen auf allen gesellschaftlichen Ebenen berücksichtigt werden – und dass auf diese Weise jede Form von Diskriminierung von vornherein vermieden wird.

Als Reaktion darauf, dass die Frauenbewegung zunehmend als »hausbacken« und »uncool« galt, verlieh man Feministinnen in den neunziger Jahren neue Schlagwörter und Etiketten wie »Riot Grrrrls« oder »Lipstick Feminists«.

Die Gegenstände dieser bis heute andauernden dritten Welle sind ein – immer noch – eklatanter Mangel an Frauen in wirklichen Machtpositionen – sowie die Frauenquoten für die Aufsichtsräte und Vorstände in börsennotierten Unternehmen.

Es geht um den Gender Pay Gap und um die peinliche Tatsache, dass Frauen in Deutschland im Durchschnitt 21 Prozent weniger verdienen als Männer. Und zwar vor allem, weil frauentypische Berufe deutlich schlechter bezahlt werden.

Es geht um fehlende Betreuungsplätze und die zum Teil mangelhafte Qualität der schon vorhandenen. Es geht um die Care-Krise. Um den Mangel an Anerkennung für Eltern, die unbezahlte Familienarbeit leisten; für diejenigen, die vergleichsweise schlecht bezahlt in Erziehungs- und Pflegeberufen arbeiten.

Und vor allem geht es natürlich um die Schwierigkeiten der Vereinbarkeit beziehungsweise Unvereinbarkeit von Beruf und Familie.

In den Jahren 2014 und 2015 sind dazu zwei interessante Bücher erschienen: *Geht alles gar nicht. Warum wir Kinder, Liebe und Karriere nicht vereinbaren können* von Marc Brost und Heinrich Wefing, die die Sache aus der Sicht der Männer schildern.

Und *Die Alles ist möglich-Lüge* von Susanne Garsoffky und Britta Sembach, die High-Speed-Vereinbarkeit am eigenen Leibe ausprobiert und nach ein paar Jahren gemerkt haben: Nein, so wollen wir nicht leben!

Die beiden erfolgreichen Journalisten-Duos kämpfen gegen die Präsenzkultur in den Büros, gegen die starren Arbeitszeitmodelle. Aber sie merken auch, dass die bloße Flexibilisierung von Arbeitszeiten und -orten noch keine Lösung ist. Weil der Kapitalismus seine Kinder frisst und die Arbeit insgesamt zu viel von unserer Lebenszeit verschlingt, Lebenszeit, die wir eigentlich dringend brauchen, um gute Eltern zu sein.

Was ist der Ausweg? Das, was ich in diesem Buch vorschlage, liegt schon in der Luft, doch bisher hat niemand das Nacheinander-Prinzip systematisch entwickelt. Am Ende ihres Buches sprechen Sembach und Garsoffky von der sogenannten On-off-Biografie. Davon, dass wir uns verabschieden müssen vom Primat der Erwerbsarbeit und der linearen Vita:

»Ja, wir können alles haben, eine Familie und einen guten Beruf – aber nicht alles zur gleichen Zeit und mit derselben Hingabe.« Entsprechende Konzepte und Lösungsvorschläge für soziale Absicherung und arbeitsrechtliche Neuorganisation lägen, so die Autorinnen, schon lange vor: »Sie werden aber ignoriert.«

Der Beginn der besagten dritten Welle des Feminismus liegt nun über zwanzig Jahre zurück. Bisher spricht noch niemand von der vierten Welle. Deshalb möchte ich es hier, in diesem Kontext, tun.

In Deutschland hat diese vierte Welle meiner Wahrnehmung nach im Jahr 2012 begonnen. Und man könnte sagen, dass sie im Grunde eine Mütterbewegung ist – und eine Mehr-Zeit-für-Familie-Bewegung! Die Autorinnen Alina Bronsky, Antje Schmelcher und Iris Radisch sind für mich ihre wichtigsten Stimmen.

In Amerika begann die Bewegung – wie so häufig! – schon zehn bis fünfzehn Jahre früher. Ihre Vordenkerinnen sind die be-

reits erwähnte Soziologin Arlie Russell Hochschild, die Journalistinnen Danielle und Ann Crittenden, die Psychoanalytikerin
Daphne de Marneffe und die Politikwissenschaftlerin Ann-Ma-
rie Slaughter.

Im Juni 2012 erschien Anne-Marie Slaughters Artikel »Why
Women still can't have it all« im Magazin *The Atlantic*, und er
löste international eine große Debatte aus. Slaughter hatte ihn
geschrieben, um zu begründen, warum sie ihren Job als enge
Beraterin der damaligen Außenministerin Hillary Clinton nie-
derlegte. Zu diesem Zeitpunkt hatte sie schon zwei Jahre in Washington gearbeitet und war am Wochenende nach Princeton
gependelt, wo ihre Familie lebte.

Ihre Söhne waren im Teenageralter, und der älteste Sohn hatte eine schwierige Phase. In Washington derweil war Slaughter
im Gespräch für eine weitere politische Beförderung. »Dies war
mein Moment, mich reinzuhängen«, schrieb sie mit einem kleinen Augenzwinkern in Richtung Sheryl Sandberg. »Und ich
wusste sehr gut, dass ich einer noch größeren Aufgabe gewachsen
war.«

Sollte sie weiterpendeln? Sollte sie ihren Mann und ihre
Söhne entwurzeln und sie bitten, nach Washington zu ziehen?
Und während sie noch hin und her überlegte, wusste sie im
Grunde schon, dass es die richtige Entscheidung war, nach Hau-
se zurückzukehren. Sie wollte für ihren Sohn da sein und fühlte
einen fast körperlichen Schmerz bei dem Gedanken, die letzten
fünf Jahre, in denen ihre Kinder noch zu Hause sein würden, als
Mutter einfach zu verpassen.

Im Jahr 2014 bekannte sie in einem TED-Talk, dass sie sich
endlich erlaubt hatte, zuzugeben, was ihr wirklich am allerwich-
tigsten war. »Nicht das, was ich konditioniert war zu wollen oder
was zu wollen ich mich selbst konditioniert hatte. Und diese
Entscheidung führte zu einer Neubewertung des feministischen
Narrativs, mit dem ich aufgewachsen war und das ich stets meis-
terhaft illustriert hatte.«

In besagtem *Atlantic*-Artikel – und das machte ihn wahrscheinlich so wirkungsvoll – war Slaughter sehr hart mit sich selbst ins Gericht gegangen. Und in ihrem TED-Talk forderte sie die Gesellschaft auf, die Einseitigkeit im Feminismus westlicher Prägung endlich zu überwinden:

»Ich habe immer an die Idee geglaubt, dass die mächtigsten und anerkanntesten Leute in unserer Gesellschaft Männer auf dem Höhepunkt ihrer Karriere sind, so dass der Maßstab für die Gleichberechtigung zwischen Mann und Frau sein sollte, wie viele Frauen in diesen Machtpositionen sind.«

Das aber sei nur die eine Hälfte der Gleichberechtigung. Und die könne man nie vollständig durchsetzen, wenn man nicht auch die andere Hälfte anerkennt. Deshalb ist es laut Slaughter so wichtig, dass man die Leistung von Frauen nicht nur nach männlichen Kriterien beurteilt, man müsse vielmehr ein größeres Spektrum von gleichermaßen respektierten Wahlmöglichkeiten schaffen für Männer und Frauen: »Und um das zu erreichen, müssen wir unsere Arbeitsplätze verändern, unsere Politik und unsere Kultur.«

Ich wurde schon kurz nach seinem Erscheinen durch meine Freundin Marion Detjen auf Slaughters Artikel aufmerksam. Marion schrieb: »Ich hab's ja sonst nicht so mit Rund-Mails und bitte sehr um Entschuldigung, wenn sich jemand davon gestört fühlt, aber in diesem Fall muss ich eine Ausnahme machen … Die Aussicht, dass das, was sich in unserem Leben wie privates Schicksal und privates Versagen anfühlt, sich durch eine ›neue Runde des Gesprächs‹ öffnen, teilen, ändern lässt und wir alle etwas davon haben, hat mich genauso in Tränen gestürzt wie die vielen Leser dieses Artikels.«

Jahre zuvor und fast noch präziser als Anne-Marie Slaughter hatte Daphne de Marneffe das Credo der neuen Bewegung formuliert. In ihrem Buch *Maternal Desire* (*Die Lust, Mutter zu sein*), das 2004 in den USA ein Bestseller war, spricht sie über die großen Verschiebungen zwischen ihrer Generation und der ihrer

Mütter. Letztere waren die Nur-Hausfrauen der Nachkriegszeit, die, vom Hausfrauenleben frustriert, »mehr vom Leben« haben wollten.

Ihre Töchter wiederum, die in der feministischen Ära der sechziger und siebziger Jahre groß wurden, drängten auf den Arbeitsmarkt. Ob sie ein erfolgreiches Leben führten, wurde an ihrer beruflichen Position bemessen: Kinder und deren Pflege und Betreuung seien teilweise auch aus strategischen Gründen in den Hintergrund gedrängt worden.

In ihrer eigenen Generation, so die Autorin de Marneffe, lauteten die Themen wieder anders: »Sie drehen sich um die Frage, wie wir Männer und Frauen den für uns unerlässlichen Arbeiten und Berufen nachgehen und gleichzeitig unser eigenes Bedürfnis und das unserer Kinder nach Verbindung und gemeinsam verbrachter Zeit befriedigen können.«

Die Frauen, die heute volljährig sind, atmen eine ganz andere Luft. Sie können Pilotin, Filmproduzentin oder Verteidigungsministerin werden. Sie haben einen weitgehend ungehinderten Zugang zu fast allen Berufen und Bildungswegen. Gleichzeitig suchten Frauen heute nach einem befriedigenden Kompromiss zwischen den Anforderungen und Chancen des Berufslebens und der Bedeutung der Mutterrolle. Dies lediglich als Rückwärtsbewegung zu deuten, ist falsch. Im Idealfall sei das »eine Vorwärtsbewegung, ein Streben nach einer neuen Synthese, die den Preis einer Mutterschaft, durch die die eigene affektive, intellektuelle und professionelle Persönlichkeit verdeckt wird, ebenso berücksichtigt wie den Preis eines Arbeitslebens oder einer beruflichen Identität, die zu wenig Raum für die eigene Persönlichkeit als Mutter lässt«.

Um diese Vorwärtsbewegung, dieses Streben nach einer neuen Synthese geht es in meinem Buch. Ich bin fest davon überzeugt, dass die Realisierung des Nacheinander-Prinzips progressiv und kein Ausdruck einer reaktionären Haltung ist. Doch sehe ich eine reaktionäre beziehungsweise intolerante Haltung an anderen Stellen der aktuellen feministischen Debatte in Deutschland. Ich sehe sie sowohl auf der Seite der neuen Rechten als auch auf der Seite der alten Linken. Und damit will ich mich in den nächsten Kapiteln befassen.

Kritik von rechts

Im Jahr 2006 hat die *Tagesschau*-Sprecherin Eva Herman mit ihrem Buch *Das Eva-Prinzip. Für eine neue Weiblichkeit* eine heftige Diskussion ausgelöst. In meinen Augen hatte sie das Unglück heutiger Frauen zum Teil richtig analysiert, aber daraus die falschen Schlüsse gezogen. Sie erklärte den Feminismus für gescheitert. Und sie riet den Frauen, sich auf ihre »typisch weiblichen Eigenschaften« zu besinnen und zu einer konservativen Hausfrauenehe zurückzukehren.

Das war alles andere als eine moderne Lösung, weil die Hausfrauenehe für manche Frauen ein Segen, für andere jedoch das Verderben sein kann. Weil sie die Individuation der Frauen als Mütter hemmt. Und weil es nun einmal das große und erhabene Projekt der Moderne ist, die menschliche Individuation und Autonomie zu fördern.

Auch wenn die meisten Leute humorvoll beschreiben können, welche unterschiedlichen Verhaltensweisen Jungen und Mädchen, Männer und Frauen im Alltag so an den Tag legen, ist es immer brandgefährlich, diese Unterschiede festzuschreiben und ernsthaft zu behaupten, es gäbe so etwas wie »ein weibliches Wesen« und »eine weibliche Essenz«. Die Kritik an dieser Form von Essentialismus ist der gedankliche Fortschritt, den die Philosophin Judith Butler in den neunziger Jahren mit ihren Schriften bewirkt hat.

Wer sich nur ein wenig mit Erkenntnistheorie beschäftigt, der weiß, dass es unmöglich ist, genau zu bestimmen, welche Verhaltensweisen von Frauen und Männern biologisch beziehungsweise sozial und kulturell determiniert sind.

Platt gesprochen: Für jedes Mädchen, das mathematisch begabt ist, findet sich ein Junge, der sich besonders für Sprachen interessiert, für jede Frau, die gut einparkt, findet sich ein Mann, der gut zuhört, für jede Mutter, die ihren Sohn zu sportlichen Höchstleistungen antreibt, findet sich ein Vater, der seine Tochter geduldig durch eine emotionale Krise begleitet, et cetera pp.

Deshalb sehe ich mit Sorge auf den Kurs, den die CDU-nahe Publizistin und vierfache Mutter Birgit Kelle jetzt eingeschlagen hat. Weil sie – vielleicht ohne es zu merken – in einen neuen Essentialismus hineinschliddert. Weil sie sich aufschwingt zur wahren Stimme der Weiblichkeit, des Mutterinstinkts und des gesunden Menschenverstands. Und dabei in ein gefährliches Fahrwasser gerät. Im Vorwort ihres Buches *Muttertier* schreibt sie:

»Zuerst hat man uns von unseren Männern befreit, jetzt müssen nur noch die Kinder weg, dann kann es endlich losgehen mit der grenzenlosen Emanzipation, der absoluten Freiheit. Ohne Verpflichtung, ohne Bindung, ohne Familie – also ohne Leben. Was für eine Verheißung.«

Sie sagt, dass die Frauen heute ihre Instinkte verleugnen und dabei dem gesellschaftlichen Imperativ folgen: »Bloß nicht in Abhängigkeit geraten, Mädchen! Bloß nicht auf dein Bauchgefühl hören! Lass dir nicht einreden, dass du einen Kinderwunsch hast. Dass du leben, lieben und für andere sorgen willst.«

Mutterschaft ist laut Kelle keine Selbstverständlichkeit mehr, sondern ein Politikum geworden. Vordringlicher seien Fragen nach der Figur, dem Sexleben, der Karriere. Während die Weiblichkeit auf der Strecke bliebe.

Die genderbewegten Jungfeministinnen würden keine Lösungen bieten, nur Stuhlkreise und die Simulation von männlichen Karrieren. Sie wolle den Frauen heute zurufen: »Wir hüten das Leben, wir hüten die Zeit. Wir hüten die Brut. Wir verteidigen sie wie Löwinnen [...] Wir lieben sie. Es ist nicht rational, es ist. Wir sind Muttertiere bis zum letzten Atemzug. Und das machen wir gut so.«

Zwar werden zu Beginn des Buches – wenn auch sehr polemisch – ein paar heikle Punkte angesprochen, die Frauen heute bewegen, also berechtigt sind. Die raunende Apotheose des Textes ist jedoch wirklich problematisch: Woher kommt dieses »Wir«? Woher soll ich wissen, ob jemand, den ich gar nicht kenne, seine Sache gut macht? Und warum sollen Mütter eigentlich Tiere sein wollen und keine rationalen Subjekte?

1999 wurde »Gender Mainstreaming« im Vertrag von Amsterdam zum erklärten Ziel der Europäischen Union. Bis heute spielt der Begriff in der öffentlichen Verwaltung eine große Rolle, auch wenn er in den letzten Jahren viel Kritik auf sich gezogen hat. Der *Spiegel*-Journalist René Pfister begreift das »Gender Mainstreaming« als eine »Umerziehungsmaßnahme« und den zum Scheitern verdammten Versuch, die natürlichen Unterschiede zwischen Männern und Frauen bürokratisch abzuschaffen.

2015 wurde Birgit Kelle zum Dauergast deutscher Talkshows mit ihrem Buch *GenderGaga. Wie eine absurde Ideologie unseren Alltag erobern will*. Darin beklagte sie, im Namen des »Gender Mainstreaming« würden Millionen von Steuergeldern sinnlos verschwendet – und lieferte so leider eine Steilvorlage für die AfD.

Denn im selben Jahr wurde auf dem vierten Bundesparteitag der AfD gefordert: Alle Gesetze im Sinne der Gender-Ideologie zurückzunehmen, alle Stellen für Gleichstellungsbeauftragte, alle Professuren für Gender-Studies ersatzlos zu streichen und alle Formen der geschlechtsbezogenen Quotenregelung zu verhindern.

Außerdem erwägt die AfD eine Volksabstimmung zur Verschärfung des Strafrechtsparagrafen 218. Das sagte Frauke Petry in einem Gespräch mit der Redaktion der *Neuen Osnabrücker*

Zeitung: »Für viele Mitglieder sei die seinerzeit heiß umstrittene Gesetzgebung zum Schwangerschaftsabbruch unter ethischen Gesichtspunkten nicht abschließend geregelt, erklärte Petry. Eine Änderung könne zudem ein Mittel gegen den Kindermangel in Deutschland sein.«

Die Familienpolitik der AfD ist vor allem die Förderung der »traditionellen Familie«, die zugleich auch Leitbild sein soll. Familie ist also nicht automatisch »dort, wo Kinder sind« – eine neue Definition, die inzwischen sogar von der CDU propagiert wird. Nein, für die AfD sind Karrierefrauen, Alleinerziehende, Patchwork-Familien, Unverheiratete, Geschiedene und Homosexuelle mit Kindern keine »echten« Familien und haben daher auch keinen Anspruch auf den gleichen staatlichen Schutz.

Hier ist sie, die Reaktion. Und man sieht: Neben der Ausländer- und Europafeindlichkeit gehört der Antifeminismus längst zum Markenzeichen der AfD. Halb verdeckt wird das bisher dadurch, dass die Frontfrauen bzw. ehemaligen Frontfrauen der AfD mit ihren Biografien eine andere Linie verkörpern: die lesbische Mutter Alice Weidel und die geschiedene Karrierefrau Frauke Petry, die vier von ihren fünf Kindern in die Obhut des Vaters gegeben hat. Beide verklären also per Parteiprogramm ein Familienmodell (der Vater arbeitet, die Mutter bleibt für immer bei ihren Kindern und Enkeln zu Hause), das zu starr für ihr eigenes Leben war.

Kritik von links

Blicken wir nun auf die linke Seite, sehen wir eine andere Vereinseitigung: Beruflicher Erfolg und finanzielle Unabhängigkeit sind zum Fetisch geworden. Nur Frauen, die das vorweisen können, gelten heute als emanzipiert und fortschrittlich.

Mächtige Feministinnen aus dem linken Lager wie Alice

Schwarzer und Bascha Mika etwa messen den Fortschritt immer noch ausschließlich an der Frage, wie viele Machtpositionen im öffentlichen Leben von Frauen besetzt werden.

In ihrem Buch *Die Feigheit der Frauen* ermahnt Bascha Mika ihre Geschlechtsgenossinnen sinngemäß: Seid nicht so schlaff! Schiebt die Schuld nicht auf die Männer oder das System. Ihr selbst seid für eure »Vermausung« verantwortlich, weil ihr das Risiko scheut und es euch lieber in der »Komfortzone« der traditionellen Mutterrolle bequem macht. Dann müsst ihr euch nicht wundern, dass die Welt immer noch von Männern regiert wird.

Die Unterstellung, dass Mütter, die ihre Kinder zu Hause erziehen, feige und faul seien, findet sich leider auch andernorts häufig. Im Jahr 2017 sagte Dr. Barbara Stiegler, die lange den Arbeitsbereich Frauen- und Geschlechterforschung der Friedrich-Ebert-Stiftung geleitet hat, im *Spiegel-Online*-Interview:

»Bestimmte Rollenkonstellationen wie die berühmten Cappuccino-Mütter sind schon eine Gefahr für die Gleichstellung. Sie machen dieselbe klassische Arbeitsteilung wie ihre Mütter, sagen aber, sie hätten sich das selbst ausgesucht.« Ein Rollback, wie die Autorin findet.

Die Schriftstellerin Alina Bronsky, die vier Kinder großzieht und sich provokant als »schreibende Hausfrau« positioniert hat, kontert Stieglers Aussage in der *Berliner Zeitung*:

»Das klingt, als könne die Forscherin es nicht fassen, dass sich jemand aus freien Stücken um sein Kind kümmert. Der freie Wille ist offenbar nur etwas für jene, die nach der Geburt schnell und viel arbeiten – allesamt aus Überzeugung und frei von strukturellen Zwängen.«

Es sei nicht einfach, sich als Frau korrekt zu verhalten und es allen Seiten recht zu machen. Wer es zu gut mit seiner Familie meinte, würde die Bemühungen mancher Geschlechtsgenossin unterminieren, denn Stiegler findet jede Form von traditioneller Rollenverteilung einfach nur »gruselig«: »Manche Familie, die eigentlich davon ausgeht, selbstbestimmt ihren Alltag zu gestalten, wäre über den ihr verpassten Horror-Stempel sicher überrascht.« Dabei sind es oft genau diese als »Cappuccino-Frauen« Geschmähten, die nebenbei unbezahlte Care-Arbeit leisten und damit das Rückgrat der Gesellschaft bilden: Man sollte lieber darüber nachdenken, ob es nicht gerecht wäre, dass sich dieses Engagement zumindest bei den Rentenansprüchen spürbarer niederschlägt, statt die betreffenden Frauen mit Milchschaumgetränken zu vergleichen.

Hier werden in lockerem Ton die großen Themen verhandelt. Unsere Gesellschaft steckt in einer tiefen »Care-Krise«. Weil Fürsorge-Arbeit wenig honoriert wird – und die jungen Frauen in Scharen fliehen, um jenseits der Familie ihr Glück zu suchen. Deshalb denkt Frau Stiegler ja auch über die Institutionalisierung von Care-Arbeit nach.

Aber stellen wir uns nun einmal zwei befreundete Mütter vor, die jeweils zwei Kinder haben und einen gebrechlichen Großvater. Und stellen wir uns weiterhin vor, dass die Mütter sich wechselseitig anstellen und dafür bezahlen, dass sie die ihr fremden Kinder und den ihr fremden Großvater versorgen. Alternativ könnten wir uns auch vorstellen, dass die eine Mutter in einer Kinderkrippe arbeitet und die andere im Altersheim, und weiter, dass sämtliche Kinder und Großväter in diesen oder ähnlichen Einrichtungen untergebracht werden. Hätten wir als Gesellschaft dann wirklich etwas gewonnen?

Sicher, die beiden Mütter hätten einen Angestellten-Status und ein eigenes Einkommen, an dem der Staat durch Steuereinnahmen profitieren könnte. Doch die Liebe bliebe dabei gewissermaßen auf der Strecke. Und alle beteiligten Mütter, Kinder und Großväter wären traurig, von den anderen Mitgliedern ihrer Familie getrennt zu sein.

Natürlich muss man das Personal in den Care-Berufen besser ausbilden und bezahlen! Aber zugleich müssen Frauen und Männer heute die Möglichkeit haben, ihre Kinder selbst zu erziehen und eigenhändig ihre kranken Eltern zu versorgen, ohne dass sie deshalb eine dauerhafte berufliche Deklassierung fürchten müssen. Das Nacheinander-Prinzip lässt grüßen!

Das umgekehrte Tabu

Wir müssen uns an dieser Stelle klarmachen, dass ein neues Tabu entstanden ist. Waren früher alle Frauen dazu verdammt, ihre Befriedigung ausschließlich in der Mutterrolle zu finden, ist es heute selbstverständlich, dass Frauen nach Ausbildung, Beruf und eigenem Einkommen streben. Aber umgekehrt könnte man nun sagen, dass alle Frauen dazu verdammt sind, ihre Befriedigung ausschließlich in der Rolle der Berufstätigen zu finden. Jetzt wird das Verlangen, Kinder zu haben und sie selbst zu versorgen, negiert und tabuisiert.

Dieses »umgekehrte Tabu«, das sowohl de Marneffe als auch die *FAS*-Journalistin Antje Schmelcher präzise beschrieben haben, führt ebenfalls zu einer Einschränkung unserer Wahlfreiheit – und zu einer wachsenden Zahl von Frauen, die ihren Kinderwunsch verbergen und verdrängen beziehungsweise sich gar nicht mehr trauen, länger bei ihren Kindern zu bleiben als die gesetzlich geregelte »Elternzeit« vorsieht.

Wir wären gut beraten, wenn wir dieses Verlangen – Kinder zu haben und sie selbst zu versorgen – nicht negieren, sondern individualisieren: Manche Frauen haben es, manche nicht. Manche Männer haben es, manche nicht. Und diese Unterschiede endlich anzunehmen, ja zu feiern, würde einer pluralistischen Gesellschaft wie der unseren gut zu Gesicht stehen.

1968 musste man die traditionelle weibliche Arbeit vielleicht schlechtreden und für »dumm« verkaufen: Um den Frauen neue Berufe zu erschließen und sie die Privilegien kosten zu lassen, die bis dahin der Männerwelt vorbehalten waren. Um zu erreichen, dass sie nicht nur die private Sphäre bewohnen, sondern auch die öffentliche Sphäre erobern, als Politikerinnen, Wissenschaftlerinnen, Unternehmerinnen und Kulturschaffende ... Teil der feministischen Strategie in der zweiten Welle der Frauenbewegung von 1968 war es, die Hausfrau und Mutter zu diffamieren und eine hässliche Sprache zu erfinden für alles, was sie war und tat. Aber ist das im Jahr 2018 – fünfzig Jahre später – noch nötig? Nein, das Gegenteil ist der Fall.

Die stärkste Traditionslinie des europäischen Feminismus, die sich von Simone de Beauvoir über Alice Schwarzer, Bascha Mika bis zu Thea Dorn durchzieht, hat einen kinder- und mütterfeindlichen Grundton. Sie sieht in der Mutterschaft immer nur die Sklaverei, nie das Glück einer selbstgewählten Bindung. Und diese Traditionslinie fügt sich nur allzu gut in das Weltbild einer neoliberalen Gesellschaft. Wenn Erwerbstätigkeit idealisiert und als die ultimative Befreiung der Frau interpretiert wird, freuen sich die Arbeitgeber. Weil die Frauen dann einen zusätzlichen Anreiz haben, möglichst viel von ihrer kostbaren Lebenszeit auf den Arbeitsmarkt zu tragen.

Die Schlachtfelder im Kampf um Gleichberechtigung verlagern sich. Und während es in der Generation unserer Eltern noch darum ging, den Wunsch nach Berufstätigkeit gegen die gesellschaftlichen Erwartungen zu behaupten, geht es heute auch darum, den Wunsch nach befristeter Vollzeit-Mutterschaft gegen die Zwänge der totalen Ökonomisierung zu behaupten. Die Zeiten, in denen Mütter, die arbeiten, ein Rabenmutter- Bashing über sich ergehen lassen müssen, sind zum Glück vorbei. Aber leider habe ich den Eindruck, dass manche in ihrem Kampf gegen diese Etikettierung etwas über das Ziel hinausgeschossen sind: Nun ist es angeblich egal, wie viel die Eltern arbeiten, ob das Kind um sechs Uhr abends als letztes aus der Krippe abgeholt wird und die Familie eigentlich keine gemeinsame Mahlzeit mehr einnimmt: Das Kind, heißt es, leide unter keinen Umständen.

Ich glaube, wenn man in dieser Debatte zwischen Dogmatismus und totaler Beliebigkeit nach einem Minimalkonsens sucht, dann vielleicht nach diesem: Alle Kinder und Eltern sollten ein Recht haben, ein ausreichendes Maß an entspannter Zeit miteinander zu verbringen – und zwar vor allem in den sensiblen Jahren der Familiengründung. Und wenn es diese Zeit nicht gibt, dann leiden alle Mitglieder einer Familie.

Es entspricht den Interessen des Arbeitsmarkts, die großen Verwandlungen, die man als Mutter durch die Geburt der eigenen Kinder erlebt, kleinzureden. Diese Rhetorik kritisiert Antje Schmelcher in ihrem Buch *Feindbild Mutterglück*. Nie war der Feminismus so arbeitgeberfreundlich wie heute, sagt Schmelcher, nie so sehr darum bemüht, selbst die Mütter von sehr kleinen Kindern auf dem Arbeitsmarkt zu verwerten. »Großraumbürofeminismus« nennt sie jene Spielart, die der Deutschen Industrie die Argumente liefert.

Die Streitschrift *Die Abschaffung der Mutter* von Alina Bronsky und Denise Wilk handelt von der Trivialisierung der ungeheuren Transformation, die eine Geburt für Körper und Seele bedeutet. Und von dem Versuch, so zu tun, als könne man die »Liebesleistung« der Mutter heute komplett ersetzen: durch eine hochtechnifizierte Reproduktions- und Geburtsmedizin, durch Flaschennahrung, die sogenannten neuen Väter und den flächendeckenden Ausbau der Betreuungsinfrastruktur. Die Bedeutung des Wochenbetts wird verdrängt, die Bedeutung des Stillens und einer Symbiose zwischen Mutter und Kind, die zunächst einmal den eigenen Rhythmen gehorchen darf.

Schon immer war es eine große Zäsur, wenn eine Frau Mutter wurde. Und mein Eindruck ist, dass diese Zäsur heute noch größer geworden ist. Weil Frauen und Männer heute zunächst einmal auf den Erfolg in der kapitalistischen Bildungs- und Berufswelt konditioniert sind und eine Mentalität ausgebildet haben, die auf die effiziente Lösung rationaler Aufgaben zielt und dafür eine finanzielle Gratifikation erwartet. Kindererziehung ist aber etwas, das man nicht »effizient« erledigen kann. Und weil die Großfamilien aussterben, haben viele junge Erwachsene bis zur Geburt ihres eigenen Kindes gar keinen Kontakt zu kleinen Kindern – und betrachten ihr Baby dann wie ein Lebewesen von einem fremden Stern.

Sie sind auf anderes vorbereitet worden, aber nicht auf die Mutter- und Vaterrolle, weder praktisch noch mental. Die wachsende Mobilität sorgt dafür, dass die jungen Familien oft ihr vertrautes Umfeld verlassen. Sie haben keine Großeltern, die vor Ort wohnen, keine Tanten, Onkel, keine Cousins und Cousinen, keine Freunde, die sie seit frühester Kindheit kennen. Es gibt weniger selbstverständliche Hilfe, häusliche Kenntnisse werden nicht mehr richtig tradiert. Und viele moderne Frauen haben Skrupel, sich die nötigen Kenntnisse überhaupt noch anzueigen. Weil sie die Sorge haben, als »Hausfrau« verlacht zu werden, wenn sie plötzlich anfangen, Kuchen zu backen.

Dabei wäre auch im Sinne der Vereinbarkeit nützlich, wenn sie die Professionalität, die sie im Beruf haben, auch zu Hause an den Tag legen – und in Haushalt und Erziehung nicht jahrzehntelang griesgrämig vor sich hin dilettieren.

Eine Freundin von mir, die an der Jenaer Universitätsklinik als Oberärztin arbeitet und gerade mit sich ringt, ob sie ihre hart erkämpfte Stelle wieder aufgeben soll, um mehr Zeit für ihre kleinen Kinder zu haben, sagte im Interview: »Erst im Alter von vierzig Jahren habe ich verstanden, warum man als Mutter Kuchen backen muss. Früher dachte ich: Warum kann man den Kuchen für das Kindergartenfest nicht einfach im Supermarkt kaufen? Aber darum geht es gar nicht. Es geht darum, der eigenen Herkunft ein Aussehen und einen Geschmack zu geben. Das Kind muss sagen können: So wird es bei uns zu Hause gemacht, so wird gebacken, so wird vorgelesen, so wird das Abendessen eingenommen, so empfangen wir Gäste, so feiern wir Weihnachten, so verreisen wir in die Sommerferien, so kleben wir die Fotos auf von den Reisen in die Sommerferien ... Es geht um das Erschaffen einer eigenen Familienkultur. Und diese schöpferische Leistung noch zu erbringen, wenn beide Eltern bis über beide Ohren mit ihrem Beruf beschäftigt sind, das ist sehr, sehr schwer.«

Von Familienkultur wird später noch die Rede sein. Und von der quälenden Frage, warum sich die Mütter in den Großstädten der westlichen Welt oft wie verbissene Einzelkämpferinnen fühlen. Denn gerade sind sie noch in High Heels und mit sehr leichtem Gepäck über die Laufbänder eines internationalen Flughafens geeilt, auf dem Weg zu einer wichtig-wichtigen Konferenz, einer Verhandlung, einer Projektevaluation. Und jetzt können sie keinen Schritt mehr tun, ohne ihr Kind mitzunehmen und eine große Anzahl von schwerfälligen Dingen: Kindersitz, Kinderwagen, Wickeltasche, Wechselkleider und Co. Will sagen: Die kulturellen Widersprüche zwischen den Welten der bezahlten Arbeit und der Fürsorge sind gewachsen.

My Way – oder die Unkultur des Bereuens

Die Übergänge zwischen Jugend und Erwachsenenalter verschwimmen heute. Früher war man erwachsen, wenn man aus dem Elternhaus ausgezogen war und ökonomische Selbstständigkeit erreicht hatte. Partnerschaft, Hochzeit und die Geburt des ersten Kindes waren Ereignisse, die schnell und wie in einer natürlichen Logik aufeinander folgten. Heute ist diese klassische Abfolge aufgebrochen, und es gibt heute viele Kinder, die bei der Hochzeit ihrer Eltern dabei sein können.

Der amerikanische Psychologe Jeffrey Arnett hat von der »Emerging Adulthood« gesprochen, dem »sich entwickelnden Erwachsenenalter«. Früher lagen etwa zehn Jahre zwischen der Geschlechtsreife eines Menschen und der Familiengründung.

Heute sind es in den westlichen Gesellschaften oft fünfzehn oder zwanzig Jahre. In diesem Zeitraum wird auf den verschiedensten Ebenen experimentiert: in erotischer, beruflicher und intellektueller Hinsicht, mit Partnern, Praktika, Jobs, Lebensformen und Weltanschauungen. Man sammelt viele Erfahrungen und versucht, eigene Urteilskriterien zu gewinnen.

Die Phase der »Emerging Adulthood« reagiert auf die moderne Anforderung, die eigene Individualität zu entdecken und zu definieren. Aber sie kann auch dazu führen, dass junge Leute eine verwöhnte und egozentrische Persönlichkeit ausbilden und es als ungeheure Zumutung empfinden, wenn sie merken, dass eine Familie nicht funktioniert, wenn jeder nur seine eigenen Interessen verfolgt.

Deshalb bricht in dem ersten Jahr nach der Geburt des ersten Kindes bei vielen modernen Paaren ein entsetzlicher Geschlechterkrieg los. Und ein ständiges Feilschen darum, wer jetzt für welche Dinge zuständig ist. Männer finden immer noch, dass Vereinbarkeit eine Sache der Frau ist. Und Frauen fallen aus allen Wolken, dass Männer das immer noch finden.

Es ist nicht leicht, wenn man sich zehn bis fünfzehn Jahre lang nur um sich selbst gekümmert hat, sein berufliches Fortkommen, seine Verehrer, sein Aussehen und sein Vergnügen, dann auf einmal den Hebel umzulegen und für die Bedürfnisse von anderen da zu sein. Und von diesem »Kulturschock« handeln auch – mehr oder weniger reflektiert – die Bücher rings um das Phänomen #regretting motherhood. Ein Phänomen, das vor einiger Zeit für viel Furore sorgte.

Im Frühjahr 2015 veröffentlichte die israelische Soziologin Orna Donath eine Studie über Mütter, die es bereuen, Mutter geworden zu sein – und offenbarte so ein tiefes Unbehagen an unserer Kultur. Donath fragte Mütter aus verschiedenen Gesellschaftsschichten: »Wenn Sie in der Zeit zurückgehen könnten, mit den Erfahrungen und den Kenntnissen, die Sie heute haben, wären Sie dann Mutter geworden?« Alle 23 Mütter, die sie für ihre Studie ausführlich interviewt hatte, beantworteten diese Frage mit einem klaren »Nein«.

Donaths Studie glich in Deutschland einem Stich in ein Wespennest. Wochenlang wurde das Thema in der Presse, im Fernsehen und in den sozialen Medien diskutiert. Besonders bei Twitter meldeten sich unter dem neuen Hashtag »regretting motherhood« Hunderte von Müttern zu Wort, die die Studie zum Anlass nahmen, um über ihre eigenen Nöte zu sprechen.

Die einen klagten, durch die Geburt ihres Kindes ihre Identität verloren zu haben. Die anderen führten ihre Reue auf den Konflikt zurück, sich zwischen Kind und Karriere entscheiden zu müssen. Und Dritte sprachen vom täglichen Kampf um Vereinbarkeit und dem Gefühl, als Mutter damit alleingelassen zu sein.

Ich selber bin eine glückliche Mutter von vier Kindern. Aber auch ich habe, als ich zum ersten Mal davon las, die Klagen und Ambivalenzen, die da formuliert werden, auf Anhieb verstanden. Weil auch ich meine Identität auf Dinge gestützt hatte, die nach der Geburt meines ersten Sohns erst einmal weggebrochen sind.

Mein Philosophieprofessor in Tübingen hatte mich gefragt, ob ich bei ihm promovieren wolle. Aber die universitäre Laufbahn lockte mich nicht. Und ich begründete mein »Nein!« mit einem Kant-Zitat: »Gedanken ohne Inhalt sind leer, Anschauungen ohne Begriffe sind blind.«

Am Morgen meines 24. Geburtstags packte ich meinen Koffer, um nach Berlin zu ziehen und ins Berufsleben einzusteigen. Nach einem Praktikum im Feuilleton der *Berliner Zeitung* wurde ich sofort übernommen. Ich war stolz, von meinem Schreiben leben zu können. Ich hatte eine eigene kleine Wohnung, fühlte mich jung, frei und unabhängig. Voller Begeisterung fing ich an, das Berliner Kulturleben zu beobachten und zu beschreiben. Mitte der neunziger Jahre herrschte Goldgräberstimmung in Berlin, fieberhafte Bautätigkeit, überall wurden die Ruinen der

Vergangenheit mit neuen Ideen wiederbelebt. Die Stadt war dabei, sich als Hauptstadt des vereinten Deutschland zu erfinden. In unserer Redaktion arbeiteten Journalisten mit ostdeutschen und westdeutschen Biografien Seite an Seite. Ich habe vor allem Theaterkritiken geschrieben, außerdem eine Kolumne, die ziemlich beliebt war: Für sie bin ich zwei Jahre durch die Stadt gestromert und habe Leute gefragt, was sie in ihrer Tasche haben. Aus ihren Antworten sind hundert kleine Monologe entstanden, die – so hoffe ich – das Berlin der neunziger Jahre einfangen und diese besondere Zeit des Aufbruchs.

Mit 28 Jahren bekam ich ein paar eigentlich unwiderstehliche Angebote von großen deutschen Zeitungen. Die *Süddeutsche Zeitung* klopfte an meine Tür, der *Spiegel*. Und bei der *Berliner Zeitung* hätte ich meinen Chef ablösen und als leitende Theaterredakteurin arbeiten können; dann hätte ich eine ähnliche Position innegehabt wie mein Vater, der über dreißig Jahre als Literatur-Redakteur beim Hessischen Rundfunk tätig war. Aber diese Angebote habe ich alle ausgeschlagen – und warum?

Weil ich lieber mit meinem Mann nach Amerika gehen wollte, just married und hochschwanger, weil ich gespannt war auf ein neues Leben, eine neue Welt …

Wir fanden ein Haus zur Miete, kauften ein Kinderbett und einen Wickeltisch bei Ikea. Unser Sohn wurde geboren, er war gesund, wir waren glücklich, erlebten einen »Honeymoon« zu dritt.

Und dann? Die Umstellung fiel mir nicht leicht.

Nach den ersten Wochen und Monaten hatte ich eine Art »Kulturschock«. Nicht etwa, weil wir in Amerika waren. Amerika kannte ich ja schon aus den Filmen. Nein, weil mein Alltag als Mutter für mich so schockierend fremd war – wie ein anderer Kontinent mit rätselhaften Bewohnern und Ritualen.

Anfangs wusste ich gar nicht, wie ich unser Baby halten, tragen und trösten konnte, wie ich sprechen würde mit einem Wesen, das selbst nicht sprechen kann. Zum Glück begriff ich diese Dinge schnell. Und auch das Stillen erschien mir als schöner und meditativer Vorgang, als eine Form, ganz beim anderen und zugleich bei sich selbst zu sein. »Wie schön ist es«, schrieb ich damals in einer E-Mail, »erst einmal nur diese Aufgabe zu haben: unser Kind zu lieben und alles zu tun, was aus dieser Liebe folgt.«

Von systematischer Haushaltsführung und familiärer Einkaufspolitik hatte ich allerdings keinen blassen Schimmer. Wie sehr hätte es mir geholfen, wenn meine Mutter mir diese lebenspraktischen Dinge früher gezeigt und sie als »wissens- und könnenswert« erachtet hätte. Aber für sie, Achtundsechzigerin, Dr. phil. und vollgesogen mit der feministischen Literatur der siebziger Jahre, war die Hausarbeit zum ideologischen Problem geworden. Denn die Hausarbeit war das, was die Hausfrau zur Hausfrau machte.

Und gerade deshalb hat sie mir alle häuslichen Tätigkeiten abgenommen, damit ich Zeit hatte, mich auf meine Bildung zu konzentrieren und später mal beruflich erfolgreicher zu sein als sie. Meine Mutter war intelligent und schwungvoll. Sie hat mich und meinen Bruder in jeder Hinsicht gefördert. Aber die zerknitterten Siegerurkunden von »Jugend musiziert« und »Schüler schreiben«, was nützten die mir jetzt?

Ich erinnere mich an eine Odyssee durch Washington und die Stripmalls an den Ausfallstraßen in dem verzweifelten Versuch, einen neuen Staubsauger zu kaufen. Auch das Kochen musste ich im Schnellverfahren lernen, bis zu meiner Hochzeit hatte ich im Wesentlichen mit Pellkartoffeln und Spaghetti Bolognese überlebt. In Berlin hatten mein Mann und ich sehr symmetrische Leben, die um unsere Berufstätigkeit herum organisiert waren. Hausarbeit fiel damals noch kaum an. Nach dem Arbeitstag trafen wir uns gern mit Freunden, aßen in Garküchen, die Namen wie »Schmeckt&Billig« hatten.

Und nun war unser Leben auf einmal aufgeteilt in eine männliche und eine weibliche Welt. Mein Mann arbeitete in den gläsernen Büro-Hochhäusern im Zentrum. Ich blieb mit unserem Sohn zu Hause und traf mich mit anderen frisch emigrierten Müttern – die auch keine Familie vor Ort hatten, keine Freundinnen und Kollegen, all das, was man heute gerne »mein Netzwerk« nennt.

An guten Tagen war ich dankbar, dass ich so viel Zeit und Ruhe hatte, um meinen Sohn kennenzulernen und meine »Metamorphose« zu vollziehen, ohne mich dauernd vor der Peergroup meiner noch ledigen und kinderlosen Freunde in Berlin rechtfertigen zu müssen.

Und an schlechten Tagen? Mein Mann hatte ein Talent für die Vaterschaft und progressive Ansichten. Aber was half das gegen die Macht des Faktischen? Ein 70-Stunden-pro-Woche-High-Performance-Job, Dienstreisen auf entlegene Kontinente, manchmal drei Wochen am Stück. Und während ich allein mit unserem Sohn zu Hause war, als Linkshänderin mit dem Haushalt kämpfte und auf seine Rückkehr wartete, fühlte ich mich wider Willen in ein Fünfziger-Jahre-Setting versetzt.

Ich fühlte, dass ich mich ins gesellschaftliche Aus manövriert hatte durch meine Kündigung und meine »neue Arbeit« als Mutter. Und das war sehr verstörend für mich, zumal ich den Eindruck hatte, jetzt etwas zu tun, das mir viel anstrengender und wesentlicher erschien als meine Arbeit bei der Zeitung. Aber wenn ich eine Sprache suchte für meinen neuen Alltag, dann fand ich nur lauter abschätzige und passive Ausdrücke. »Willst du den ganzen Tag zu Hause hocken und Windeln wechseln?« Moment mal, ich »hockte« nicht zu Hause, ich hatte viele Dinge zu tun. Und dass ich meinem Kind die Windeln wechseln musste, störte mich überhaupt nicht. Die Zeit am Wickeltisch konnte eine Zeit des Spiels und Gesprächs sein. Und sie war eingebunden in einen größeren Zusammenhang: Schließlich ging es darum, ein sehr verletzliches und aufnahmefähiges kleines Kind ins Leben hineinzuführen.

Doch anfangs war es schwer, sich nicht in dem Strudel der permanenten Abwertung hinunterziehen zu lassen. Und voller

Trotz zu denken: Nur weil andere meine Existenz auf eine reduktionistische Formel bringen können, ist sie noch lange nicht reduziert.

Ich hatte das Gefühl, endlich erwachsen zu werden, und fand treffend, was Toni Morrison in ihrem Roman *Menschenkind* geschrieben hatte. Dass Mutter zu werden etwas Kostbares und Befreiendes war, weil die Forderungen, die Kinder an sie stellten, anders waren als die der Erwachsenen:

»Sie waren nicht an all den Dingen interessiert, die andere Leute interessierten, zum Beispiel, was ich anhatte oder ob ich sinnlich war. Irgendwie fiel der ganze Ballast, den ich als Mensch in Bezug auf das, was zählt, angesammelt hatte, einfach ab.«

Was mir aber wirklich fehlte, war das Schreiben und das Zeit-am-Stück-Haben. Ich versuchte mich hinzusetzen, wenn mein Kind seinen Mittagsschlaf machte. Aber es gelang mir nicht. Und überhaupt war ich doch einigermaßen überrascht, dass man so ein Baby nicht mal eben so nebenbei versorgen konnte und mein junges Familienleben all meine Kraft in Anspruch nahm. Damit hatte ich nicht gerechnet. Und das war auch nicht das, was man mir und meinen Freundinnen weisgemacht hatte, als wir noch Studentinnen und junge Arbeitnehmerinnen waren. Wie die meisten Frauen meiner Generation hatte ich fest vorgehabt, nach ein paar Monaten wieder einzusteigen in den Beruf. Aber nun merkte ich, dass das mit der Vereinbarkeit komplizierter war als gedacht, ja, dass etwas grundsätzlich nicht stimmte mit diesem Begriff. Mir ging der berühmte Hamletsatz nicht aus dem Kopf: »Etwas ist faul im Staate Dänemark.«

Mein Mann hatte sich fünf Jahre länger ausgebildet als ich und gerade erst angefangen, im Beruf richtig loszulegen. Er konnte und wollte nicht gleich wieder kürzertreten. Aber wenn er abends nach Hause kam, gönnte er sich keine Pause, sondern setzte sich sofort auf den Boden, um mit unserem Sohn zu spielen, mir zuzuhören und das Gefühl zu geben, dass meine Arbeit zu Hause wichtiger war als seine … Manchmal glaubte ich ihm und war dankbar, dass er besser als ich zu wissen schien, dass die Familie das Eigentliche war, auch wenn in einer kapitalistischen Gesellschaft logischerweise die Ströme der öffentlichen Anerkennung den Strömen des Geldes folgen – und beruflicher Erfolg zum Fetisch wird.

Aber manchmal war ich das Kind meiner Zeit, unruhig und eifersüchtig auf die Welt der vollklimatisierten Großraumbüros und der gläsernen Aufzüge, die mal in die Höhe schnellten und mal in den Abgrund rauschten, auf die Welt der Missions, Meetings und Business-Lunches, die ich aus der Ferne imaginierte. Dann fühlte ich mich ausgeschlossen, ohne Anregung, und dachte, ein Tag allein mit einem kleinen Kind, das ist auch das: eine lange Strecke geradeaus.

Ich sagte, dass ich tauschen wolle mit ihm. Aber wenn ich in mich hineinhorchte, wusste ich, dass das nicht stimmte. Ich wollte nicht tauschen, ich wollte bei meinem Kind bleiben. Und die feministischen Kampfbegriffe aus der 68er-Bewegung, die ich anprobierte – die Frau als Opfer, als Unterdrückte –, stimmten nicht mehr, hingen wie grelle Kostüme an mir. Nein, ich war kein Opfer. Ich wollte bei meinem Kind bleiben.

In dieser Zeit habe ich ein Theaterstück mit dem Titel »Babyblues« geschrieben. Es handelt von sechs Müttern, die sich in einem Geburtsvorbereitungskurs treffen, dort wie gestrandete Wale auf dem grauen Linoleum des Krankenhausbodens liegen und Wehen simulieren. Und es handelt von den Ambivalenzen des Gefühls, die auch in dem Twittergewitter #regrettingmotherhood zum Ausdruck kommen.

Wahrscheinlich liegt das Manuskript noch in irgendeiner verstaubten Truhe in unserem Keller. Inzwischen bin ich sehr froh, dass ich es nicht veröffentlicht habe, weil ich finde, dass es Zeit ist, diese höhere Form von Jammerlappigkeit zu überwinden – nach dem Motto: »Oh, wie schrecklich anstrengend ist es, als moderne Frau ein Kind zu erziehen!« Wenn es mir persönlich nicht gelungen wäre, mich von einem #regrettingmotherhood zu einem #thankfulformotherhood und einem #enjoyingmotherhood vorzuarbeiten, dann hätte ich heute nicht vier Kinder, die singend, pfeifend, lachend und streitend durch unser Haus ziehen.

Beim ersten Kind fühlte ich mich überrumpelt, beim zweiten Kind überanstrengt. Erst beim dritten und vierten Kind fing ich an, meine Rolle in der Familie bewusst gestalten und genießen zu können.

Ich habe dieses Mich-Vorarbeiten als einen subversiven Prozess empfunden, habe aber auch erfahren, dass oberflächliche Betrachter ihn als »reaktionären Prozess« missdeuten oder gar als »Verrat an der feministischen Sache«.

Ich weiß noch, wie vor vier Jahren bei einem Fest das Gespräch auf Frauen kam, die ihr Potential nicht lebten – und wie ich von einer Verwandten, die noch kein Kind hatte, gefragt wurde: »Apropos Potential nicht leben … Eva, wie geht es denn dir?« Ich wusste natürlich genau, was sie meinte. Aber gleichzeitig dachte ich, was ist das für eine verrückte Welt, in der die Erziehung von vier Kindern nicht mehr wahrgenommen wird als eine gleichberechtigte Form von Selbstverwirklichung? Vielleicht können die Lebensgeschichten, die ich jetzt erzählen will, anderen Mut machen. Mut, sich die intensive Zeit mit den eigenen Kindern nicht stehlen zu lassen, und Mut, nach der Familienphase wieder einen beruflichen Aufbruch zu wagen! Hier sind die Geschichten. Und das, was wir von ihnen lernen können.

Teil 2 Lebensgeschichten

Marie, die Managerin

Ganz am Anfang des Buchs habe ich schon kurz von meiner Freundin Marie erzählt. Marie und ich kennen uns seit frühester Kindheit.

Eines Nachts um vier lagen wir nebeneinander auf den schmalen Betten im Gästezimmer von Maries Eltern, alberten herum, sprachen vertraut über die Schicksale unserer früheren Kameraden. Erst weit nach Mitternacht waren wir von einem Klassentreffen zurückgekehrt. Manche Mitschüler hatten wir seit zehn oder zwanzig Jahren nicht mehr gesehen. Unser Schwarm von damals hatte inzwischen einen beträchtlichen Bauch und arbeitete bei einer Bank. Wir priesen uns in dieser Nacht glücklich, anders gewählt zu haben.

Rein äußerlich waren wir immer ein gegensätzliches Freundinnenpaar gewesen, klein und braunhaarig die eine, groß und blond die andere. Aber wir waren beide nie auf den Mund gefallen und ziemlich gut in der Schule, wir schwärmten für Frankreich und sprayten gemeinsam »La vie en rose« an den Betonpfeiler einer Brücke.

Wir saßen auf denselben Schaukeln und sangen im selben Mädchenchor, der uns auf Konzertreisen bis nach Japan und Russland führte. Bei langen Busfahrten lehnte sie ihren Kopf an meine Schulter, um schlafen zu können. Bei Auftritten standen wir dicht beieinander und hielten uns bei besonders schönen und schwierigen Stellen an der Hand – so hatten wir fast das Gefühl, aus ein und derselben Kehle zu singen. Am Anfang einer solchen Reise verspeisten wir meine Süßigkeiten, am Ende ihre. So teilten wir später auch unsere Liebesgeheimnisse.

Bei jenem Klassentreffen hatten wir genau wie alle anderen Fotos von unseren Familien kreisen lassen. Marie hatte mittlerweile drei, ich vier Kinder.

Als Schulmädchen hätte uns die Vorstellung vielleicht irritiert, dass wir mal so große Familien gründen und als Mütter trotzdem so unterschiedliche Wege gehen würden. In der Nacht nach dem Klassentreffen rekonstruierten wir diese Wege noch einmal.

Marie wollte das französische Modell der Karrierefrau leben, das in unserer Generation so idealisiert wurde, während ich versuchte, die guten Seiten des deutschen Modells zu retten und in ein radikal verändertes Umfeld zu übersetzen.

Während ich als junge Kritikerin die Berliner Theaterwelt explorierte, kam Marie für ein Wochenende in die Hauptstadt, um eine Konferenz über Klärwerke zu besuchen. Sie hatte ein langes, schweres und als »solide« geltendes Studium auf sich genommen. Als frisch diplomierte Bauingenieurin war sie dann im Alter von 28 Jahren nach Paris gezogen, um zusätzlich noch einen Master in Management zu machen. Warum tut sie sich das eigentlich an?, fragte ich mich damals. Doch dann rief sie mich ein paar Wochen später an und sagte mit zwitschernder Stimme: »Ich habe endlich meinen französischen Schwimmer kennengelernt!«

Er hieß Jean, und es war schnell klar, dass die Beziehung »etwas Ernstes« war, etwas sehr Ernstes sogar. Und Marie bereitete sich innerlich darauf vor, für immer in Frankreich zu wohnen.

Kurz vor der Hochzeit zeigte Jean ihr einen Zeitungsartikel über die Karrieren von Männern, die alle dieselbe französische Elitehochschule für Ingenieure absolviert hatten wie er. In einem Nebensatz stand, dass nur 10 Prozent der Ehefrauen von diesen Männern nach ein paar Jahren noch berufstätig seien. »Er wollte mit offenen Karten spielen«, sagte Marie. »Ich habe gesagt: Alles klar, interessant! Aber im Stillen dachte ich: Mir wird das natürlich nicht passieren!«

Sie versprach ihrem zukünftigen Mann, ihre Karriere den Ortswechseln anzupassen, die *seine* Karriere in der internationalen Logistikbranche erfordern würde. Um das möglich zu machen, bewarb sie sich bei der französischen Eisenbahn, einem Unternehmen, das in allen kleineren und größeren Städten des Landes vertreten war – und noch den Vorzug hatte, eine umweltfreundliche Dienstleistung anzubieten. Denn während ihres Studiums hatte Marie davon geträumt, eines Tages im Umweltschutz tätig zu werden.

Nach einem einjährigen Traineeprogramm fing sie bei der SNCF als Managerin an. Sie zog mit Jean nach Lyon*, pendelte nach Lille* und dann, im heißen Sommer 2003 und schon hochschwanger, weiter in den Süden Frankreichs.

Das Managen lag ihr. Weil sie ein gutes Zeitgefühl hatte, konnte sie viele Dinge so steuern, dass sie gleichzeitig fertig werden, oder wie sie sagte: »Ich mag es, wenn etwas im Fluss ist, nicht unbedingt Wasser, auch Bau-Abläufe, ich liebe Harmonie. Und es macht mich zufrieden, wenn ich dafür sorgen kann, dass komplexe organisatorische Prozesse ineinandergreifen, alles in Bewegung bleibt und nichts ins Stocken gerät.«

Ihren ersten wirklich verantwortungsvollen Posten bekam Marie im Alter von 32 Jahren als Managerin des Bahnhofs von Toulouse. Sie war für 230 Mitarbeiter zuständig, musste den täglichen Verkehr beaufsichtigen und neue Organisationsstrukturen für den Bau eines Bahnhofs an der neuen TGV-Trasse erstellen.

Ihre Tochter Claire*, die damals sechs Monate alt war, brachte sie von 8.30 Uhr morgens bis 18 Uhr abends in eine nahe Krippe. »Es war eine tolle Einrichtung«, sagt Marie. »Der Betreuungsschlüssel lag bei 1:4. Die Erzieherinnen waren sehr nett und kompetent. Claire hatte ihr eigenes Bett mit ihren eigenen Kissen, Decken und Kuscheltieren, sie konnte in ihrem Rhythmus schlafen. Sie bekam die Flaschenmilchsorte, die ich ausgesucht hatte. Die Erzieherinnen vermittelten mir, dass Claire ein sehr unkompliziertes und fröhliches Kind sei, dass sie ein gutes Gefühl hätten. Und ich dachte: Okay, so ganz falsch kann das nicht sein, was ich hier mache.«

»War das für dich als Deutsche denn keine gefühlsmäßige Überschreitung, deine Tochter so früh fremdbetreuen zu lassen?«, fragte ich sie in jener Nacht auf dem Gästebett. »Natürlich war es das, aber welche Wahl hatte ich denn? Wie man es auch anstellt, in irgendeinem Auge ist es immer falsch, irgendjemand hat immer draufgehauen. Meine Mutter hat gesagt: ›Wie kannst du dieses Kind jetzt, in diesem Alter, abgeben? Ein Kind muss bei seiner Mutter sein, alles andere ist nicht gut für seine Entwicklung.‹ So kam es von der deutschen Seite. Und von der französischen Seite kam das Gegenteil. Als ich Claire in die Krippe gab, meinte meine Schwiegermutter: ›Na endlich! Nach sechs Monaten muss das Kind ja mal sozialisiert werden. Und ich dachte schon, du willst sie nie aus deinen Mutterfängen befreien!‹«

Marie schlug sich auf die französische Seite. Weil sie die Qualifikationen, die sie in ihrer fast zehnjährigen Ausbildung erworben hatte, endlich in ihrem Beruf umsetzen wollte. Weil es in ihrem Umfeld keine einzige Mutter gab, die auch nur von fern in Erwägung gezogen hätte, zu Hause zu bleiben. Und weil sie das Gefühl hatte: Je mehr ich mich anpasse, desto besser, alle französischen Karrierefrauen machen das so, es scheint kein Problem zu sein, also beiß ich die Zähne zusammen!

Manchmal saß sie mit Jean beim Kinderarzt, jeder hatte seinen Blackberry auf dem Schoß, schaute in seinen Kalender und sagte: »Da kann ich morgens nicht, da kann ich abends nicht.« Sie hätten es aber immer irgendwie hinbekommen.

»Einmal«, erinnert sie sich, »musste ich eine Nacht mit Claire im Krankenhaus verbringen. Dann hat Jean mich abgelöst, als ich morgens zur Arbeit musste, abends wieder ich ihn, für eine weitere Nacht im Krankenhaus, um tags darauf wieder Züge fahren zu lassen. Das war anstrengend, aber es ging. Denn die Arbeit hat Spaß gemacht. Meine Mitarbeiter waren motiviert, es war eine schöne Stimmung. Das hat auch getragen. Aber das war einfach Raubbau, Raubbau an meinen eigenen Ressourcen.«

Als Claire zwei Jahre alt war, wurde der kleine Jacques geboren.

Mit sechs Monaten kam auch er in die Krippe, Claire wenig später in den Kindergarten. Und weil das Arbeitspensum von Marie sich noch einmal erhöhte, plädierte Jean dafür, eine Kinderfrau anzustellen, die die Kinder nachmittags von ihren Einrichtungen abholte, mit ihnen in den Park ging und das Abendessen für die Familie vorbereitete. Das reduzierte das häusliche Pensum für Marie.

Trotzdem führte es zu dem Satz, den Marie in der Nacht nach dem Klassentreffen sagte und der uns beide schockierte: »Ich habe Jacques als Kind nicht gesehen.«

In der Zeit, als die TGV-Trasse gebaut wurde, wachte Marie nachts oft auf und konnte nicht mehr einschlafen. Nicht wegen Jacques; der war ein ruhiges Kind, erstaunlich ruhig, und er schlief viel. Marie aber hatte Angst und versuchte, nachts im Bett, zwischen zwei und fünf Uhr früh, schon mal alle Aufgaben des folgenden Tages zu durchdenken.

»Als Managerin«, erklärte sie mir, »bist du nie fertig. Du musst ständig nach neuen Prioritäten entscheiden. Du musst langfristig arbeiten, aber auch auf das Unvorhergesehene reagieren, das plötzlich reinboxt. Wenn du nicht langfristig genug arbeitest, dann rächt sich das mittelfristig. Und wenn du nicht mittelfristig genug arbeitest, dann rächt sich das langfristig.«

Jean wünschte sich ein drittes Kind. Und Marie dachte: »Wenn ich noch einmal schwanger werden sollte, dann würde ich es nicht wieder so machen, dass ich das Kind den ganzen Tag nicht sehe.« Sie wurde schwanger und kehrte Toulouse den Rücken, weil Jean schon bald eine neue Stelle in Paris antreten sollte.

Sie war bereits erschöpft in die dritte Schwangerschaft gegangen. Nun kamen die Mühen des Umzugs dazu. Im August 2008 fand die Familie eine kleine Wohnung in Paris. Im September wurden Claire und Jacques in ihrem neuen Kindergarten eingewöhnt. Im Oktober kam ihr Bruder Nicolas* zur Welt. Ein ungeheuer lebhaftes Kind. »Er war das erste Kind, das nicht gut schlief. Das war neu für mich. Die ersten beiden hatte ich einfach hingelegt, Nicolas musste ich immer tragen, damit er einschlief, ich musste ihn sogar sehr schnell tragen, und jedes Mal, wenn ich ihn ablegen wollte, wachte er sofort wieder auf und schrie. Nach der ersten Geburt kann man sich noch an den Rhythmus des Babys gewöhnen, aber nach der dritten Geburt sind da ja noch zwei andere Kinder, die auch ihren Rhythmus haben, um sechs Uhr morgens wach werden und durch den Tag gebracht werden müssen.«

Zwei Monate kämpfte Marie für sich allein. Denn Jean, der eigentlich viel Familiensinn hatte und einen sehr selbstverständlichen Umgang mit seinen Kindern, konnte nicht mehr so viel helfen wie früher. Er musste sich erst in seinem neuen Job einarbeiten und profilieren. Abends kam er sehr spät nach Hause. Dann war der Kampf mit den Kindern längst ausgekämpft.

Kurz vor den Weihnachtsferien entwickelte Nicolas eine gefährliche Form von Bronchitis, seine Lunge füllte sich mit Flüssigkeit. Er hustete nicht mehr, sondern hechelte nur noch, in dem verzweifelten Versuch, Sauerstoff in seinen kleinen Körper zu ziehen. Nicolas kam für zwei Wochen auf die Intensivstation, Marie fuhr jeden Tag mehrfach zwischen Wohnung und Krankenhaus hin und her. Manchmal schaute sie auf ihr Lenkrad und dachte: »Was, wenn ich jetzt gegen einen Baum fahre? Oder gegen eine Wand? Hätte ich dann endlich meine Ruhe?«

Durch die richtigen Medikamente und die ungeteilte Aufmerksamkeit seiner Eltern erholte Nicolas sich am Anfang des neuen Jahres. Als Marie im März mit ihm zur Kinderärztin ging, sagte diese: »Das Kind hat sich gut entwickelt. Aber Sie sehen nicht gut aus. Wie geht es Ihnen denn?« Marie antwortete: »Ich möchte mich eigentlich nur umbringen.« Die Ärztin reagierte sofort und schickte Marie noch am selben Tag zu einem Therapeuten, der eine »schwere Erschöpfungsdepression« diagnostizierte.

Zum ersten Mal kehrte Marie nach dem Mutterschutz nicht an ihren Schreibtisch zurück, sondern nahm drei Jahre Erziehungsurlaub. »Urlaub« war nicht ganz der richtige Ausdruck.

Denn am Anfang fiel es Marie sehr schwer, ihre Kinder zu versorgen. Sie hatte keine Sprache mehr, keine Kraft, sich zuzuwenden. »Doch mit der Zeit habe ich Routine entwickelt, ein Zeitmanagement, genaue Essenszeiten, Badezeiten, Vorlesezeiten, Schlafenszeiten. Ich wusste, ich muss mich an irgendetwas festhalten und den Kindern ein äußeres Gerüst geben. Das war sehr mechanisch und für mich fast eine übermenschliche Leistung, diesen Takt einzuhalten. Aber die Vorstellung, dass die Kinder unter meinem Zustand leiden könnten, wäre noch schlimmer für mich gewesen.«

Damals war Marie ein ungeduldiger Mensch: »Als Managerin darf man oft nicht geduldig sein, man muss sicherstellen, dass die Dinge schnell und effizient erledigt werden. Aber Kindererziehung ist nicht effizient. Man sieht am Ende des Tages nicht, was man geschafft hat. Man sieht es vielleicht am Ende eines Jahrzehnts, aber nicht, wenn man in den Anfängen steckt. Das hat mich wahnsinnig gemacht.« Als Nicolas knapp drei Jahre alt war, fand Marie: »Ich muss jetzt wieder arbeiten gehen, damit ich sehe, dass ich wieder etwas zustande kriege.« Drei kleine Kinder zu versorgen, den Haushalt allein zu bewältigen und abends nach allen Regeln der französischen Kochkunst zu kochen, das fiel für sie nicht unter die Kategorie »etwas zustande kriegen«.

Sie absolvierte ein berufsbegleitendes Studium zum Thema »Marketing und Kommunikation« und bewarb sich um eine 50-Prozent-Stelle bei der SNCF. Sie bekam aber leider nur eine 80- Prozent-Stelle am anderen Ende von Paris, so dass sie zusätzlich zu den sechs Stunden Arbeitszeit täglich noch zwei Stunden Fahrzeit aufwenden musste. Der Spruch »métro, boulot, dodo« (»Metro fahren, schuften und schlafen«) galt plötzlich auch für sie, die sie nach der Arbeit in der vollen U-Bahn eindöste, um Kraft zu sammeln für den Nachmittag mit den Kindern. »Meine Abteilung war gerade erst gegründet worden. Da herrschte Start-up-Atmosphäre. Herrlich! Aber nicht, wenn du gleichzeitig den ganzen Familienladen schmeißen musst.«

In Jeans Karriere gab es derweil einen steilen Aufwärtstrend. Für Marie ein zweischneidiges Glück. Er wurde von Paris nach Frankfurt entsandt, in Maries Heimatstadt. Bis kurz vor dem ersten Arbeitstag in Frankfurt erwogen sie, gemeinsam umzuziehen, aber dann wurde Jeans Entsendung plötzlich verkürzt, so dass sich der Aufwand eines Familienumzugs nicht gelohnt hätte und Jean insgesamt »nur« 14 Monate pendeln musste.

Kaum zurück aus Frankfurt, bekam Jean das unwiderstehliche Angebot, für drei Jahre nach San Francisco* zu gehen. Gemeinsam entschieden sie sich dafür, und sofort landete Marie wieder in einer Situation völliger Überforderung. »Ich war mitten im Studium, arbeitete auf einer 80-Prozent-Stelle, hatte den Umzug zu organisieren, musste die Einschreibung in den amerikanischen Kindergärten und Schulen vorantreiben. In San Francisco angekommen, bin ich erst einmal zusammengeklappt.« 300 Umzugskisten türmten sich in ihrem neuen Haus. Marie hatte keine Kraft mehr, sie auszupacken. »Ich saß da und wusste nicht, wo ich anfangen sollte. Jean hatte beim Besichtigen nicht bemerkt, dass gleich hinter unserem Haus eine Stadtbahn fuhr. Alle paar Minuten ratterte ein Zug durchs Zimmer. Das malträtierte mich so sehr, dass ich nachts nicht mehr schlafen konnte. Ausgerechnet Züge! Die mich im Minutentakt an meine Fehlbarkeit erinnerten: Weil ich es nicht richtig geschafft hatte bei der SNCF, und weil ich nicht wusste, wie es nun weitergehen sollte mit meiner Karriere!«

Maries Mutter kam nach Amerika, um ihrer Tochter zu helfen. Sie blieb für ein paar Wochen, packte die Kisten aus, richtete das Haus ein und strukturierte den Alltag ihrer Tochter neu. Selten hatte Marie sich ihrer Mutter so nah gefühlt. Morgens fuhr sie ihre Kinder mit dem Auto zu einer internationalen französischen Schule. Und als sie dort auch innerlich angekommen waren, hatte Marie zum ersten Mal seit vielen Jahren wieder Zeit für sich. Sie konnte sich regenerieren, genug schlafen und regelmäßig zum Sport gehen. Sie konnte durch die Stadt tigern, Englisch lernen, Museen und Architekturkurse besuchen und einen kleinen Garten anlegen, lauter Dinge, zu denen sie in Frankreich nie gekommen war.

Sie begann, die lebhaften Seiten von Nicolas nicht nur als Bedrohung zu empfinden. Immer noch hatte sie Angst, dass die Kinder unter ihrem Zustand leiden könnten, aber dann schlang Nicolas die Arme um ihren Hals und sagte: »*Maman, je suis heureux. La vie est belle.*« Und das beruhigte sie.

In San Francisco fragte niemand: »Warum arbeitest du eigentlich nicht?« Sie, als Ausländerin und »mitgereiste Ehefrau«, hatte sowieso keine Arbeitserlaubnis. Auch empfand sie die amerikanische Gesellschaft als offener und weniger fixiert auf kontinuierliche Lebensläufe als die Franzosen. »Das war erfrischend«, sagte Marie, »es hat mir erlaubt, mich von meiner Überangepasstheit an fremde Erwartungen zu befreien. Also dieser Druck von allen Seiten, den ich in Frankreich zu spüren bekam, der war unerträglich.«

Sie erinnert sich, dass sie drei Monate nach Jacques' Geburt von ihrer Gynäkologin zu hören bekam: »Wenn Sie jetzt abstillen, können Sie gleich mit Ihrer Diät anfangen und auf Ihr Anfangsgewicht zurückkehren.« Im Nachhinein typisch für die französische Kultur. »Okay, ausreichend gestillt, dann fängst du an zu arbeiten, dann musst du hungern und trainieren, um wieder rank und schlank und verführerisch für deinen Mann zu sein. Der Chic ist wichtig. Nicht der Mann ist schuld, wenn er eine Mätresse hat, sondern die Frau, die sich gehen lässt und als Mutter mit Mitte dreißig aussieht wie eine Mutter mit Mitte dreißig. Und nicht wie eine noch kinderlose Frau Anfang zwanzig.«

Vor dem Umzug nach San Francisco hatten Jean und Marie gehofft, in Amerika wieder mehr Zeit miteinander zu haben. Als Familie und auch als Paar. Aber dann musste Jean in Amerika genauso viele Dienstreisen machen wie zuvor in Paris, die Distanzen waren deutlich länger als in Frankreich, so dass er oft morgens um halb sechs das Haus verließ und erst kurz vor Mitternacht zurückkehrte. Sie konnten nur sehr wenig kommunizieren. »Eine Zeit lang hat Jean uns behandelt wie einen kurzen Tagesordnungspunkt. Ich sollte berichten. Ich habe gesagt, das geht so nicht!«

Marie wäre gerne drei Jahre in Amerika geblieben. Aber Jean wurde in den Vorstand seiner Firma befördert und kehrte aufgrund dieser Beförderung schon nach 18 Monaten wieder nach Frankreich zurück. Marie blieb mit den Kindern noch ein halbes Jahr länger, bis zum Ende des Schuljahres.

Inzwischen lebte die ganze Familie wieder in Paris. Als Vorstand verdiente Jean natürlich gut, musste aber weltweit unterwegs sein. Wenn Marie in seinen Outlook-Kalender schaute, dann sah sie: Diese Woche zwei Tage Mailand, einen Tag Deauville, nächste Woche drei Tage London, einen halben Tag Madrid und so weiter. Manchmal dachte sie, sie hätte sich damit abgefunden, dass er nicht da war. Lieber allein als einen gestressten Mann zu Hause zu haben.

Sie stellte sich vor, wie er abends allein in seinem Hotelzimmer vor seinem Laptop saß, vor ihrem geistigen Auge tauchten ein weißer Bademantel auf und ein Paar weiße Pantoffeln mit dem Logo seiner bevorzugten Hotelkette, symmetrisch ausgerichtet vor seinem Kingsize-Doppelbett.

Einmal, als sie spätabends noch telefonierten, fragte Marie ihn: »In welcher Stadt bist du gerade?« Da musste Jean plötzlich lachen. »Ich weiß es nicht. Ich habe den Namen schon wieder vergessen. Irgendetwas, das so ähnlich klingt wie Obama!« Erst der Blick auf den digitalen Kalender förderte den Sehnsuchtsort zutage: Es war Omaha in Nebraska. »Na gut«, sagte Marie. »Jetzt weiß ich wenigstens, wo du dein müdes Haupt auf dein Kissen bettest!«

Manchmal bewunderte Marie ihren Mann für seine Genialität als Manager, seine Leistungsfreude und seine eiserne Disziplin. Aber sie machte sich auch Sorgen um seine Gesundheit. Was, wenn es ihm auch mal zu viel würde? »Im Moment hängt das Finanzielle allein an ihm.«

Nach all den Jahren des Vagabundierens hatte das Paar sich im Süden von Paris ein altes Haus gekauft. Marie wohnte mit den Kindern in einer winzigen Übergangswohnung, während neun Monate lang der Schimmel von den Wänden geklopft und das Haus grundständig saniert wurde. Marie war jeden Tag auf der Baustelle, um die Handwerker zu kontrollieren. Beim Einrichten des Hauses wurde sie ziemlich perfektionistisch, sie wollte gute Schränke, gute Betten, gute Matratzen, gute Küchengeräte. Bei einer Streiterei mit Jean, wie teuer der neue Kühlschrank sein dürfe, schwang die Frage mit: Wie dauerhaft würden sie sich auf dieses Haus überhaupt einlassen? Jean sagte: »Vielleicht gehen wir ja in zwei Jahren nach China.« »China?«, fragte Marie. »Wieso denn China?«

Nicolas war mittlerweile 9, Jacques 12 und Claire 14 Jahre. »Und neulich hat Claire gesagt: Du bist wenigstens da. Der Papa ist ja eh nie da, wenn man mal 'ne Frage hat.« Das tat weh. Und deshalb wollte Marie unbedingt mit Jean darüber sprechen. Vorsichtig fragte sie ihn, ob er wirklich so viel von sich in den Beruf geben wolle. Ob er nicht auch weniger Geld verdienen und dafür mehr bei der Familie sein könnte. Ob er es nicht bereuen würde, wenn die Kinder irgendwann aus dem Haus gingen und er keine Erinnerung hätte an die Erfahrungen, Menschen und Dinge, aus denen sich ihre Kindheit jetzt zusammensetzt. Schließlich hatte es auch Jahre gegeben, in denen Jean mit Claire auf dem Fußboden saß und Bilderbücher ansah.

Was bedeutet es heute, Kinder und großen Ehrgeiz zu haben? Was ist mit der Idee der Work-Child-Balance? Gilt sie nicht für Frauen und für Männer? »Die Gesellschaft ist noch nicht so weit«, sagt Marie. »Und das führt dazu, dass die Väter viel mehr arbeiten und die Mütter viel weniger, als sie sich das wünschen.« Weil die französische Eisenbahn ein staatliches Unternehmen ist und Marie im Grunde den Status einer Beamtin hat, könnte sie ungefähr auf derselben Karrierestufe wieder einsteigen, die sie vor sechs Jahren verlassen hat. Unter der Bedingung, dass sie sofort anfinge und mit mindestens 40 Stunden pro Woche: Aber will sie das?

Ich sehe, wie Marie langsam den Kopf schüttelt.

Sie wisse heute, dass diese Form von Hochleistungsjob unvereinbar sei mit ihrer Familie, mit der ihr eigenen Fragilität. Sie wolle sich »berufstechnisch« nicht mehr in so eine Lage bringen wie vor den Umzügen nach Paris und San Francisco. Sie habe panische Angst davor. Auf der anderen Seite, so wandte ich ein: In zehn Jahren sind deine Kinder aus dem Haus. Und dann?

Sie schüttelte erneut den Kopf. Für einen kurzen Moment, sagte sie, wolle sie nur genießen, dass ihr Haus vollständig eingerichtet sei, dass die Rosenbüsche blühten, die sie gepflanzt habe, und dass sie zu Fuß zur Schule gehen könne, um Nicolas abzuholen. »Er freut sich, wenn ich das bin, die ihn abholt«, sagte Marie. »Das sehe ich an seinem Gesicht.«

Wir schliefen dann ein in dieser Nacht. Am nächsten Morgen frühstückten wir auf der Terrasse. Zwei Tassen Tee standen auf dem Teakholz-Tisch. Marie verschwand kurz in ihrem Elternhaus. Mit Befremden sah ich ein paar Minuten später auf das rote Wollknäuel in ihrem Schoß, auf die beiden Nadeln. Früher hatten wir Handarbeiten immer gehasst.

Ein Vogel zwitscherte. Die Nadeln klapperten leise vor sich hin. Und Marie sagte: »Das beruhigt mich, so mit den Händen zu arbeiten.«

Marie hat am eigenen Leib erfahren, wie schmerzhaft es sein kann, sich in die Logik des Gleichzeitigkeitswahns hineinzubegeben. Sie hat sich sehr lang ausgebildet und auch lange nach dem Mann ihres Lebens gesucht, einem Mann, der ähnlich begabt und ehrgeizig ist wie sie. Und dann sollte, musste alles in wenigen Jahren passieren: seine Karriere als Manager, ihre Karriere als Managerin, Umzüge, Pendeln, die Geburt des ersten, zweiten, dritten Kindes … Und das war einfach zu viel, selbst für ein Managerpaar, dem die effiziente Organisation von Abläufen längst zur zweiten Natur geworden war.

Beim dritten Kind wurde Marie aus der Kurve getragen. Weil das Kind lebhafter war als die beiden anderen und nicht bereit, sich problemlos in die französische Betreuungsinfrastruktur einzufügen.

Marie hat eine Familienphase von sechs Jahren gemacht. Anders als andere Frauen in diesem Buch hat sie das nicht freiwillig gemacht. Das Leben hat sie dazu gezwungen. Zunächst war sie zu erschöpft, um sich ihren Kindern zuzuwenden – und zu verstört, weil sie ihre Karriere nicht nahtlos fortsetzen konnte. Sie musste sich die Nähe zu ihren Kindern also sehr hart erkämpfen, die schlichte Freude, mit ihnen zusammen zu sein. Erst der Umzug nach Amerika hat ihr geholfen, sich von dem ungeheuren Erwartungsdruck zu befreien, dem sie sich ausgesetzt sah.

Nach sechs Jahren wollte sie gerne wieder bei der SCNF einsteigen, mit 50 Prozent der normalen Arbeitszeit. Sie wäre auch mit einer weniger anspruchsvollen Stelle einverstanden gewesen, aber die Strukturen waren zu konservativ, zu unflexibel. Da sie als »Führungskraft« klassifiziert war, musste sie mindestens 80 Prozent arbeiten und außerdem noch zwei Stunden täglich in die Pariser Innenstadt pendeln, machte zusammen 42 Stunden. Und Homeoffice? War natürlich nicht möglich, nicht mal an einem einzigen Tag. Ein Jahr hat sie das probiert, dann hat sie die Kündigung eingereicht – und ihre fantastische Eisenbahnerinnen-Pension in den Wind geschossen. Und jetzt? Noch mal durchatmen und dann sehen, was kommt. Vielleicht macht sie sich selbstständig.

Was hätte sie gerne anders gemacht? Sie hätte gerne früher ihren Mann kennengelernt und früher Kinder bekommen. Oder noch später … Jedenfalls nicht in diesen ersten Jahren als Managerin, als sie so gefordert war.

Sie hätte gerne realistischer eingeschätzt, wie viel körperliche und emotionale Kraft man braucht für eine Schwangerschaft, eine Geburt, die ersten zwei Jahre – und sich von vornherein zugestanden, länger als ein paar Monate zu Hause zu sein.

Sicher wäre es leichter gewesen für sie, wenn sie in Deutschland gelebt hätte, wenn sie nicht so oft hätte umziehen müssen, wenn ihr Mann nicht ganz so hoch hinausgewollt hätte. Dann wäre das Nebeneinander von Familie und Beruf wahrscheinlich machbar gewesen, aber in dieser Konstellation? Und sozusagen im Takt der an- und abfahrenden Schnellzüge?

Marie gesteht, dass sie mit Anfang dreißig mit ihrem Beruf beschäftigt war, dass sie »fast vergessen hätte, eine Familie zu gründen« – wenn ihr Mann sie nicht irgendwann in den Arm genommen und gefragt hätte: »Na, Marie, wie wär's?«

Das war bei Amelie Deuflhard anders. Die wusste schon als junges Mädchen, dass sie später mal eine große Familie gründen würde. Sie sagt, sie sei eine »total unambivalente Mutter gewesen« und habe die Jahre, die sie mit ihren Kindern zu Hause verbrachte, in vollen Zügen genossen. Auch wenn sie manchmal einen Anfall von beruflicher Torschlusspanik bekam …

Amelie, die Theaterintendantin

»Na gut«, sagt Amelie Deuflhard, »wenn du noch ein bisschen Home-Story brauchst, dann komm halt zum Frühstück vorbei. Aber nicht zu früh, sagen wir: um halb zehn?«

In der Kulturszene ist Deuflhard ein Star. Als Intendantin von Kampnagel Hamburg, dem größten freien Theater in Deutschland, regiert sie über ein Gelände von 12 000 Quadratmetern, fünf Bühnen und 100 Mitarbeiter. In den letzten Monaten war sie auf Festivals in Beirut, Kapstadt, Brüssel und Tokio – immer auf der Suche nach avancierten Formen von Theater, Tanz und Performance.

Ihr Werdegang von einer Studentin der Geisteswissenschaften zu einer der großen Macherinnen des deutschen Theaters hat durchaus etwas Heroisches, weil ihre im Studium erworbenen Qualifikationen sich nicht ohne weiteres auf den Arbeitsmarkt übertragen ließen. Hinzu kam, dass Amelie Deuflhard erst mit 34 Jahren ihren Beruf ergriff. Der zudem völlig neu für sie war. Sie musste in einem kreativen Milieu Fuß fassen, das für seine Familienfeindlichkeit bekannt ist, weil langes Aufbleiben und spätes Aufstehen mit den Lebensrhythmen von kleineren Kindern schwer in Einklang zu bringen sind. Und weil Familie im Theater damals unüblich war und immer unter dem Verdacht stand, »uncool« und »total spießig« zu sein.

Über beides ist Deuflhard zumindest äußerlich komplett erhaben: Hosenträgerin aus Überzeugung, das braune Haar kurz geschnitten, das Gesicht oft ungeschminkt, oft lachend. Gemessen an ihrer beruflichen Position lebt die 58-jährige Deuflhard bescheiden. Sie bewohnt seit zehn Jahren zwei Zimmer mit einer Küche mit Blick auf einen Gartenflecken, braungrün und feucht an diesem Dezembermorgen. Die Wohnung liegt nah an der Eppendorfer Landstraße, in einem Stadtviertel von Hamburg, das gut zu Amelie Deuflhard passt; mit dieser gewissen Mischung aus Lässigkeit und Qualitätsbewusstsein.

Ihre Mitbewohnerin hat sie seit ein paar Wochen nicht gesehen, überhaupt leben sie komplett asynchron. Kennengelernt haben sie sich auf einer Party, im Jahr 2007. Damals zog Amelie Deuflhard gerade von Berlin nach Hamburg, um den »Sanierungsfall Kampnagel« zu übernehmen und ihn in ein »brodelndes, gut besuchtes Haus« zu verwandeln, wie es in einem Artikel des *Hamburger Abendblattes* hieß. Überhaupt, ihre Pressemappe quillt über von Würdigungen.

Wir sitzen an einem Bistrotisch in ihrer WG-Küche, und ich frage sie nach Dingen, nach denen sie von Journalisten selten gefragt wird: ihre Familie.

Deuflhard hat einen Sohn und drei Töchter: Florian promoviert als Volkswirt in Frankfurt, Carolin forscht als Soziologin in Berlin. »Mum«, sagt Carolin, »du bist statistisch nicht relevant.« Akademikerinnen nämlich, die vier Kinder haben und eine Leitungsposition, die muss man in Deutschland immer noch suchen wie eine Stecknadel im Heuhaufen.

Valerie, die zweite Tochter, studiert in Graz Psychologie, und Marie, die Jüngste, hat sich schließlich doch für ein Physikstudium in Freiburg entschieden. »Obwohl sie immer sehr theaterbegeistert war«, sagt die Mutter. Deuflhard hat etwas sehr Freilassendes. Unwahrscheinlich, dass sie bei der Studienwahl ihrer Kinder Regie geführt hat.

Dieses Weihnachtsfest wird für die Familie besonders sein: Alle vier Kinder bringen ihre Freundinnen und Freunde mit, manche sind neu im Kreis der Familie. Ansonsten wird es »ganz normal, so wie bei allen Leuten – mit Weihnachtsbaum, Plätzchen und Truthahn«, sagt Deuflhard amüsiert. »Also keine schräge, postmoderne Inszenierung!«

Auch ihr Mann Peter, sie nennt ihn den »Vater meiner Kinder«, kommt für ein paar Tage. Sie sind noch verheiratet, durch die Kinder verbunden, leben aber getrennt. Sie feiern im Landhaus an der Havel, das sie Anfang der neunziger Jahre gebaut haben. Es ist malerisch zwischen zwei Seen gelegen und der Ort, an dem die Familie zusammenkommt, seit die Berliner Wohnung verkauft wurde.

Silvester wird Deuflhard wohl allein feiern. Und auch darauf freut sie sich, auf diese ruhigen Tage nach dem Trubel, wenn die Kinder zurückgefahren sind in ihr eigenes Leben und an Orten, die nach Zukunft aussehen, ihre Korken knallen lassen. Ja, sie wird das Smartphone ausschalten, früh ins Bett gehen, ausschlafen, im Garten arbeiten, ein gutes Buch lesen und froh sein, ausnahmsweise mal nicht das Wort »Projekt« hören zu müssen.

Am 3. Januar wird sie erholt in den ICE nach Hamburg steigen, ihre Ärmel hochrollen und wieder an die Arbeit gehen: »Wenn man den richtigen Beruf hat, empfindet man keinen Verlust, wenn die Kinder aus dem Haus gehen. Es ist schön, wenn die Kinder klein sind. Und es ist schön, wenn die Kinder groß sind.«

Bevor sie überhaupt nur an eine Karriere im Theater dachte, studierte sie in Tübingen Romanistik, Geschichte und Kulturwissenschaft und lebte ein Jahr in Frankreich. Mit 25 Jahren trat sie eine Stelle im Mannheimer Technik-Museum an. Ihr Chef war oft krank, das hatte auch seine guten Seiten, denn so konnte Deuflhard einige Ausstellungen allein kuratieren. In dieser Zeit lernte sie ihren späteren Mann kennen: »Und zwar an einem Skilift, wenn du es genau wissen willst!« Er war 15 Jahre älter und Mathematikprofessor, und als er einen Ruf nach Berlin bekam, war sie begeistert. Sie hatte den Plan, sich beim Berliner Technik-Museum zu bewerben. Aber bereits im Flugzeug – auf dem Weg zum Bewerbungsgespräch – spürte sie, dass sie schwanger war.

Sie bekam dann innerhalb von fünf Jahren vier Kinder. Dass ihr Mann der Ernährer war und sie die allermeisten Aufgaben in Haushalt und Erziehung übernahm, »das wäre heute ein feministisches No-Go, aber mich hat das damals eher nicht gestört. Die Gleichverteilung der häuslichen Arbeit gab es zu der Zeit praktisch noch nicht und ich dachte, wenn man zusammen Kinder hat, kann man die Aufgaben doch verteilen, wie es am besten passt! Ich hatte auch keine Lust, zu hohen Druck auf meinen Mann auszuüben. Als Wissenschaftler sind ihm die praktischen Dinge des Lebens schwerer gefallen als mir, aber auch er war immer für die Familie da.«

Er war für die ruhigen Spiele zuständig, sie für die wilden. Er las gerne vor und spielte Schach. Sie focht Tischtennisturniere aus, spielte Fußball und schwamm mit ihren Kindern um die Wette. Sein Bereich waren ernste Unter-vier-Augen-Gespräche, ihrer Happenings in der großen Gruppe. Die Kindergeburtstage, meistens Schnitzeljagden im Berliner Tiergarten, waren legendär. Die Mutter sagte immer »Ja!«, wenn die Kinder fragten, ob sie ihre Freunde einladen könnten. Und sie hatte einen guten Ruf in der Straße, weil alle Kinder bei ihr ein warmes Abendessen bekamen.

Die Familie wohnte im Hansa-Viertel, heute stark gentrifiziert, damals noch eine Mauerblümchengegend. Die Kinder gingen in die Grundschule um die Ecke, und zwar zu Fuß. Sie waren relativ gut in der Schule, und die Mutter musste sich zum Glück nicht viel einmischen. Sie wollte auch nicht, dass sie mehr als ein oder zwei Termine haben pro Woche. »Es gibt ja Mütter, die ihre Kinder ständig vom Spielen ablenken, und das finde ich schade, denn das Spielen ist ihre Entfaltung!« Alle lernten ein Instrument, manche waren in einem Sportverein, aber nicht dieses: »Heute mach ich Fechten, morgen Radfahren, übermorgen Karate.« Deuflhard wollte, dass ihre Kinder in größeren Bögen konzentriert an etwas arbeiten – und die Dinge für sich tun, nicht, um den Eltern zu gefallen.

Das Abendessen war die wichtigste Familienzusammenkunft des Tages. Das Kochen machte Amelie Deuflhard immer Spaß, am liebsten mediterran mit viel Olivenöl, Kräutern und Tomaten, Gerichte, die schnell gingen und verlässlich gut schmeckten. Nur die Wäscheberge, die in einer Großfamilie täglich anfallen, hasste sie. »Ich war auch nicht besonders ordentlich, aber das ist ja auch eine Entscheidung: Will man in der Woche vier Kindern und ihren Freunden hinterherräumen, oder akzeptiert man einen gewissen Grad an Chaos? Und ich war immer für einen gewissen Grad an Chaos.«

Nach ihrer Ankunft in Berlin mit 26 hat Deuflhard eine Weile neben den Kindern promoviert. »Das war super für mein Selbstwertgefühl, weil ich etwas vorzuweisen hatte, wenn die Leute fragten: Und? Was machst du sonst so? Aber nach drei Jahren habe ich mal nachgeschaut, wie viel ich geschrieben habe. Und das war brutal wenig, so viel wie ich sonst in drei Monaten geschrieben hätte. Also habe ich die Promotion bewusst abgebrochen.«

Mit 33 Jahren bekam sie plötzlich berufliche Torschlusspanik. Und es macht Deuflhard immer noch wütend, wenn sie daran denkt, wie ihr Umfeld sie damals entmutigte, mit vier Kindern, in ihrem Alter, in einen neuen Beruf zu starten. Manche rieten ihr auch wohlmeinend, als Sekretärin für Kollegen ihres Mannes zu arbeiten. Das macht sie heute noch sauer: dass man ihr Mitte der neunziger Jahre allen Ernstes vorschlug, die treu sorgende, Kaffee kochende Sekretärin zu spielen!

Auf einer Griechenlandreise traf sie eine 60-jährige Frau, die fünf Söhne großgezogen hatte, mit 50 Jahren wieder ins Berufsleben eingestiegen war und sich binnen zehn Jahren zur Chefin einer gigantischen Wohlfahrtsorganisation hochgearbeitet hatte. Diese wildfremde Frau war es, die ihr Mut machte.

Kulturmanagement! Das wollte sie studieren.

Dazu sollte es nicht mehr kommen. Sie fuhr zu einer Inszenierung ihrer Freundin Peggy Lukac nach Altenburg. Auf der Premierenfeier kam sie mit einer jungen Regisseurin ins Gespräch, die ihr spontan vorschlug, für sie die Produktionsleitung bei ihrer nächsten Inszenierung zu übernehmen; sie sei genau die richtige Person dafür. »Was muss ich denn da können?«, fragte Deuflhard. »Im Chaos einen kühlen Kopf behalten!«, sagte die Regisseurin.

Deuflhard wusste: »Okay, das kann ich! Das hab ich mit meinen Kindern jahrelang trainiert.«

Schon das zweite Theaterprojekt, das Deuflhard begleitete, kam in den »Sophiensælen« zur Aufführung, die 1996 von Jochen Sandig und Sasha Waltz gegründet worden waren und es zu Weltruhm bringen würden. Noch vor dem großen Durchbruch kam Sandig und fragte Deuflhard, ob sie bei ihnen als Produktionsleiterin einsteigen wolle – zunächst jedoch ohne ein festes Gehalt.

In Städten wie Berlin gibt es ein Überangebot von kunstbegeisterten Leuten, die für ein paar Jahre zu jeder Selbstausbeutung bereit sind. Und auch Deuflhard war bereit, unter einer Bedingung: »Ich mache es nur, wenn du mir einen eigenen Computer aufstellst!«

Sie bekam den Computer und erinnert sich noch genau an den ersten Dialog an ihrem neuen Arbeitsplatz. Damals kam ein junger Dramaturg auf sie zu und fragte: »Hast du Lust, mir einen Kaffee zu kochen?« Und Deuflhard sagte: »Nee, ganz bestimmt nicht.«

Dieser Dialog sollte letztlich dazu führen, dass es in den Sophiensælen seit der Ära Deuflhard ein »Kaffee-kochen-lassen«-Verbot gibt. Weil dieses Kaffeekochenlassen eine »mega-hierarchische Geste« ist: Alle tun so cool und locker, aber dann lässt sich der Regisseur vom Dramaturgen Kaffee kochen, der Dramaturg vom Assistenten und der Assistent vom Praktikanten. Deshalb kocht sich die Intendantin ihren Kaffee lieber selber und spült anschließend die Tasse ab.

1998 übernahm sie die Produktionsleitung der Sophiensæle. Und als das Gründer-Duo im Jahr 2000 an die Berliner Schaubühne wechselte, wurde Deuflhard die Führung des gesamten Hauses angetragen. »Da wurd's mir kurz schwindelig! Aber ich habe zugegriffen, mir die neue Aufgabe zugetraut.«

In den folgenden sieben Jahren machte sie die Sophiensæle zu einer international anerkannten Spielstätte. Sie war ein guter Talentscout, bot jungen Künstlern einen attraktiven Rahmen für ihre Experimente, eroberte weitere, leerstehende Gebäude für das Theater. Ihr größter Coup war 2003 die von ihr erkämpfte Zwischennutzung des »Palastes der Republik«, die der hochpolitisierten Debatte um den Abriss der ehemaligen DDR-Volkskammer noch einmal neues Leben einhauchte.

Warum konnte sie sich durchsetzen, als Spätstarterin derart Karriere machen? Vielleicht, weil sie über eine seltene Kombination aus künstlerischen, sozialen, organisatorischen und rhetorischen Begabungen verfügte, die sie für ihre Aufgabe prädestinierten. Weil sie das Glück hatte, am richtigen Ort die richtigen Leute zu treffen. Und weil sie sich die nötigen Kenntnisse für die neuen Aufgaben schnell autodidaktisch aneignete. Denn immerhin machte sie eine Arbeit, die im Grunde gerade erst erfunden wurde: »Diese ganzen Organisationsjobs in der freien Szene, die heute gut ausdifferenziert sind, Projektentwicklung, Fundraising und das Schreiben von Förderanträgen, die musste ich mir damals alle noch selbst beibringen.«

Im Nachhinein denkt Deuflhard auch, dass es genau die richtige Entscheidung war, ihren Einstieg über die Independent-Szene zu machen. Viele waren damals, 1996 in Berlin, irgendwie Quereinsteiger, Studienabbrecher, Deserteure – eine quereinsteigende Mutter fiel da nicht weiter auf.

Für ihre Kinder, damals neun, acht, sechs und vier Jahre alt, war der Übergang allerdings ziemlich hart: Von einem Tag auf den anderen war ihre Mutter nicht nur berufstätig, sondern auch abends oft außer Haus. Die Kinder gingen bis drei Uhr nachmittags in den Kinderladen, die meisten gerne, aber der Sohn sagte anfangs: »Noch so eine Einrichtung, die Schule ist schon langweilig genug!« Außerdem wurde eine polnische Studentin angeheuert, die im Haushalt half und die Zeiten der elterlichen Abwesenheit überbrückte.

Amelie Deuflhard hatte sich selbst bestimmte Regeln auferlegt: Sie ging um neun Uhr ins Büro und um fünf Uhr nach Hause, unterhielt sich mit den Kindern, ging mit ihnen in den Tiergarten, spielte mit ihnen, kochte derweil Abendessen. Wenn noch Vorstellung war, fuhr sie gegen acht wieder ins Theater. Sie versuchte – im Theaterbetrieb durchaus unüblich – Meetings zu straffen und die Termine auf die Zeit vor 17 Uhr zu legen. Zu diesem Vorgehen rät sie auch ihren Kampnagel-Dramaturgen, die jetzt kleine Kinder haben. Sie versucht, die jungen Eltern zu beschützen, hat noch eine zusätzliche Stelle geschaffen, um die Ausfälle auszugleichen. Trotzdem kommen die kinderlosen Mitarbeiter im Leitungsteam gelegentlich und beschweren sich, dass sie die Arbeit der Eltern zum Teil übernehmen müssten.

Sie selbst hatte im Theater anfangs nur selten von ihren Kindern gesprochen. Ihre achtjährige Lücke in der Erwerbsbiografie hat sie vertuscht. »Die ließ sich mit der Doktorarbeit halbwegs wegfaken. Und manchmal hab ich auch geblufft – das kann man von den Männern sehr gut lernen!« Später machte sie dann keinen Hehl mehr aus ihrer Familienverantwortung. Wenn man erst einmal ein bisschen Erfolg hat, reagieren die Leute deutlich freundlicher: Toll – und dann noch vier Kinder!

Zehn Jahre lang, gibt Deuflhard heute zu, hat sie zu wenig geschlafen. Weil es für ihre Karriere wichtig war, so viele Inszenierungen wie möglich zu sehen und anschließend mit den Künstlern persönlich in Kontakt zu kommen. Es gab Regisseure wie Ivan Stanev, die ihre Schauspieler im Rotlichtmilieu rekrutierten. Und Deuflhard zog des Öfteren bis vier Uhr nachts mit ihnen durch die Berliner Clubs, um sich dann um sieben aus dem Bett zu quälen, ihren Kindern Frühstück zu machen und Schulbrote zu schmieren. Letzteres hätte sie sich offenbar sparen können: »In der Erinnerung meiner Kinder war es immer der Vater, der für sie das Frühstück machte«, sagt Deuflhard heute mit gespielter Entrüstung.

Aber sie konnte nun einmal nicht langsam wiedereinsteigen, sondern musste sofort Vollzeit arbeiten und viele Abendtermine wahrnehmen, um sich ein Kapital an sozialen Kontakten aufzubauen. Oft hatte sie nicht die Verhandlungsmacht, ihr Arbeitsvolumen an die Wünsche ihrer Familienmitglieder anzupassen. Und selbst heute gehört zu ihrem wirkungsvollen Leben auch dies: sehr viel Arbeit, wenig Schlaf, kaum Zeit für sich selbst und gewachsene Freundschaften.

Ihre Trennung fiel ungefähr in die Zeit, als sie das Jobangebot in Hamburg bekam. »Mein Mann hat mich immer bei der Familienarbeit unterstützt. Er wollte auch unbedingt, dass ich wieder arbeite … aber vielleicht nicht ganz so viel«, sagt Deuflhard. Zwei Kinder studierten zu diesem Zeitpunkt schon, die zwei anderen standen kurz vor dem Abitur. Deshalb blieben sie auch mit dem Vater in Berlin, die Mutter pendelte jedes Wochenende zu ihnen nach Hause. Als die jüngste Tochter ins Studium aufbrach, wurde die Wohnung im Hansa-Viertel aufgelöst.

»Neue Partner?«, frage ich beiläufig. »Im Moment bin ich da nicht sehr engagiert. Aber sag niemals nie!«, sagt sie und schließt ihre Wohnungstür mit einer kraftvollen Drehung des Schlüssels.

Sie steigt in mein Leihauto, wir fahren in ihr Theater. Auch in der Leitungsetage herrscht WG-Atmosphäre, Deuflhards Mitarbeiter sind im Durchschnitt 20 Jahre jünger als sie und laufen geschäftig zwischen ihren Bildschirmen, einem Tischkicker und einer unaufgeräumten Kaffeeküche hin und her. An der Bürotür ihrer hochverehrten Chefin – die manchmal auch »Mamelie« genannt wird – hängt ein hastig ausgerissener Artikel: *Simplify your office!*

Der anbrechende Arbeitstag ist vor allem dem Flüchtlingsthema gewidmet. Deuflhard skypt erst einmal mit Benni, einem befreundeten Architekten. Sie wollen im Februar auf Kampnagel eine große Konferenz organisieren – von Geflüchteten für Geflüchtete – und brauchen eine Konferenzarchitektur, die nach »Empowerment« aussieht, nicht nach Notunterkunft.

Benni sitzt in seiner Wohnküche und generiert Vorschläge. Sein sechsjähriger Sohn läuft ins Bild und sagt: »Papa, ich habe Hunger!« Der Vater gibt dem Sohn eine Handvoll Erdnüsse, dann diskutiert er weiter. Als sie über den Preis für seine Installation sprechen, sagt Deuflhard lachend: »Es darf ruhig etwas mehr sein … damit sich dein Sohn nicht nur von Erdnüssen ernähren muss!«

Sie klappt den Laptop zu und spricht als Nächstes mit einer Gruppe vornehm gekleideter Architekten über eine »Flüchtlings-Architektur«, die mehr sein könnte als sozialer Wohnungsbau: keine neuen Ghettos, sondern Orte, wo Deutsche und Geflüchtete zusammen leben, kochen und sogar Theater spielen können. Gemeinsam wird überlegt, ob man auf dem weitläufigen Gelände von Kampnagel ein unkonventionelles »Musterhaus« bauen könnte.

Sie telefoniert mit einem Sponsor, organisiert französischen Wein für die Premierenfeier von Dada Masilos *Carmen*, die am nächsten Dienstag stattfinden soll: Wenn die Zuschauer nach der Vorstellung ins Foyer kommen, werden sie eingeladen, an einer zwanzig Meter langen Tafel Platz zu nehmen, miteinander zu reden, Wein zu trinken, Brot und Käse zu essen – und sich in eine »große Theaterfamilie« verwandeln. »Das darf man nicht zu oft machen«, sagt Amelie Deuflhard, »höchstens fünf oder sechs Mal im Jahr. Es darf keine Anspruchshaltung werden, sondern muss unerwartet bleiben ... wie ein Fest, zu dem eingeladen ist, ohne genau zu wissen, wann.« Das gastliche Format der »Tafel«, das im pragmatischen Alltagsgeschäft als »Käseschlacht« firmiert, wurde an anderen Theatern begeistert kopiert. Und wahrscheinlich ist es kein Zufall, dass eine Frau dieses Format erfunden hat, die zu Hause auch gerne die Bude voll hatte und alle hungrigen Einzelkinder der Straße an ihren Tisch gebeten hat.

Dann Mittagstisch beim Italiener gegenüber. Zwei Geflüchtete aus Westafrika lernen von Deuflhards Dramaturgin, wie man für die Flüchtlingskonferenz »Crowdfunding« betreibt. Der eine lässt sein Gemüse liegen, der andere sagt: »Darf ich, Bruder?« – schiebt das Gemüse auf seinen Teller.

Nachmittags klopft ein waschechter Kriminalkommissar an Deuflhards Bürotür. Der Kommissar muss noch einmal der Frage nachgehen, ob die Intendantin ab Dezember 2014 tatsächlich sechs Afrikanern aus Lampedusa auf Kampnagel Asyl gewährt hat. »Nein, Asyl habe ich den Afrikanern nicht gewährt«, sagt Deuflhard listig. »Sie haben an einer Performance teilgenommen – und zwar sechs Monate lang, 24 Stunden am Tag.« Der Kommissar inspiziert das hübsche kleine Holzhaus, in dem die Afrikaner damals »aufgetreten« sind. Er und Amelie Deuflhard unterhalten sich prächtig, und es sieht nicht so aus, als ob der Polizist der AfD einen Gefallen tun wollte.

Ein Sturm der Entrüstung war nämlich durch den Hamburger Blätterwald gerauscht, als die AfD wegen des Verdachts auf »Beihilfe zu Ausländerstraftaten« Strafanzeige gegen Deuflhard gestellt hatte. Der AfD-Politiker Dirk Nockemann sagte bei einer öffentlichen Podiumsdiskussion: »In einer anderen gesellschaftlichen Form würde Ihnen etwas ganz anderes blühen als diese Anzeige.« Aber Deuflhard, die sich nicht einschüchtern ließ, erwiderte: »Meine Aufgabe als Künstlerin ist es, Debatten anzustoßen. Kunstfreiheit ist in der Demokratie eines der höchsten Güter.«

Zum Abschied winkt Deuflhard kurz, ihre goldfarbenen Chucks schimmern im fahlen Abendlicht. Während ich am Hamburger Hauptbahnhof auf meinen Zug warte, sehe ich die Stationen ihres Lebens noch einmal im Zeitraffer:

Kindheit bei Stuttgart, Studium in Tübingen, Auslandsjahr in Frankreich, Young-Professional-Zeit in Mannheim, junge Ehefrau und Mutter in Berlin, Start-up-Atmosphäre in den Sophiensælen, symbolischer Partisanenkampf im Palast der Republik, eine echte Führungsposition in Hamburg. Deuflhard ist von einem Pol zum anderen gereist. Hat fast ein Jahrzehnt vor allem für ihre Familie gelebt, und lebt seit fast einem Jahrzehnt vor allem für ihren Beruf. Aber sie spielt das eine nicht gegen das andere aus – Häuslichkeit und das krasse Gegenteil von Häuslichkeit. Ein Paradebeispiel für das Nacheinander-Prinzip, wie ich es mir vorstelle. Und wie es für viele Frauen möglich wäre.

Deuflhard sagt, dass die Erfahrungen im Mikrokosmos (mit den Kindern in der Wohnung, im nahen Park) für sie genauso spannend waren wie die Erfahrungen im Makrokosmos (mit den Künstlern im Theater, auf Dienstreisen rund um die Welt). Sie hat es verstanden, jede Lebensphase voll auszuschöpfen, und das ist für mich das Zukunftsweisende an ihrer Person.

Im Moment lebt sie als globale Nomadin, reist mit leichtem Gepäck (Rucksack, Laptop, Smartphone), hat eine Siebzig-Stunden-Woche und nur wenig Zeit für den Rückzug ins Private. Und doch hat man den Eindruck, dass die Verbundenheit mit ihrer Familie sie davor schützt, in den manisch-depressiven Erfolgszyklen des Theaters auszubrennen.

In den »Gründerjahren« der Familie hat sie alle anfallenden

Aufgaben überwiegend allein bewältigt. In den Jahren der Vereinbarkeit hatte sie Unterstützung durch den Vater, durch Kinderladen und Haushaltshilfe.

Aber »in der Substanz« war sie weiterhin selbst für die Erziehung zuständig und hat versucht, den Gesprächsfaden zu ihren Kindern nicht abreißen zu lassen.

Ist ihr das wirklich gelungen? Wie war es, als Kind von Amelie Deuflhard aufzuwachsen?

Sie hat mir die Telefonnummer ihrer 27-jährigen Tochter Carolin gegeben, die gerade am Lehrstuhl für Mikrosoziologie an der Humboldt-Universität arbeitet und an einem Text über »Familienzeitpolitik« schreibt. Und die gerade mal zwölf war, als ihre Mutter Intendantin wurde.

Fröhlich klingt sie, sehr reflektiert, und gar nicht nach Schlüsselkind mit Kinderladentrauma:

»In manchen Momenten habe ich die Abwesenheit meiner Mutter schon als Verlust erlebt«, erinnert sie sich, »aber grundsätzlich hatte ich immer das Gefühl: Sie sieht mich, stärkt mich, bleibt ansprechbar.«

Auch ohne Karriere ist es nicht leicht, alle Aspekte der Lebenswelt von vier Kindern im Blick zu behalten. Gerade in der Pubertät gibt es plötzlich Dinge, die groß werden im Kopf und alles in der eigenen Wahrnehmung verschieben: »Meine Mutter hat das aber immer alles mitbekommen. Und keiner von uns ist über längere Zeit abgerutscht. Es gab kleine Aussetzer: mein Bruder war mal kurz computerspielabhängig, aber als sein Interesse für das andere Geschlecht erwachte, hat sich das wieder gegeben.«

Und, erinnert sich Carolin, es gab einen Zeitraum von etwa zwei Jahren, in dem die Arbeit die Mutter so forderte, dass sie nicht genug emotionale Ressourcen mehr hatte, um auf alle Bedürfnisse ihrer Kinder und auf die ihres Mannes einzugehen: »Das war die Palastzwischennutzung, die in künstlerischer und politischer Hinsicht vielleicht die inspirierendste Phase ihres Lebens war. Danach hat sie sich uns dann wieder stärker zugewendet.«

Stolz sei sie auf ihre Mutter.

Und umgekehrt habe sie immer dasselbe gefühlt: »Früher war ich ein ausgesprochen ängstliches und introvertiertes Kind und hätte mich nie zur der Person entwickeln können, die ich heute bin, wenn meine Mutter nicht so unerschütterlich an mich geglaubt hätte. Meine Mutter hat in jedem Kind das Besondere gesehen ... Talente entdecken, fördern, das hat sie ja dann später zu ihrem Beruf gemacht.«

Und da sind wir vielleicht bei der Frage: Was lernt man als Mutter für die Führungsposition?

Sehr viel, glaubt Carolin: »Und für mich ist es interessant zu beobachten, wie meine Mutter ihre pädagogischen Ideen auf ihre Arbeit als Intendantin überträgt.« »Zwei Dinge sollen Kinder von ihren Eltern bekommen: Wurzeln und Flügel.« Dieses schöne Goethe-Wort hat ihre Mutter oft zitiert: »Und vielleicht wird sie auf Kampnagel so verehrt, weil sie versucht, auch ihren Mitarbeitern Wurzeln und Flügel zu geben.«

Ist Deuflhards Leben überhaupt auf heute, auf junge Frauen zwischen 25 und 35, übertragbar?

Einerseits schon. Sie hat sich eine künstlerische Heimat gesucht, Kollegen, die mit ihr auf einer Wellenlänge lagen. Sie hat sich die Aufgaben einfach zugetraut, die fehlenden Kenntnisse selbst angeeignet.

Andererseits sind die Ansprüche und Bedürfnisse der jüngeren Generation heute andere. Wer weniger Lust auf Abenteuer und Heldentaten hat, sich mehr für das interessiert, was man heute »Work-Life-Balance« nennt, der sollte einen anderen Weg gehen als Amelie Deuflhard. Der sollte eher versuchen, sich Qualifikationen anzueignen, die auf dem Arbeitsmarkt gefragt sind. Frauen, die Fächer wie Medizin, Physik, Jura, Volkswirtschaft oder Informatik studieren, die fast immer hoch im Kurs stehen, haben kein Problem, zu jedem Zeitpunkt des Lebens einen einigermaßen anspruchsvollen und gut bezahlten Job zu finden. Und das bedeutet auch, dass sie sich als Mutter ein paar Jahre lossagen und auf ihre Familie konzentrieren können, ohne ständig berufliche Torschlusspanik zu haben. Wenn sie dann in ihren Beruf zurückkehren, haben sie oft ein größeres Mitspracherecht bei der Frage, wie viele Stunden sie in Zukunft arbeiten wollen, und können ihre Arbeitsweise heute schon an ihre Lebensphasen anpassen.

Ich weiß noch, wie ich mit 18 Jahren die Eltern von meinen Klassenkameraden verachtet habe, wenn sie ihre Kinder dazu verdonnert haben, nach dem Abitur eine Banklehre zu machen oder etwas »Solides« zu studieren, Maschinenbau, Elektrotechnik oder andere Dinge, die für mich damals nur auf einem fremden Stern existierten. Wenn ein Mensch für eine bestimmte Denkweise nicht geschaffen ist, dann wird auch die solideste Studienfachwahl eine Anleitung zum Scheitern sein.

Früher galten Arabistik und Islamwissenschaften in Deutschland als Orchideenfächer. Heute kann man, wenn man diese Fächer gut studiert hat, im Zentrum der aktuellen politischen Auseinandersetzung stehen.

Keine Frage: Man sollte das machen, wofür man brennt … aber man sollte sich auch fragen, was wird gebraucht, wie entwickelt sich unsere Gesellschaft, was könnte in der Zukunft gebraucht werden? Wie kann ich aus einem normalen Studium etwas Besonderes machen? Wie erarbeite ich mir ein Alleinstellungsmerkmal?

Das hilft jedenfalls sehr bei dem Versuch, Familie und Beruf zu vereinbaren – und Flexibilität aus der Familienperspektive zu denken, wie Ursula Winker das getan hat. Sie ist die Heldin meiner nächsten Geschichte.

Ursula, die Ärztin

Hinter mir eine Klingel, ich drehe mich um, da überholt mich auch schon eine Frau auf dem Fahrrad: knallroter Lippenstift und dunkelbrauner Pagenkopf, etwas zerzaust vom Fahrtwind.

Das ist Ursula Winker, sie ist 66, Mutter von vier Kindern, Großmutter von fünf Enkeln und gefühlt eine der beliebtesten Ärztinnen der Stadt.

Gerade ist sie auf dem Weg zum Erfurter Helios Klinikum. Dort, auf dem Gelände der ehemaligen Geriatrie, wurde ein Flüchtlingsheim eingerichtet, seit ein paar Wochen gibt es auch ein Krankenzimmer, und dort bietet Winker jeden Mittwoch eine kostenlose Sprechstunde für Flüchtlinge an. Das Zimmer ist nur mit dem Nötigsten ausgestattet, Stethoskop, Blutdruckmesser, Fieberthermometer, eine Auswahl von etwa 50 Medikamenten, zweisprachige Fragebögen auf Arabisch, Albanisch, Serbisch. »Es ist nur eine Notfallmedizin, die wir hier machen können«, sagt sie. »Aber die ist besser als nichts.«

Rund zwanzig junge Männer stehen auf der Treppe und rauchen. Winker winkt. »*Hello, how are you?*« Die Männer grinsen und grüßen. »Die Armen müssen hier den ganzen Tag herumstehen«, sagt sie leise zu mir, »nichts dürfen sie machen. So viel Testosteron …«

Im Flur begrüßt sie den Heimleiter im flackernden Neonlicht. Ein Mädchen kommt auf sie zu, umschlingt ihre Hüfte. Sie ist mit ihrem Vater und drei Schwestern aus Syrien nach Deutschland geflohen – ohne Mutter, die kam durch einen Bombenangriff ums Leben. Plötzlich wirbelt eine Frisbee-Scheibe durch den Krankenhausflur. Ursula Winker fängt sie auf. Und das ist vielleicht ein gutes Bild für das, was ihren Weg kennzeichnet: das spontane Zupacken.

Vor der Krankenzimmertür warten bereits drei syrische Männer sowie eine Studentin mit Lederjacke und Kopftuch; sie ist zum Übersetzen da. Der erste Patient hat einen Messerstich am Bein, der zweite Magenschmerzen und Angstzustände, der dritte eine Skoliose. Er soll versuchen, jeden Tag Sport zu machen, sagt Winker, mit seinen Freunden Handball oder Volleyball spielen, etwas, für das man die Arme braucht. »Können Sie nicht vor dem Flüchtlingsheim eine Schnur spannen und spielen?« Eine junge Frau humpelt ins Zimmer, das Gesicht schmerzverzerrt. Bei einem Unfall in Eritrea hatte sie sich eine Beckenfraktur zugezogen, und in diesem Zustand war sie geflohen. Inzwischen ist klar, dass sie zwei neue Hüftgelenke braucht, eine Operation, die 40 000 Euro kostet. Nach etlichen Telefonaten hat Ursula Winker erst vor kurzem erreicht, dass das Landesverwaltungsamt die Kosten übernimmt, heute kann sie einen Operationstermin für sie ausmachen.

Nach ihrer Sprechstunde flanieren wir über die große Wiese vor dem Flüchtlingsheim. Hier hat Ursula Winker neulich ein »Willkommensfest« organisiert. Es war ein sonniger Nachmittag, deutsche und ausländische Familien mischten sich an langen Tischen, tauschten Lebensgeschichten und Telefonnummern aus. Die Kinder konnten einem Clown zuschauen, Fußball spielen, sich schminken lassen. Hinter den hohen, chromblitzenden Kaffeekannen standen einige »Landfrauen« aus den eher fremdenfeindlich gesinnten Dörfern rings um Erfurt, die Ursula Winker überredet hatte, für das Willkommensfest ein paar saftige Thüringer Blechkuchen zu backen.

Beim Fest waren auch Freundinnen, mit denen Ursula Winker 2006 den »Ersten Erfurter Großelterndienst« ins Leben rief: »Als Ärztin hatte ich beobachtet, dass es viele junge Familien gab, die keine Großeltern vor Ort haben und keine Entlastung. Und auf der anderen Seite gab es viele alte Leute, die einsam waren. Und die wollte ich gerne zusammenbringen!«

Der Großelterndienst vermittelt Familien mit Kindern, die Leih-Großeltern, und ältere Herrschaften, die Leih-Enkel suchen. In sorgfältigen Gesprächen wird geprüft, wer zu wem passen könnte, und dann trifft man sich zu gemeinsamen Unternehmungen.

Bis zu ihrem 63. Lebensjahr hat Ursula Winker ihre eigene Praxis geführt. Im Moment arbeitet sie zwei Tage pro Woche in einer modernen Poliklinik. Als Ärztin nutzt sie alle diagnostischen Verfahren der Schulmedizin, versucht, auf der Höhe der wissenschaftlichen Entwicklung zu sein, beherrscht aber auch ausgewählte naturheilkundliche Therapien und hat ein Bewusstsein dafür, dass es manchmal ganz einfache Dinge sein können, die den Menschen fehlen: Ruhe, Bewegung und Ansprache.

Als begnadete Netzwerkerin hat sie sich in den letzten zwanzig Jahren eine Art »virtueller Klinik« aufgebaut: Sie kennt fast alle Ärzte in der Stadt und kann durch ein paar gezielte Telefonate dazu beitragen, das Problem eines Patienten zu lösen mit der richtigen Information oder einem Termin beim richtigen Spezialisten.

Winker weiß um die wachsende Bedeutung, die Netzwerke heute haben. Sie ist Mitglied in diversen Clubs, hat einen großen Freundeskreis, vermag zu Fremden schnell Beziehungen aufzubauen – und diese Beziehungen rasch zu mobilisieren, wenn es darum geht, das nächste kulturelle oder karitative Projekt auf die Beine zu stellen.

An dem Morgen, als ich in der Poliklinik hospitieren durfte, beeindruckte mich auch, wie sie dasaß, locker und sehr aufrecht, die Füße fest auf dem Boden, das Kinn ein wenig zurückgenommen, um besser aufnehmen zu können, was jemand möglicherweise andeuten oder verschweigen könnte. In einem Moment sah ich, wie Ursula Winker ihre an Migräne leidende Akupunktur-Patientin zudeckte, und beim Rausgehen sagte: »Frau Schubert, keine Sorge, ich vergesse Sie nicht!« – Da verstand ich, dass sie auch Dinge beherrscht, die nicht in einem Medizinstudium gelehrt werden.

Im Jahr 1968 legte sie ihr Abitur ab, studierte Medizin und arbeitete im Winter als Skilehrerin. Auf einer gleißenden Piste in den französischen Alpen lernte sie einen jungen Mann namens Heiner Winker kennen, der, wie sich herausstellte, ebenfalls Medizin studierte. Die beiden wurden ein Paar. Nach dem Examen setzten sie ihre Ausbildung an denselben Kliniken fort, erst in Singen und später in Tübingen. Heinrich wollte Unfallchirurg werden, Ursula einen Facharzt als Neuro-Pädiater mit Musiktherapie kombinieren.

Nach dem Abitur hatte Ursula Winker noch getönt: »Ich will keine Kinder, ich mach Karriere!« Und als Achtundsechzigerin hatte sie »schon mal ein paar Drogen und Männer ausprobiert«. Aber gegen Ende des Studiums spürte sie deutlich, dass Kinder zu ihrem Leben gehören sollten. Sie selbst hat nur einen Bruder, ihr Mann war in einer Familie mit vier Kindern aufgewachsen, und dort hat sie das auch zum ersten Mal erlebt: diese Lebendigkeit und Geborgenheit einer großen Familie, die johlende Freude der Geschwister, einander wiederzusehen. Diese Bilder arbeiteten in ihr.

Sie war 28, als ihr erstes Kind auf die Welt kam. Zunächst versuchte sie, weiterzuarbeiten. Aber drei Nachtdienste pro Woche waren doch ziemlich anstrengend. Häufig begrüßten und verabschiedeten die jungen Eltern sich nur mit der Lichthupe: wenn der Vater nach Hause und die Mutter in die Klinik fuhr. Um ihre Kollegen zu entlasten, leistete Winker bis zum Ende ihrer zweiten Schwangerschaft noch sämtliche Nachtdienste ab, und zack – wurde der Sohn sechs Wochen zu früh geboren und musste im Inkubator liegen: »Es ging alles gut aus. Aber das war ein Warnschuss, und ich wusste: Jetzt pausiere ich erst einmal!«

Mit 32 bekam sie noch eine Tochter, mit 34 einen weiteren Sohn. Durch einen befreundeten Kollegen hatte sie die Waldorfpädagogik für sich entdeckt: Ihre Kinder besuchten mit vier Jahren den Waldorfkindergarten, später die Waldorfschule, das prägte ihr Leben als Mutter sehr. Sie lernte sympathische Eltern kennen, engagierte sich, grub Gärten um, studierte Lieder ein, nähte kleine Prinzenumhänge für die Basare. Eben à la Waldorf.

»Ja, ich habe gesponnen!«, gesteht sie heute lachend, »ich habe mir sogar ein Spinnrad gekauft und aus dem selbst gemachten Garn einen windschiefen Pullover gestrickt.«

Sie wohnten damals in Tübingen, im Viertel »Waldhäuser Ost«, inmitten vieler anderer junger Familien. Dort konnten die Kinder zum Spielen einfach auf die Straße gehen oder im nahen Wald verschwinden. Ursula Winker las viel vor, bastelte, »was man halt so macht«. Manchmal gingen sie in die Oper, und dann in der Pause, wenn die knisternde Aufregung, abends ausgehen zu dürfen, sich verbraucht hatte und die Kinder zu gähnen anfingen, schnell wieder nach Hause. Ansonsten gab es im Alltag der Winkers nämlich sehr klare Regeln und Abläufe: »Um ein Uhr mittags, wenn die Kinder zurückkamen, haben wir zusammen gegessen und jeder hat erzählt, was er so gemacht und erlebt hat. Dann wurde der Tisch freigeräumt, die Großen haben Hausaufgaben gemacht, die Kleinen gemalt. Jedes Kind musste noch eine halbe Stunde sein Instrument üben, und dann begann der freie Nachmittag.«

Den Haushalt schmiss Ursula Winker allein. Damals lebten sie mit einem großen Hund und einer dicken Katze auf 104 Quadratmetern. Ihr Mann ging manchmal für drei Wochen nach China, um dort zu operieren, und dann kam es schon vor, dass sie ihm Vorwürfe machte: Weil er nicht kapierte, was sie in seiner Abwesenheit alles leistete. Schon damals lernte sie, wie wichtig das Bilden von Netzwerken ist, das Schaffen eines höchstpersönlichen Systems von Menschen, die sich gegenseitig bei der Erziehungsarbeit unterstützen. Sie hatte eine gute Freundin, die Archäologin war. »Wenn sie zu Ausgrabungen nach Troja fuhr, übernahm ich ihre Kinder. Und sie übernahm meine, wenn ich mal ein paar Tage aus dem Alltag ausbrechen wollte.«

In den Sommerferien luden sie ihren VW-Bus voll – ihr »Busle« – und fuhren irgendwo in den Süden. Die drei älteren Kinder schliefen im Kofferraum, die Eltern und der Hund auf der umgeklappten Rückbank, über dem Beifahrersitz hing die Liege für das Nesthäkchen.

Obwohl Ursula Winker einer anderen Generation angehört, ist sie für mich eine sehr moderne Figur: Weil sie die Familienphase auch genutzt hat, um in ihr eigenes »Humankapital« zu investieren: Für ihre Kinder hatte Ursula Winker insgesamt acht Jahre als Ärztin pausiert. Nach fünf von diesen acht Jahren begann Ursula Winker, sich zusätzlich psychosomatische und naturheilkundliche Kenntnisse anzueignen. Zwölf Wochenenden pro Jahr fuhr sie zur Weiterbildung, während ihr Mann oder ihre Mutter die Kinder hüteten. Sie hospitierte in der Stuttgarter Filder-Klinik und der Basler Lukasklinik, reiste nach China, um sich von chinesischen Ärzten in Akupunktur unterweisen zu lassen.

Als ihr jüngster Sohn mit vier in den Waldorfkindergarten kam, wollte sie unbedingt wieder praktizieren. Inzwischen war sie 39 Jahre alt. Und ja, natürlich hatte sie Angst vor dem Wiedereinstieg. Schließlich gab es viele neue Medikamente auf dem Markt, die sie noch nie verschrieben hatte, Kollegen, die deutlich mehr Klinikerfahrung hatten als sie. Aber ihr Mann beruhigte sie, sagte: »Ach, die anderen kochen auch nur mit Wasser!« »Und das stimmt«, sagt sie lachend. Zwei Tübinger Kollegen fragten sie, ob sie als Angestellte in ihrer Gemeinschaftspraxis arbeiten wolle: in Teilzeit. Vollzeit nur, wenn die anderen in die Ferien fuhren.

Weil die Schule ihrer Kinder schon mittags zu Ende war, stellte Ursula Winker damals eine Hilfe an, die manchmal gekocht und zwei Stunden im Haushalt geholfen hat. Deshalb blieb anfangs nicht sehr viel übrig von ihrem Teilzeitgehalt.

Dafür waren die Übergänge sehr sanft. Und ihre Kinder sagen heute, dass sie den beruflichen Wiedereinstieg der Mutter nicht als Einschnitt empfunden haben.

Als Heiner Winker nach seiner Habilitation an der Medizinischen Hochschule Erfurt Chefarzt der Unfallchirurgie wurde, zog die Familie voller Neugierde nach Thüringen. Kurz nach der Wende war das für einen Westler absolutes Neuland. Ursula Winker beantragte dort ihre Niederlassung als praktische Ärztin. In den Monaten des Wartens arbeitete sie ehrenamtlich in einer

Telefonseelsorge. Um wieder reinzukommen und Gesprächsführung zu lernen. Und dann war es endlich so weit: Mit 46 Jahren eröffnete sie ihre erste eigene Praxis, konnte selbst bestimmen, was sie unter einer »menschlichen Medizin« verstand. Und dazu gehörte, genug Zeit zu haben für die Patienten, ihnen zuzuhören. »Ich habe immer darauf geachtet, dass der Laden gut lief, aber wenn es mir um möglichst großen Profit gegangen wäre, dann hätte ich ganz anders vorgehen müssen, mehr Patienten in weniger Zeit, zack, zack, zack.«

Im Frühjahr 2013 passierte etwas Dramatisches: Ihr 63-jähriger Mann erlitt einen schweren Herzinfarkt, und das mitten im Operationssaal. Er hatte gerade einen Mann am Unterschenkel operiert und die Instrumente zur Seite gelegt, da stürzte er zu Boden. Sein Glück im Unglück war, dass der Kardiologe gerade gekommen war, um seine Frühschicht zu beginnen. So konnte Heiner Winker noch vor Ort reanimiert werden. Er bekam einen Stent gelegt. Und konnte, derart konfrontiert mit der eigenen Sterblichkeit, seinen Chefarztposten loslassen.

Ursula Winker entschied ein paar Monate später, ihre Praxis dichtzumachen, in dem Bewusstsein: »Es wäre doch schade, unsere Zeit jetzt nicht gemeinsam zu verbringen.« Sie suchte nach einer Form von flexibler Altersteilzeit, die genug Spielraum lassen würde für ihren Mann, ihre Enkel und Ehrenämter. Denn ihre beiden Renten würden ausreichen, um den Lebensunterhalt zu sichern.

In der Erfurter Poliklinik musste sie sich mit einem für sie ungewohnten medizinischen Umfeld vertraut machen. Dort wird alles digital erledigt. Auf ihrem Bildschirm blinkt heute hinter den Namen der Patienten die Wartezeit in Minuten. Mit ein paar Klicks kann sie alle Laborwerte ansehen, die Blutbilder und Befunde der benachbarten Ärzte: »Ich bin ein bissl stolz, dass ich das in meinem Alter noch gelernt habe.«

Die Geräte aus ihrer alten Praxis schickte sie mit dem Schiff nach Nepal. Dreißig Kilometer von Kathmandu gibt es das Dhulikhel-Krankenhaus, und seit seiner Pensionierung hilft Heiner Winker, dort eine unfallchirurgische Abteilung aufzubauen. Nach dem großen Erdbeben im April 2015 flog er sofort ins Krisengebiet. Vier Wochen stand er Tag und Nacht im Operationssaal, um die Verletzungen der Opfer zu versorgen.

Dort ist noch viel zu tun. Kommenden Winter wird Ursula Winker mit nach Nepal fliegen. Gerade recherchiert sie, wie man die hygienischen Standards der Krankenhauskantinen in Dhulikhel verbessern könnte. Bis zur Abreise muss sie sich da noch »reinfuchsen«, trifft Mitarbeiter von Großküchen und Veterinär-Ämtern.

Heute früh ist Ursula Winker noch »on Mission« in Augsburg gewesen, hat für ein paar Tage die Enkel gehütet. Sohn und Schwiegertochter haben gerade Vereinbarkeitsstress. »Ich hab gekocht für die Kinder und abends im Bett schön vorgelesen«, sagt sie.

Mittags hatte sie ihrem Mann per Smartphone eine kleine Einkaufsliste diktiert. Abends wollte sie Spätzle kochen für acht andere Ärzte aus Thüringen, die sich ebenfalls ehrenamtlich in Nepal engagieren.

In der Klinik hatte ich einen Blick auf ihr Smartphone erhascht: Auf dem Display ein Foto von ihrem Heiner, lachend mit leicht zusammengekniffenen Augen, das hellgraue Haar vor der blauen Silhouette des Himalaja … Vor vierzig Jahren hatten sie ihre Hochzeitsreise dorthin gemacht.

Die Winkers sind geübte Gastgeber, das spürt man schon in dem Augenblick, wenn man aus der kalten Oktobernacht in ihre warme Altbauwohnung tritt. Kerzen flackern, Weltmusik grundiert die Stimmung. Im Wohnzimmer ein karmesinrotes Sofa, zwei Ledersessel mit großen Segelohren, das in die Höhe geschossene Bücherregal, kein Krimskrams auf den freien Flächen, aber auch kein angestrengter Minimalismus, ein paar Dinge, die aus irgendeinem absurden Grund ins Herz geschlossen wurden, dürfen schon herumliegen.

Die Gäste sitzen um den hellen Esstisch. Ursula Winkers Handgriffe verraten den »Schaff-Schick« der schwäbischen Hausfrau. Für diejenigen, die später kommen, werden noch ein paar Klappstühle an den Tisch gezogen. Der kühlgestellte Rumtopf wird vom Balkon geholt, der Apple-Crumble aus dem heißen Ofen gezogen.

Ursula Winker hat eine große Leichtigkeit im sozialen Umgang, so dass auch Neubekanntschaften schnell das Gefühl von Nähe haben. Man hört ihre Diktion heraus, die vielen »Ne?« und »Ja?«-Laute, die absichern sollen, dass sie richtig verstanden hat und verstanden wurde. Das hat ihr im Berufsleben geholfen, diese Durchlässigkeit zwischen der privaten und der professionellen Sphäre.

Gerade als Hausärztin wird man oft zur intimen Ratgeberin ganzer Familien und begleitet sie auf ihrem Lebensweg. Und dazu braucht es eben nicht nur eine stets durch Fortbildungen aktualisierte Kenntnis des medizinischen Fortschritts, sondern auch eine mitfühlende Haltung des »Ich bin ein Mensch, nichts Menschliches ist mir fremd«. Und diese Haltung hat Ursula Winker auch erworben, indem sie den Prozess des menschlichen Heranwachsens bei ihren eigenen Kindern intensiv begleitet hat.

Ich wandere ein wenig durch die Wohnung.

Drei Kinderzimmer, die – von Spielzeugen, Kuscheltieren und ähnlichen Erinnerungen befreit – jetzt als schlichte Gästezimmer dienen. Dafür hängen im engen Gäste-WC Familienfotos, Erinnerungen, dicht an dicht und alle im Color der siebziger und achtziger Jahre. Die Kinder in der Hängematte, lachende Zahnlückenmünder, der Sohn im Regenanorak des Vaters, die Familie im Paddelboot, der Blick über das auftauchende Ruder.

Im gemeinsamen Arbeitszimmer stehen ein schwarzer Flügel und ein weißer Schreibtisch, halb einander zugewandt, auf dem Flügel Noten von Bach, auf dem Schreibtisch ein flacher Bildschirm, an der Wand ein Gedicht von Hilde Domin: »Nicht müde werden / dem Wunder / leise / wie einem Vogel / die Hand hinhalten.«

Eine Zeit lang hatte Ursula Winker mit der Idee gespielt, Klavier zu studieren. Aber dann hat sie sich doch für Medizin entschieden: zur großen Erleichterung der Mutter, die gerne wollte, dass ihre Tochter einen soliden Beruf erlernt. Dennoch, bis zum Alter von zwölf Jahren hat sich Ursula Winker neben ihre Kinder gesetzt, wenn sie ihr Instrument übten. Und mittlerweile haben drei von ihren vier Kindern die Musik zu ihrem Beruf gemacht: Stephanie, Felix und Moritz sind Solisten in großen deutschen Orchestern, Hanna arbeitet als Kulturmanagerin im Berliner »Radialsystem V«. Gemeinsam haben Eltern und Kinder »Die Sommerkonzerte im Kloster Volkenroda« initiiert. Also viel Musik und keine Dissonanzen? Ist in dieser Familie tatsächlich alles harmonisch verlaufen?

Nein, Moritz, der jüngste Sohn, hielt seine Eltern in der Pubertät mit Haschrauchen und miserablen Noten in Atem. Und Heiner, der Vater? Die letzten zehn Jahre, bevor er in den Ruhestand ging, waren für ihn eine einzige Durststrecke. Die Atmosphäre in der Klinik hatte sich verändert, die Geschäftsführer wurden mächtiger, die Forderung nach Steigerung der Fallzahlen, nach mehr Effizienz und Profit. »Mein Mann hatte das Gefühl, ständig kämpfen zu müssen. Er hatte die Geschäftsführung unterschätzt und wurde dann ziemlich geknebelt. Dieser Druck war auch zu Hause spürbar, und ich konnte ihm nicht so richtig helfen.«

Heiner Winker hat als Chefarzt eine Karriere im klassischen Sinn gemacht. Wahrscheinlich hätte auch Ursula Winker – wenn sie das unbedingt gewollt hätte – in der Klinikhierarchie sogar ganz nach oben klettern können. Aber sie sagt selbst, dass sie dann höchstwahrscheinlich nur ein einziges Kind hätte haben können. Wäre ihr Leben dann genauso reich gewesen? Vielleicht. Anders reich.

Ursula Winker ist in ihrer Stadt die auffälligere Persönlichkeit.

Und vielleicht kann man sagen, dass sie kreativer sein musste als ihr Mann, insofern, als sie sich ihre Aufgaben und Arbeitsplätze selbst ausgedacht und geschaffen hat. Während ihr Mann in den vergangenen zehn Jahren der Gefangene seines Berufs war, so war sie doch weitgehend die »Herrin« über ihr Leben.

Ursula Winker hat alles zu seiner Zeit gemacht: Sie hat sich auf ihre Kinder konzentriert, als diese sie dringend brauchten, und je selbstständiger die Kinder wurden, desto mehr hat sie sich auf ihren Beruf konzentriert. Seitdem sie mit Anfang sechzig ihre Praxis verkauft hat, arbeitet sie als Angestellte in Altersteilzeit – und genießt gerade in vollen Zügen, als Mutter und Großmutter in so viele interessante menschliche und künstlerische Prozesse einbezogen zu sein: die Konzerte der Kinder zu hören und zu sehen, wie die Enkel größer werden.

Ihre Tochter Hanna ist an diesem Tag zu Besuch. Sie ist gerade im vierten Monat schwanger. Wie sieht sie aus heutiger Perspektive den Werdegang ihrer Mutter? Kann sie davon etwas in ihr eigenes Mutterdasein mitnehmen? »Ja, ich habe sie zum Beispiel nie gestresst gesehen. Und das hatte etwas sehr Beruhigendes. Ihr Alltag war sicher sehr durchorganisiert. Aber das war eine Organisation, die sich selbst unsichtbar gemacht hat …«

Und dann sagt sie etwas sehr Berührendes: »Wenn ich an meine Mutter denke, dann sehe ich eine starke Frau mit viel Herz, die Empathie mitbringt für die Schwachen und Hilfsbedürftigen. Eine Frau, die nicht klagt und wenig an anderen herumkritisiert. Ich weiß nicht, ob das Toleranz ist oder eine Art von höherem Pragmatismus: weil sie ihre Energie für Dinge aufheben will, die sich ändern lassen, und für Schmerzen, die sie stillen kann.«

Schöner kann ein Kind die Mutter wohl kaum sehen.

Tatsächlich ist es beiden Frauen, Deuflhard und Winker, gelungen, Karrieren und ein wunderbares Verhältnis zu ihren Kindern aufzubauen. Beide haben es mit dem Nacheinander-Prinzip geschafft. Welche Methoden hatten sie?

Deuflhard hat sich radikal umorientiert und endlich ihren Traum gelebt, Winker ist dank Fortbildung und Flexibilität schließlich dort angekommen, wo sie hinwollte. Für Deuflhard war der Wiedereinstieg ein gewagtes Unternehmen, während Winker sich sicher sein konnte, als Medizinerin immer gefragt zu sein. Aber auch sie hatte den Mut, ins Ungewisse zu ziehen, ins unbekannte Thüringen zu gehen, um sich dort eine neue Existenz aufzubauen.

Beide waren flexibel im besten Sinne des Wortes. Sie haben reagiert auf familiäre und berufliche Umstände, ohne ihr Ziel aus den Augen zu verlieren. Wie Wasser, das gegen einen Stein fließt, dann um den Stein herum – und sich seinen Weg sucht in Richtung Meer.

Beide hatten bestimmte Voraussetzungen:

- Es hilft nämlich, in einem urbanen Umfeld zu leben, in dem es viele berufliche Chancen und Kontaktmöglichkeiten gibt.
- Es hilft, einen Partner auf Augenhöhe zu haben.
- Es hilft, wenn der Partner die wachsende Familie für ein paar Jahre allein durchfüttern kann.
- Es hilft, wenn man psychisch so gestrickt ist, dass man diesen Geldtransfer trotz feministischer Überzeugungen nicht als emotionale »Abhängigkeit« empfindet.
- Es hilft, wenn man so selbstbewusst ist, dass man sich von den abschätzigen Urteilen seiner Umgebung nicht verunsichern lässt.
- Es hilft, wenn man abenteuerlustig bleibt und auch das Leben mit Kindern als Abenteuer begreift.
- Es hilft, wenn man es als Glück empfinden kann, unzertrennlich zu sein.
- Es hilft, wenn man seinen Ehrgeiz auf seine eigenen beruflichen Ziele richten kann und nicht seine Kinder vorschicken und vorzeigen muss.

Natürlich hatten Deuflhard und Winker auch für ihre Kinder eine bestimmte Vorstellung von menschlichem Wachstum. Aber beide haben einen auffällig entspannten Erziehungsstil kultiviert, waren keine »Tiger Moms« à la Amy Chua, die ihre Kinder stundenlang ans Klavier zwingen oder auf den Tennisplatz scheuchen: besessen von der Idee einer »optimalen Förderung« und »Wunderkind-Performance«. Stattdessen schufen sie zu Hause einen Raum, in dem ihre Kinder sich in Ruhe entwickeln konnten. Es gab Nähe, Verständnis, Anregung, aber wenig Druck.

Beide empfanden die Sorge für ihre Kinder nicht nur als unverschämte Einschränkung der äußeren Bewegungsfreiheit – so wie die Reisejournalistin Sarah Fischer, die in ihrem Buch *Die Mutter-Glück-Lüge. Warum ich lieber Vater geworden wäre* beklagt, dass sie mit ihrem wenige Monate alten Baby nicht mal eben für vier Wochen allein in die Mongolei reisen konnte. Beim Blick in Fischers Buch fragte ich mich, warum unsere Gesellschaft »Abenteuerlust« so zwanghaft mit einer bestimmten Form von Mobilität verknüpft – und mit der Phantasie, als ewige Touristin durch die Welt zu vagabundieren?

Vielleicht, weil sie Freiheit immer nur als Ungebundenheit denkt und nicht als ein Leben in selbstgewählten Bindungen. Und weil sie Familienarbeit notwendig als Opfergang interpretiert. Die Idee, Deuflhard oder Winker hätten sich für ihre Familien »geopfert«, scheint mir angesichts ihrer lebenssprühenden Ausstrahlung geradezu absurd. Sagen wir es lieber so: Sie haben ihr »Potential« ausgeschöpft – erst in der Familie, dann im öffentlichen Raum.

Ursula Winker hat an ihren früheren Beruf angeknüpft, aber sie hat den großen Trend zur Naturheilkunde erkannt und in ihrer Stadt »salonfähig« gemacht. Und Amelie Deuflhard hat Ende der neunziger Jahre zum Teil selbst erfunden, wie ein professionelles Kulturmanagement in der freien Theaterszene aussehen kann.

Beide haben bei ihrem beruflichen Aufbruch das Weniger an

spezifischer Berufserfahrung mit einem Element der unternehmerischen Kühnheit und Erfindungsgabe ausgeglichen.

Paula, die Wissenschaftlerin

Manchmal gehen die verschiedenen Berufe, die jemand nacheinander ausgeübt hat, eine neue und aufregende Verbindung ein. Und der Moment der Inspiration, was man im Leben eigentlich machen will, kommt mitten in der Familienphase. So war das nämlich bei Paula Bleckmann.

Ich treffe sie frühmorgens im ICE von Freiburg nach Berlin. Sie ist in jeder Hinsicht eine große Frau, mit einer natürlichen Ausstrahlung. Eine, die sich das Haar noch schnell morgens auf der Treppe zusammenbindet, damit es am Tag nicht stört, und die sich mit dem berufsmäßigen Tragen von Hosenanzügen noch ein bisschen anfreunden muss.

Paula spricht gerne, ihre Augen werden dabei groß und größer und entfalten eine Strahlkraft, der man sich nur schwer entziehen kann. Wenn es dann noch um ihr Fachgebiet geht, bekommt ihr Blick sogar ein rosaluxemburghaftes Feuer.

Paula ist Professorin für Medienpädagogik. Und für mich ist sie der Inbegriff einer kreativen Quereinsteigerin. Weil sie mit den Erfahrungen, die sie als Biologin, Lehrerin und Mutter gemacht hat, in der Medienpädagogik eine neue Denkschule begründen konnte.

Die Mehrheit der Medienpädagogen propagiert nämlich, dass Kinder durch mehr Zeit am Bildschirm mehr lernen – und dass sie so früh wie möglich mit der neuen Technik umgehen sollten, um sich später in der digitalen Gesellschaft gut zurechtzufinden. So manch eine Forschung vollzieht sich auch in verdächtiger Harmonie mit den Profitinteressen der großen Medienkonzerne wie Google, Facebook, Microsoft, Vodafone.

Paula hingegen sagt, dass weniger Zeit am Bildschirm mehr ist. Jedenfalls im Hinblick auf die gesunde Entwicklung eines Kindes.

Warum Paulas Arbeit so wichtig ist, wird eigentlich schon bei unserem Gang durch vier Zugabteile zum Bordrestaurant klar. Auf jedem zweiten Platz sitzt ein Mensch mit Laptop oder Smartphone, schreibt Folien, sieht Filme, scrollt durch Fotos von Facebook-Bekanntschaften, tippt mit schnellen Daumen irgendwelche Nachrichten an irgendeinen anderen Menschen irgendwo auf der Welt.

Auch die Kinder einer geschätzt siebten Klasse, die zu einer gemeinsamen Klassenfahrt nach Berlin aufgebrochen sind, sitzen stumm nebeneinander und fummeln an ihren Handys herum. Mangelnde Kommunikation in Zeiten der modernen Kommunikationstechnologie – genau Paulas Thema. Sie ist an diesem Donnerstag auf dem Weg zu einer Anhörung im Bundestag, ihr Vortrag trägt den Titel »Neue elektronische Medien und Suchtverhalten«.

Im Speisewagen bei einer Apfelschorle holt Paula ihr Statement aus der Tasche und prägt sich die Formulierungen noch einmal ein, beschwört sich, bei ihrem ersten Auftritt im Zentrum der Macht locker, charmant und radikal zu sein. Dabei bewegt sie ihre Hände, die eben nicht gerne im Schoß liegen, vielmehr süchtig sind nach Aktivität. In der einen hält sie einen ziemlich edel aussehenden Füller. Sie hat ihn zu Weihnachten von ihrem Mann geschenkt bekommen hat. Als sie ihn vor sich auf den Tisch legt, kann ich die Gravur erkennen: »½ Professor Bleckmann« steht da.

Was hat das zu bedeuten?

Im letzten Jahr hat Paula ihre Habilitation verteidigt und mit 43 Jahren ihren ersten Ruf bekommen, eine Teilzeitprofessur für Medienpädagogik an der Alanus Hochschule. Bei einem Beratungsgespräch hatten die Gleichstellungsbeauftragten der Universität ihr dringend abgeraten, mit Teilzeit anzufangen: Das sei unmöglich, in den ersten Jahren müsse sie 150 Prozent geben – und irgendwann später, wenn sie sich wirklich etabliert habe, könne sie vielleicht daran denken, ein wenig zu reduzieren.

Aber das wollte Paula nicht. Ihre Söhne, heute 17, 15 und 12 Jahre, sind noch zu Hause und brauchen Ansprache. Also ist sie jetzt erst mal »½ Professor Bleckmann« – und sehr stolz. Weil sie erst vor knapp fünf Jahren angefangen hat, zu habilitieren, und das in einem Fach, das sie vorher gar nicht studiert hat. Und weil sie wiederum davor sieben Jahre lang Hausfrau und Mutter war – eine Phase, die sie im Rückblick als »die wichtigste Qualifizierungsphase meines Lebens« beschreibt.

Wahrscheinlich ist es nicht übertrieben, Paula als Überfliegerin zu bezeichnen. Mit 14 Jahren übersprang sie eine Klasse, nach dem Abitur absolvierte sie ein soziales Jahr in Mexiko. Wurde dann in die Studienstiftung des deutschen Volkes aufgenommen und nach dem vierten Semester fast wieder rausgeschmissen, weil sie, statt für eine Chemieklausur zu büffeln, lieber Bewegungsskizzen von ihrer Katze angefertigt hatte.

In Rekordzeit studierte sie Biologie und schrieb zwei Diplomarbeiten, eine über den Nutzen von Unkräutern in der kleinbäuerlichen Subsistenzlandwirtschaft Indiens, die leider nicht anerkannt wurde, und eine über die Auswirkung von Niedrigdosisradioaktivität auf Zellmembranen.

Mit 24 Jahren hatte sie gleich zwei Angebote, zu promovieren und als Biologin Karriere zu machen. Beide schlug sie aus. »Während meiner Praktika hatte ich schon beobachtet, wie das Leben eines Doktoranden aussieht. Ich aber wollte einen Beruf, in dem man nicht zwölf Stunden am Tag im Labor stehen muss, um dann am Wochenende noch die neuesten Papers zu lesen. Schließlich wollte ich mal eine große Familie!«

Hatte sie auch schon eine genaue Vorstellung, wie die aussehen sollte? Sie lacht: »Geträumt hatte ich immer von fünf oder sechs Kindern, jedenfalls einer großen Schar, die noch dazu Spielkameraden einlädt. Ich bin selber in einer Familie mit fünf

Kindern aufgewachsen und mit 14 Jahren noch einmal große Schwester geworden. Die Zeit mit meiner kleinen Schwester war so beglückend und herausfordernd, dass ich das Herumsitzen in der Schule im Vergleich fast langweilig fand … Ich glaube, dass ich deshalb später so gerne Mutter war, weil ich schon als junges Mädchen die Chance hatte, das Muttersein zu üben.«

Nach ihrem Studium absolvierte Paula eine Ausbildung zur Waldorfschullehrerin. Sie heiratete und wurde mit 26 zum ersten Mal schwanger. Damals hatte sie noch den festen Vorsatz, nach einem halben Jahr in ihre Klasse zurückzukehren: »Heute erscheint mir das so, als würde man eine Beziehung planen, ohne den Partner zu kennen. Als unser Sohn einmal auf der Welt war, befand ich mich im Zustand rasender Verliebtheit und konnte mir überhaupt nicht mehr vorstellen, diesen kleinen Menschen so viele Stunden am Tag allein zu lassen.«

Sie hatte das Glück, dass sie das auch nicht musste. Ihr Mann Frank, ein glühender Luhmann-Jünger, damals noch mit langem Haar, hatte eine Promotionsstelle am Max-Planck-Institut für Strafrecht in Freiburg. Er verdiente nicht viel, sie wohnten in einer winzigen Wohnung und hatten kein Auto, damit aber auch niedrige Fixkosten. Damals verzichteten sie konsequent auf jede Flugreise. Mit ihren Nachbarinnen hängte Paula die Wäsche im Garten auf, tauschte Kinder, Bohrmaschinen und selbst gemachten Holundersirup. Sie hatte Spaß an dieser ursprünglichen Form der »Sharing Economy«, berauschte sich richtig an ihrer Sparsamkeit und an dem Zeitreichtum, den sie in der Familie auf diese Weise generierte.

Fünf Kinder sollten es nicht werden, aber immerhin drei. Von Waldorfschullehrern wird ja gerne behauptet, sie seien Universaldilettanten, die von allem etwas können müssen, aber nichts richtig. Paula findet daran nichts despektierlich, im Gegenteil: »Als Mutter ist man ja auch eine Art Universaldilettant, man ist Lehrerin, Geschichtenerzählerin, Köchin, Wäscherin, Putzfrau, Schreinerin, Ärztin und Krankenschwester in Personalunion.

Das heißt, man wendet das volle Spektrum der menschlichen Fähigkeiten an und gibt den eigenen Kindern die Gelegenheit, es auch selbst auszubilden. Dieses einseitig Kognitive – das kommt im Leben noch früh genug! Viele sagten damals: ›Dass du das alles auch noch schaffst, Brot zu backen und Kerzen zu ziehen und Boote zu bauen und ein Adventssingen zu organisieren ...‹ Aber das war nicht zusätzlich! Die Kinder haben mitgemacht bei den Sachen, die ich sowieso machen wollte.«

Paula empfand ihr Leben als Familie mit kleinen Kindern als ein selbstbestimmtes und wunderschönes, aber sie hatte auch ein familiäres Umfeld, das sie in ihrem »Way of Life« bestärkte. Ihr Mann Frank, 47, ist ein relativ moderner Vater, der ihr immer genug Freiräume ermöglichte, um mal abends auszugehen oder an zwei Vormittagen etwas anderes als Familie zu machen, beispielsweise Nachhilfeunterricht zu geben oder im Vorstand des Kindergartens mitzuarbeiten. Und ihre Eltern sagten auch nicht: Wir haben dir ein teures Biologiestudium finanziert, und jetzt wirfst du das einfach weg? Stattdessen sagten sie: Tu das, was dir entspricht!

Von Bekannten hingegen wurde sie immer wieder gefragt: Hast du keine Angst, den beruflichen Anschluss zu verlieren? Nein, das hatte sie nicht. De facto hätte sie jederzeit wieder als Waldorfschullehrerin arbeiten können. Stattdessen aber hatte sie nach der Geburt ihres zweiten Sohnes Friedrich* ein Aha-Erlebnis:

Es war das Jahr 2001, sie lag in einem Rückbildungskurs auf einer blauen Turnmatte in Freiburg und hörte, wie sich zwei andere Mütter unterhielten: Wie ist es denn mit deinem Kleinen, schläft er schon durch? Nein, ein paar Mal muss ich noch aufstehen. Aber das ist jetzt kein Problem, denn im Moment wiederholen sie in SAT.1 die *Desperate Housewives*. Und die andere sagte, Ach wirklich? Das schaue ich mir auch immer an, wenn ich nachts stillen muss!

»In diesem Augenblick sah ich alles genau vor mir: Wie der Bildschirm den Blick dieser Mutter von ihrem Kind weg-, wie er unser aller Aufmerksamkeit von der Fülle des wirklichen Lebens abzog. Da wusste ich: Das wird das Erziehungsthema Nr. 1 werden.«

Paula fing an, Bücher und Studien zum Thema zu lesen und Elternabende zu organisieren, und der Diskussionsbedarf war enorm. Als sie merkte, wie leichtfertig die wissenschaftlichen Fakten von manchen Eltern abgetan wurden, entwickelte sie das Bedürfnis, sich einen echten Expertenstatus zu erarbeiten. Sie suchte sich einen Doktorvater in Bremen, der ausnahmsweise bereit war, als Medienpädagoge eine Biologin bei sich aufzunehmen, und fing an, über medienpädagogische Elternarbeit zu promovieren.

In diese Zeit fiel die Geburt ihres dritten Sohnes Tobias*. Ihr Mann, der inzwischen als Richter arbeitete, konnte für fast zwei Jahre auf eine halbe Stelle wechseln. Trotzdem hatte Paula oft das Gefühl: Es wird zu viel!

Als Tobias eine lebensgefährliche Lungenentzündung bekam und sie den Weihnachtsabend Hand haltend an seinem Bett zubrachte, beschloss sie, ihre Doktorarbeit so schnell wie möglich abzuschließen. Ihr Doktorvater war enttäuscht, dass sie der wissenschaftlichen Karriere wieder den Rücken kehrte. Aber Paula wollte sich noch einmal mit ihrer ganzen Kraft der Familie widmen:

Sie zog mit ihren Eltern und ihren über 90-jährigen Großeltern in ein Mehrgenerationenhaus. Half in den letzten zwei Lebensjahren bei der Pflege ihrer Großeltern, führte intensive Gespräche mit ihrem Großvater, der als Arzt im Zweiten Weltkrieg und in Ostafrika gewesen war – und in einer Art Wettlauf mit dem Tod versuchte, seine Memoiren fertigzustellen.

Von ihrem eigenen Thema ließ sie währenddessen auch nicht wieder ab, organisierte weiterhin medienkritische Elternabende und löste heftige Diskussionen aus. Es gab Eltern, die Feuer und Flamme waren für die neuen technischen Möglichkeiten und die forderten, dass man sämtliche Kindergärten und Schulen mit Computern ausstatten solle. Andere waren so erschöpft von der Arbeit, dass sie erleichtert waren, wenn sie Computer und Spielkonsolen als billige Babysitter einsetzen konnten. Aber viele hatten doch das dumpfe Gefühl, dass ihre Kinder da in etwas hineingerieten, was nicht gut für sie war. Und Paula war froh, dass sie diese Eltern mit Argumenten und Statistiken ausstatten konnte.

Paula zählt die negativen Auswirkungen von frühkindlichem Bildschirmmedienkonsum auf, ein Finger nach dem anderen schnellt in die Höhe: Verzögerungen in der Sprach- und Bewegungsentwicklung, Beeinträchtigung des kreativen Spielverhaltens, Schlafstörungen und Übergewicht, Verlust von Mitgefühl, Auffälligkeiten im Sozialverhalten, verstärkte Aggression, schlechtere Leseleistungen und allgemeine Schulleistungen, Aufmerksamkeits-Defizit-Hyperaktivitäts-Syndrom, erhöhte Gefährdung für Alkoholabhängigkeit und Nikotinsucht.

Paula und ich diskutieren über die Zukunft der Arbeit und die Frage, inwieweit Computer und computergesteuerte Maschinen die menschliche Arbeitskraft ersetzen werden. Und wie ist es eigentlich in der Freizeit? Schon jetzt wird die elterliche Zuwendung weitgehend ersetzt durch die Bildschirme – und Kinder aus den sogenannten bildungsfernen Schichten haben das Nachsehen.

Studien aus Amerika zeigen, dass an ein Kind aus einer privilegierten Familie bis zu seinem fünften Geburtstag 30000 Wörter mehr gerichtet werden als an ein Kind aus einer unterprivilegierten Familie. Das Vorleseverhalten in den Familien variiert ebenfalls dramatisch: Während einem deutschen Kind aus der Mittelschicht bis zum Einschulungsalter 1700 Stunden vorgelesen wird, sind es bei einem Kind aus sozial schwächeren Schichten nur kümmerliche 24 Stunden!

»Und was füllt diese Lücke? Ist es Stille?«, fragt Paula. »Wahrscheinlich nicht. Denn je weniger Geld und Bildung die Eltern haben, desto höher ist die Ausstattungsquote der Kinderzimmer mit Fernsehern, Spielkonsolen und Computern. Steigert das die Medienkompetenz der jungen Gerätebesitzer? Leider nein. Denn Untersuchungen zur Filmrezeption bei Schweizer Schülern zeigten, dass die Vielleser aus einer Fernsehsendung viel mehr lernten als die Vielfernseher. Obwohl die doch eigentlich mehr Übung haben müssten.«

In ihrem Beruf will sie deshalb auch keine »Medienkompetenz« lehren, also nur ein versiertes und höriges Hantieren mit den Benutzeroberflächen. Sie will »Medienmündigkeit« und wählt dieses Wort in bewusster Anlehnung an Immanuel Kants Definition von Aufklärung: als Ausgang aus der selbstverschuldeten Unmündigkeit.

»Ein junger Mann von 15 Jahren verbringt in Deutschland insgesamt 7.5 Stunden vor Bildschirmen, also mehr Zeit als mit irgendeiner anderen Tätigkeit, außer Schlafen. Und diese Zahl macht deutlich, dass wir Kindern heute den Umgang mit Medien nicht mehr nahebringen müssen. Eher das Gegenteil ist der Fall. Wir müssen uns dafür einsetzen, dass sie heute noch genug Gelegenheit haben, die Welt mit allen Sinnen wahrzunehmen, Freude am echten Leben zu entwickeln, Selbstwirksamkeit zu erfahren und verlässliche Beziehungen aufzubauen.«

Paulas dialektische These: Je länger es den Eltern gelingt, die Kindheit der eigenen Kinder von exzessivem Medienkonsum freizuhalten, desto größer sind die Chancen, dass sie zu stabilen und starken Persönlichkeiten heranwachsen, die später einmal selbstbestimmt mit Medien umgehen können.

Ihr Thema rückte in den letzten Jahren immer mehr ins Zentrum der gesellschaftlichen Debatte. Als Paula mit ihrer Doktorarbeit anfing, war sie noch bei allen potentiellen Stipendiengebern abgeblitzt. Und die Tatsache, dass sie kein Geld für ihre Forschung bekam, hatte in ihr die Sorge genährt, nur einem »Hausfrauen-Hobby« nachzugehen.

Das änderte sich schlagartig, als sie einen Brief an Christian Pfeiffer schrieb, den damaligen Direktor des Kriminologischen

Forschungsinstituts Niedersachsen (KFN). Sie schrieb ihm, dass sie sich nach einer längeren Familienphase wieder mehr beruflich engagieren wolle. Es sei aber nicht leicht, Wissenschaftler zu finden, aus deren Veröffentlichungen sie echtes Erkenntnisinteresse und nicht Lobbyismus-Druck herauslesen würde. Daher hätte sie auf Elternabenden zum Thema Medien schon oft die KFN-Studien zitiert. Ob sie nach Hannover kommen und sich von ihm Rat für die berufliche Weiterentwicklung holen dürfe.

Und dann schrieb Christian Pfeiffer sofort zurück: »Wir brauchen Menschen wie Sie! Kommen Sie doch zu uns ans Institut!«

Zunächst sagte sie schweren Herzens ab: weil sie mit ihrer Familie nicht nach Hannover ziehen konnte. Doch dann rief Christian Pfeiffer überraschend an und sagte: »Das wäre doch schade, wenn wir auf Sie verzichten müssten. Überlegen Sie sich doch mal, unter welchen Bedingungen Sie sich eine Mitarbeit vorstellen können.«

Ein Satz wie aus dem Märchen, oder?

Anscheinend lohnt es sich, einfach auf Menschen – und potentielle Arbeitgeber – zuzugehen, die ähnlich über ähnliche Dinge nachdenken. Und dann lassen sich auf einmal zeitliche und räumliche Hürden überspringen, die zunächst unüberwindlich scheinen.

Ein paar Monate später begann Paula, als Habilitationsstipendiatin in einem großangelegten Forschungsprojekt über »Internet- und Computerspielabhängigkeit« zu arbeiten. Einmal pro Monat fuhr sie dafür eine Woche lang nach Hannover, bekam dort ein Büro und intensiven Kontakt zu ihren neuen Kollegen. Sie genoss es, wieder einen professionellen Rahmen zu haben, montagmorgens lief sie zum Bahnhof und konnte dann bis Freitagnacht ganz eintauchen in ihre Arbeit. Die restliche Zeit arbeitete sie von zu Hause, konnte den Nachmittag mit den Kindern verbringen und dann nach dem Abendritual noch mal an den Schreibtisch gehen.

Das war vor fünf Jahren, und Paula war äußerst produktiv seitdem. Sie schrieb einen Ratgeber mit dem Titel *Medienmündig*, veröffentlichte zwölf wissenschaftliche Aufsätze, die als Habilitation anerkannt wurden. Reiste zwei Jahre quer durch Deutschland, um biografische Interviews mit Computerspielabhängigen zu führen. Sie traf junge Männer und Frauen, die in ihren verwahrlosten Wohnungen zwischen Pizzakartons und leeren Coladosen am Rechner saßen und 14 Stunden pro Tag »World of Warcraft« oder »Civilization« spielten. Manche verbrachten Wochen hinter heruntergelassenen Jalousien, vergaßen, sich zu waschen, oder fielen beim Weg zur Toilette plötzlich in Ohnmacht. Und warum? Weil sie im Spielrausch das Gefühl hatten, zu siegen und wieder einen »Level« höher zu klettern – während sie im realen Leben vor sich hin scheiterten bei den Versuchen, ihr Studium abzuschließen, eine Arbeit zu finden oder eine dauerhafte Liebesbeziehung aufzubauen.

Diese Erfahrungen veranlassten Paula, auch politisch aktiv zu werden. Mit einigen Mitstreitern gründete sie den Verein »Media Protect«. Ziel war es, eine wachsende Anzahl von Coachs auszubilden, die dann auf Elternabenden in Kindergarten und Grundschule vor einer suchtartigen Mediennutzung warnen.

Paula verkörpert das Nacheinander-Prinzip für mich auf typische Weise. Sie hat es nicht aus Versehen gelebt, sondern sehr planvoll. Ihre Mutter und zwei Tanten hatten schon erfolgreich nach diesem Prinzip gelebt. Sie hatte also drei leuchtende Vorbilder vor Augen und wusste: So kann es gehen! Jedenfalls, wenn man bestimmte Charaktereigenschaften mitbringt: Ausdauer und Willenskraft.

Was die heute 45-Jährige sich einmal vorgenommen hat, das zieht sie durch. Doch ganz so reibungslos lief es auch bei Paula nicht. Sie gibt zu, dass sie phasenweise sehr angestrengt war, die Hilfsbereitschaft der Großfamilie überstrapazieren musste und die Sozialbeziehungen vor Ort ausbeutete. Durch ihr Habilitationsstipendium war die Familie finanziell in der Lage, eine erfahrene Kinderfrau anzustellen, die ihnen 70 Stunden pro Monat zur

Seite stand. Trotzdem hatte Paula oft ein schlechtes Gewissen, ihre Kinder in den Hannover-Wochen im Stich zu lassen. Besonders leid tat es ihr, wenn sie hörte, dass der fünfjährige Tobias sich an den Tagen ihrer Abwesenheit nur am Esstisch oder in seinem Bett aufhielt, also an Plätzen in der Wohnung, die irgendwie Wärme und Geborgenheit versprachen. Oder wenn sie hörte, dass Friedrich in den Hannover-Wochen seine Hausaufgaben oft vergaß.

Dabei engagierte Frank sich als Vater wahrscheinlich mehr als 75 Prozent seiner männlichen Zeitgenossen. In der Zeit der Familiengründung ging das sehr gut, weil er als Richter am Landgericht einen sehr geregelten Arbeitsalltag hatte. Aber am Anfang von Paulas Hannover-Zeit entdeckte Frank seine Leidenschaft für das Unterrichten und beschloss ebenfalls, eine Karriere als Hochschullehrer anzustreben.

So entstand in der Familie das Klima einer zweiten Rushhour: Beide brauchten mehr Zeit am Schreibtisch, mussten also ständig planen, verhandeln und das praktizieren, was man vielleicht »Staffelholz-Elternschaft« nennen könnte; Mutter und Vater wechseln sich ab mit dem Kinderhüten, haben aber kaum noch Familienzeit zusammen.

Plötzlich hatte Paula die Tendenz, jede Turbulenz in der kindlichen Entwicklung auf ihre äußere oder auch innere Abwesenheit zu beziehen: »Die gleichen Mätzchen, die ich bei unserem ältesten Sohn Kaspar* gelassen beobachtet hatte, hielt ich bei meinem Jüngsten plötzlich für eine schlimme Nebenwirkung meiner Berufstätigkeit. Das war natürlich falsch. Und ich glaube auch, dass die Kinder durch die vielen Jahre, in denen immer einer von den beiden Eltern da war, so etwas wie ein Polster haben.«

Eine Liebesreserve?

»Ja, genau.«

Und das ist eine zentrale Botschaft von Paula: nicht die Nerven zu verlieren, auf ihre Kinder zu vertrauen und auf die Bindung, die sie in den ersten Jahren hergestellt hatte!

Andersherum hätten Kinder aber auch ein feines Gespür, ob

man nur mechanisch als Versorgerin funktioniere, die Fischstäbchen auf den Tisch knalle, kurz abhake: Wie war's in der Schule? Und das sei eben Teil der ambitionierten Vereinbarkeits-Realität: »Die Seele des Hauses leidet. Es funktioniert alles, aber die Beziehungsqualität geht verloren.« Wenn man sich überlastet fühle, brächen nämlich ständig Fragen der Verteilungsgerechtigkeit auf: »Warum machen die Kinder nicht, was sie sollen? Und warum interpretiert mein Mann die Verabredung ›Heute bist du bei den Kindern!‹ ganz anders, als ich das tue? Warum sitzt er den ganzen Nachmittag am Schreibtisch und kommt nur, wenn die Kinder ihn rufen, sich streiten, oder um am Abend ein für meinen Geschmack viel zu aufwendiges asiatisches Essen zu kochen? Und warum muss ich, wenn ich Freitagnacht aus Hannover zurückkomme, dann am Samstagmorgen erst einmal die überquellenden Mülleimer leeren?«

Wichtig sei auch hier gewesen, zu differenzieren zwischen den eigenen Ansprüchen, den realen der Familie und den oft unrealistischen Erwartungen der sogenannten Gesellschaft.

Paula sagt: »Es war seltsam, in der Familienphase hat die Gesellschaft ganz viel schwarzgesehen und ich ganz viel weiß. Ich hatte den Eindruck, ich mache den wichtigsten Job der Welt, wie dumm, dass die Gesellschaft das nicht anerkennt. In der Vereinbarkeitsphase war es umgekehrt: Da habe ich ganz viel schwarzgesehen und die Gesellschaft ganz viel weiß.

Freunde und Kollegen sagten: ›Forschung mit drei Kindern, wow! Wie kriegst du das alles hin?‹ Und ich dachte: Eigentlich kriege ich gar nicht alles hin. Mein Tag hat nur 16 Stunden und manchmal kann ich ihn ein bisschen dehnen, aber irgendwann wird alles graue Zeit. Weil man unausgeschlafen ist und innerlich nicht mehr beteiligt. Und weil man das Gefühl hat: Ach, jetzt mache ich alles schlecht, jetzt bin ich eine schlechte Ehefrau, eine schlechte Mutter und eine schlechte Habilitandin.

Aber zum Glück gehen diese Wochen vorüber. Wenn man Ferien gemacht und sich erholt hat, erscheint alles plötzlich wieder in einem helleren Licht: Ach, denkt man, ich bin glücklich mit meinem Mann, wir haben drei prächtige Kinder und ich kann forschen über Dinge, die mich brennend interessieren, was will ich mehr?«

Paula sagt, mit diesen unterschiedlichen Phasen müsse man umgehen. Und mit der vergeblichen Hoffnung, es könnte eine einfache Lösung geben für dieses Problem. In der anstrengenden Endphase der Habilitation etwa nahm Paula im Rahmen eines Frauenförderungsprogramms für hochmotivierte junge Nachwuchswissenschaftlerinnen an einem Seminar über »Vereinbarkeit von Beruf und Familie« teil. Eine Erfahrung, die ein Schlaglicht wirft auf das Thema dieses Buches.

Paula merkte dort schnell, dass Vereinbarkeit nur hieß: bessere Organisation von Fremdbetreuung. Da war eine junge Doktorandin, die mit einem kleinen Baby sehr rasch wieder eingestiegen war in ihr Promotionsvorhaben, weil ihr Chef sie dazu gedrängt hatte. Und die jetzt wissen wollte: »Was mache ich, wenn mein Chef auch noch will, dass ich am Wochenende dauernd auf Konferenzen fahre?«

Dazu sagte die Leiterin des Seminars, Frau Professor Krause-Hoffmann*: »Sehr gut, dass Sie das ansprechen. Denn wir haben jetzt Sonderfördertöpfe für junge Mütter, die auf Konferenzen fahren möchten. Es gibt neuerdings ein 24/7-Kinderbetreuungshotel in der Nähe des Frankfurter Flughafens, da kann man das Kind hinbringen, betreuen lassen und direkt nach der Konferenz – egal zu welcher Tages- und Nachtzeit! – wieder abholen.« Die junge Doktorandin nickte und schwieg. Aber in der Kaffeepause sagte sie zu Paula: »Ich wollte doch eigentlich hören, dass ich nicht noch auf Konferenzen fahren muss! Damit ich wenigstens am Wochenende meine Tochter sehen kann.«

Später fragte Paula in die Runde, ob »Vereinbarkeit« nicht auch bedeuten könne, dass man tatsächlich Zeit mit der eigenen Familie verbringt. Und ob es wirklich Sinn mache, gerade in pädagogischen Berufen, auf diese Erfahrung zu verzichten.

Empörter Aufschrei von Frau Professor Krause-Hoffmann, die Stunden später bei einem Glas Wein gestand, dass sie nach der Geburt ihres dritten Kindes eine schwere Wochenbettdepression hatte und das Gefühl, sie käme überhaupt nie wieder weg vom Windelnwaschen. Sie habe sich überhaupt nicht mehr zugetraut, je wieder irgendwo beruflich Fuß zu fassen ... Und dann sei sie extrem glücklich gewesen, dass ihr alter Professor ihr eine Stelle angeboten habe und sie genug Geld verdienen konnte, um ihren drei Monate alten Säugling einer Kinderfrau zu überlassen.

»Und als jemand, der biografische Interviewmethoden kennengelernt hat, würde ich sagen: Das hat einen roten Faden! Also diese große Verzweiflung als dreifache Mutter und der Ratschlag für junge Mütter: Versucht so wenig Zeit wie möglich zu Hause mit den Kindern zu verbringen, es könnte euer Ende sein!«, sagt Paula. »Nur ist meine Erfahrung genau die entgegengesetzte!« Deshalb hätten ihr die jungen Seminar-Kolleginnen auch das Herz ausgeschüttet und gefragt: »Wie hast du denn das geschafft, alles gleichzeitig zu machen?« Darauf Paula: »Hab ich gar nicht ... ich hab's nacheinander gemacht.«

Auf die Frage, was denn eigentlich ihr Wunschmodell wäre für den Wiedereinstieg, waren sie überrascht und sagten: »Ich muss doch nach einem Jahr voll wiedereinsteigen, sonst ist es doch aus mit der Karriere!«

Und wenn diese Zwänge nicht da wären, die finanziellen und die Karriereverlustängste, wie würden sie es dann am liebsten machen? Zwei junge Wissenschaftlerinnen antworteten ähnlich: »Ich würde das erste Jahr ganz für das Kind da sein wollen, das zweite Jahre drei Vormittage arbeiten. Dann hätte ich eine gute Tagesmutter, die Oma oder mein Mann könnten sich an diesen drei Vormittagen freinehmen ... Und wenn das Kind dann zwei oder drei Jahre alt ist, würde ich halbtags arbeiten, und erst, wenn das Kind in die Schule kommt, wieder voll!«

Nach diesem Seminar jedenfalls war Paula auf den Begriff »Vereinbarkeit« nicht mehr gut zu sprechen.

Mir wurde durch diese Schilderung noch einmal deutlich: Vereinbarkeit kann jeder, Vereinbarkeit ist Mainstream! Wer entgegen dem Mainstream phasenweise nicht vereinbart, braucht allerdings innere Stärke und Selbstbewusstsein.

Und außerdem natürlich genug Geld oder die Fähigkeit, mit wenig Geld auszukommen. Deshalb mache ich im letzten Kapitel des Buches Vorschläge, wie der Staat Familien mit kleinen Kindern noch stärker unterstützen könnte.

Paula arbeitete oft gegen den Mainstream. Und profitierte davon. Für den Moment, für später.

Bevor sie ihre Habilitationsstelle antrat, nahm sie ihre Kinder für drei ganze Monate aus der Schule, um mit ihnen auf eine Alm zu fahren. Und das ging. Der Schuldirektor hatte seine Erlaubnis gegeben, weil Paula ja ausgebildete Lehrerin war und versprechen konnte, selbst zu unterrichten, was sie auch tat. Ihre Söhne waren damals fünf, acht und zehn Jahre alt.

Dorthin fährt die Familie regelmäßig. Diese Alm, die ist für Paula der schönste Fleck auf dieser Erde, ein großes Holzhaus hoch oben in den Alpen, mit einer Wiese davor, begrenzt von einem baumbestandenen Höhenkamm und einem eiskalten Bach, der sich durch das Gras schlängelt. In einem ernsten Halbkreis drum herum: die Berge.

Im Haus gibt es keinen Strom, und das soll auch so sein. Gekocht wird mit Gas, gespült mit der Hand. Es gibt ein Plumpsklo, und warmes Wasser gibt es nur dann, wenn jemand vorher die Öfen angeheizt hat.

Im Almhaushalt herrscht das Regiment der Liste: Mittagessen kochen, Abendessen richten, Wasser holen, Abwasch machen, Öfen heizen … Die Jungs bewerben sich, werden in Zweier-Teams eingeteilt und erledigen ihre täglichen Aufgaben, manchmal maulend, manchmal stolz.

Im Grunde ist es das Fehlen von Strom und elektrischen Geräten, das in diesen Almferien eine ganz andere Art von Leben und Geselligkeit ermöglicht. Wenn es morgens hell wird, packen die

Jungs Brot und Schokolade in den Rucksack und steigen auf die Berge. Sie sitzen mit Zeichenblöcken im Gras, skizzieren Tiere und Landschaften. Legen zusammen ein großes Herbarium an, sammeln und bestimmen Alpengewächse, wie die Trollblume (*trollius europaeus*), oder auch »Schmoolz Knool« im Dialekt.

Jeden Abend ziehen sie noch einmal ihre Bergstiefel an, um beim Bauern Milch zu holen, fünf Liter in einer großen Kanne, die sie zur Kühlung in den Bach stellen. Sie haben von Paula gelernt, wie man eigenhändig Joghurt, Butter und Käse herstellt. Wie man Bäume fällt, Äste absägt, Holz hackt und Feuer macht. Abends zünden sie Kerzen an und versammeln sich in dem kleinen Wohnzimmer, um zu reden oder nebeneinander Bücher zu lesen, um Karten oder Scharaden zu spielen. Paula hat ihre Gitarre dabei und ihr selbst zusammengestelltes Liederbuch, alle singen ein wildes Gemisch aus Lagerfeuerklassikern, vierstimmigen Sätzen und internationaler Folklore, bis sie müde sind. Später, nachts, wachen sie manchmal auf von den Glocken der Kühe, die dicht hinter dem Haus grasen und mit ihren feuchten Mäulern über den morschen Zaun schauen.

»Es ging mir um das Erleben der Kreisläufe«, sagt Paula. »Sie sollten sehen, dass aus allem etwas Neues entstehen kann, bei der Milch und auch bei den Bäumen.« Meint sie ein »almhaftes« Erleben von Selbstwirksamkeit? »Ja, genau! Nur das, was von mir selbst getan wird, geschieht. Nur, wenn ich die Öfen heize, wird es warm. Nur, wenn ich selber mein Zimmer aufräume, ist es schön und gemütlich. Nur, wenn ich meine Pflichten schnell erledige, habe ich Zeit für Muße und eine Form von Langeweile, aus der dann oft die schönsten Spiele entstehen.«

Einfahrt in den Berliner Hauptbahnhof. Mit Rollkoffer über die Brücke zum Bundestag, mit hoch erhobenem Kopf in den Anhörungssaal. Vorn sitzen die Experten und die Bundestagsabgeordneten der verschiedenen Fraktionen. Die Gruppe der Experten teilt sich in zwei Lager: die Medienexperten auf der einen Seite, die Kinder- und Suchtexperten auf der anderen. Und na klar: Die Medienexperten, die meistens auch Medienproduzenten sind, fordern »*Early High Tech*«, die Kinder- und Suchtexperten hingegen: »*High Touch first, High Tech later!*«

Es ist Paula, die diese Formel geprägt hat. In ihrem siebenminütigen Statement kritisiert sie, dass die Politik im Digitalisierungsrausch in adoleszente Verhaltensweisen zurückfällt. Am Schluss ihr Appell: »Die digitale Forschungs- und Bildungspolitik muss endlich erwachsen werden!« Gemurmel im Saal.

Am nächsten Tag kommt Paula um halb neun nach Hause. Obwohl die Kinder tagsüber allein waren, lief alles einigermaßen nach Plan, beziehungsweise nach »Liste«. Nur die Spülmaschine ist kaputtgegangen. Gibt Schlimmeres.

Paula sagte mal: »Wenn ich mir anschaue, wer sich heute dafür entscheidet, phasenweise Vollzeitmutter und Vollzeitvater zu sein, dann sind das nicht diejenigen, die keinen Job finden und sich dann missmutig damit arrangieren, sondern starke und kluge Persönlichkeiten. Obwohl man ganz viel Anerkennung bekommt dafür, dass man alles auf einmal hinkriegt, denke ich oft, Hut ab vor denen, die nicht beweisen müssen, dass sie alles auf einmal hinkriegen! Und das hängt mit der Seele des Hauses zusammen, von der ich vorhin gesprochen habe, mit: Das Kind kommt nach Hause, und da ist ein liebevoll zubereitetes Essen und ein Mensch, der wirklich fragt, wie geht es dir? Und die Fähigkeit, diese Art von Raum zu geben, damit andere sich entwickeln können, ist das nicht das eigentlich Knappe in unserer Gesellschaft?«

Jemand, der sich entschieden hat, diese Art von Raum zu geben, ist Christine von Kessel. Bei Frauen wie Paula und Amelie wirkt der Beruf mit zunehmender Zentrifugalkraft, Christine ist ein Beispiel für die zunehmende Zentripetalkraft, die eine große Familie entfalten kann: Sie holt sich die Welt nach Hause.

Christine, die Therapeutin

Christine von Kessel ist 45 Jahre alt. Sie hat kurz geschnittenes blondes Haar, ein frisches Gesicht von ansteckender Fröhlichkeit. Sie ist klein und ungeheuer tatkräftig.

Die Kessels, das sind Christine, ihr Mann Silvius und ihre fünf gemeinsamen Kinder. Sie wohnen in Erfurt, Thüringen. Silvius ist Organist am Erfurter Dom und Künstlerischer Leiter der Thüringer Bachwochen. Christine ist Logopädin. Damit hat sie sich einen Beruf ausgesucht, der so flexibel ist, dass er mit ihrem turbulenten Familienleben nicht in Konflikt kommt, einen flexiblen Beruf mit einer flexiblen Stundenzahl, die sie wie die blaue Flamme eines Gasherds kleiner und größer stellen kann, einen Beruf, der auch in Teilzeit einen anständigen Hinzuverdienst bedeutet.

Christine liebt den genauen Umgang mit Sprache, sie liebt ihren Beruf. Er ist abwechslungsreich und gefragter denn je. Christine hat es mit ganz unterschiedlichen Menschen aus allen gesellschaftlichen Schichten und Altersklassen zu tun. Sie arbeitet häufig am Puls aktueller gesellschaftlicher Debatten. Vor allem kann sie etwas sehr Sinnvolles tun: helfen.

Gleichzeitig sagt sie: »Mein Traum war es immer, fünf Kinder zu haben und einen tollen Mann. Und diesen Traum will ich auch leben. Es gibt für mich nichts – wirklich nichts – Sinnvolleres, als Mutter zu sein mit Leib und Seele … jedenfalls solange die Kinder klein sind und mich brauchen.«

Ihre Maxime lautete: Ihre Kinder sollten bis zum Alter von drei Jahren zu Hause aufwachsen dürfen, in der Gesellschaft ihrer Eltern und Geschwister.

Mittlerweile sind alle in der Schule. Christine ist die erste Hälfte des Tages in ihrer Praxis, die andere Hälfte erzieht sie ihre Kinder auf eine Weise, die man vielleicht am besten als ein »sorgfältiges In-Ruhe-Lassen« beschreiben könnte. Die Familie kommt mittags zum Essen zusammen, das hat Tradition. Danach haben alle alles Mögliche zu tun, und Christine drängt sich nicht in die Spiele und Gespräche der Kinder, wenn es nicht sein muss. Aber sie sieht so einiges aus dem Augenwinkel, kann die Fragen und Bedürfnisse präzise beantworten, Streit schlichten, Anregung geben und Struktur.

Ich will sie durch einen ganz typischen Tag begleiten. Es ist ein Mittwoch. Christine ist um halb sieben aufgestanden, hat für die Familie Frühstück mit frisch gepresstem Orangensaft gemacht. Silvius hat die jüngeren Kinder zur Grundschule gefahren, die drei Gymnasiastinnen sind mit ihren Fahrrädern aufgebrochen. Und auch Christine tritt anschließend kräftig in die Pedale, um sich durch den Verkehr zu schlängeln zu ihrer Praxis, die in einem sozialen Brennpunkt Erfurts liegt. Sie ist elegant gekleidet, wie immer eleganter, als ihr Alltag es eigentlich erlaubt. Perlenkette zur hellen Bluse, Ballerinas zum knielangen Rock. Sowieso gibt es nur wenige Tage im Jahr, an denen sie sich überwinden kann, mal eine Hose anzuziehen.

Ihr Therapieraum ist in einem warmen Gelbton gestrichen, ich sehe ein Regal mit Fachliteratur, eine Spielecke mit Kaufmannsladen und Bauklötzen, einem kleinen Tisch mit zwei Stühlen.

Als Erstes betritt ein sechsjähriger Junge das Zimmer, brauner Lockenkopf, sensibler Blick. Mohammed* hat eine deutsche Mutter und einen türkischen Vater. Als kleines Kind hatte er sich die Schneidezähne ausgeschlagen, seitdem lispelt er. Christine zeigt ihm Bilder von Schafen, Schweinen und anderen Tieren, die mit »Sch« beginnen, Mohammed spricht sie nach. Sie üben die Lautbildung vor dem Spiegel, dann spielen sie Fußball. Klar, Mohammed ist im Verein, und jedes Mal, wenn er den Schaumstoffball gegen eine markierte Stelle an der Tür schießt, sagt er: »EinSSS, ZZZwei, drei, loSSS!« Christine schießt auch, sie gehört zur gegnerischen Mannschaft: »RuSSland« spielt gegen die SSSSchweiz!«

Gegen Ende der Stunde sitzen sie versunken auf dem Boden

und bauen aus Klötzen ein Haus. Als der Junge im Flur seine Jacke anzieht, sagt seine Mutter im Flüsterton, dass sie seit zwei Wochen in Trennung lebt. Zum vierten Mal hat ihr Mann sie mit einer anderen Frau betrogen, jetzt will sie nicht mehr. Halb trotzig, halb traurig steht sie da in ihrer Stonewashed-Jeansjacke, Tränen rinnen ihr über das Gesicht. Christine nimmt sie in den Arm, versucht, sie zu trösten.

Die zweite Therapie des Tages gilt einem schwerbehinderten Jungen, der das Schlucken trainieren muss, die dritte einer Erzieherin, die nach einer starken Erkältung ihre Stimme verloren hat. Sie erzählt, dass ihre Kollegin ausgefallen und sie für die 24 Kinder in ihrer Kindergartengruppe zwei Monate lang allein zuständig war. Kindheits-Alltag im 21. Jahrhundert.

Christine selbst wuchs auf dem Land auf, in der Nähe von Siegen. Sie war ein wildes Mädchen und hatte eine noch wildere Freundin, die Pferde besaß. Gemeinsam sprangen sie von Bäumen und Emporen auf Pferderücken, ritten durchs Gewitter. Im Winter setzten sie sich auf ihre kleinen Schlitten und ließen sich von den Pferden in rasender Fahrt durch den verschneiten Wald ziehen. Nach dem Abitur fing Christine in Bonn ein Landwirtschaftsstudium an, das lag ihr im Blut: Ihre Großeltern waren Heimatvertriebene und ehemalige Gutsbesitzer. Kurz nach der Wende brach sie nach Brandenburg auf, pachtete im Alter von 19 Jahren von der Treuhand 130 Hektar Land, ließ Roggen anbauen – konnte sich auf diese Weise ihr Studium selbst verdienen und sich eine gewisse Summe zurücklegen.

Anfangs hegte sie noch die Hoffnung, dass sie das verlorene Land vielleicht zurückerhalten könnte. Aber diese Hoffnung erfüllte sich nicht. Und auch ihre romantische Vorstellung vom bäuerlichen Leben löste sich in Luft auf, als sie in den Bonner Hörsälen von Überproduktion und den absurden Mechanismen der modernen Landwirtschaft erfuhr. Sie lernte, dass nur sehr große und durchrationalisierte Betriebe die Chance hatten, überhaupt noch wirtschaftlich rentabel zu sein. Und sie sah keinen Sinn darin, ihre Kraft in die Erzeugung von Lebensmitteln zu stecken, die eigentlich gar nicht gebraucht wurden.

Nach dem Studium war sie ein paar Monate lang orientierungslos. Dann sah sie die Stellenanzeige einer Leipziger Bank, die für die Vergabe von Agrarkrediten zuständig war. Sie bewarb sich, wurde genommen und fand es interessant, sich auf diesem Sektor auszuprobieren. Ihre Aufgabe war es, die Kreditwürdigkeit von Bauernhöfen in den neuen Bundesländern zu prüfen, ihre Bilanzen und Geschäftsideen. Ihre Eltern waren stolz auf sie. Sie verdiente gut, verteilte Visitenkarten, ging mit grauen Kostümjäckchen in ein vornehm eingerichtetes Büro in der Leipziger Innenstadt. Sie hatte – so empfand sie das selber – all diese kleinen Insignien beruflichen Erfolgs.

Doch blieb ihr die Lebensform »Büro« im Grunde ziemlich fremd; dass man den ganzen Tag in demselben Zimmer eingesperrt war, bei heruntergelassenen Jalousien am Bildschirm saß und irgendwelche Papiere in irgendwelche Aktenordner heftete, dass man um zwölf Uhr in die Kantine ging, stur »Mahlzeit!« sagte, wenn man die Kollegen im Aufzug traf. Sie war zu spontan, zu neugierig und bewegungshungrig, um das auf Dauer auszuhalten. Als sie mitbekam, wie eine Kollegin davon träumte, in zehn Jahren zur Abteilungsleiterin aufzusteigen, spürte sie: »Das war mein Alptraum.«

Für ein Weiterbildungsseminar wurde sie für ein paar Monate von Leipzig nach Erfurt versetzt. Weil sie Anschluss suchte und gerne sang, meldete sie sich in dem sogenannten »Dombergchor« an. Silvius, der Kantor, verliebte sich schon am ersten Abend in sie. Für Christine war auch schnell klar, dass sie zusammengehörten. Das Paar machte eine Reise nach Afrika und heiratete ein paar Monate später. Christine kündigte bei der Bank und wusste, dass sie perspektivisch eine neue Arbeit finden musste. Kurze Zeit später traf sie bei einem Fest eine Frau, die als Logopädin arbeitete. Und da hatte sie den Eindruck: Dieser Beruf, der könnte etwas für mich sein!

Sie begann mit der dreijährigen Ausbildung in einer Privatschule und hatte das erste Jahr schon hinter sich, als ihre kleine Tochter Felicitas geboren wurde. Und das ging, weil Silvius an den Vormittagen oft zu Hause arbeiten und das Baby versorgen konnte. Zwei Jahre später wurde ihre Tochter Anastasia geboren; fünf Tage vor Christines mündlicher Abschlussprüfung, die sie glänzend bestand. Sie weiß noch, wie Silvius mit den beiden kleinen Mädchen im Vorzimmer wartete, ihr das Neugeborene dann glücklich in den Arm legte, unter den gerührten Blicken der Prüfer.

Sie richtete sich eine Praxis in ihrer Wohnung ein und arbeitete dort zwei Jahre als selbstständige Logopädin, aber immer genau so, dass sie die Arbeit mit dem Familienleben ausbalancieren konnte. Es waren zunächst nur wenig Therapiestunden, aber genug, um Erfahrungen zu sammeln, Fuß zu fassen in ihrem neuen Beruf und sich eine Reputation aufzubauen für später.

In den kommenden sechs Jahren wurden Veronica, Johannes und Teresa geboren. Und plötzlich wurde ihre »Praxis« gebraucht – als Kinderzimmer. So entschied sich Christine, beruflich zu pausieren und ihre Ersparnisse anzugreifen, um in der Familienphase über die Runden zu kommen. Denn nun begann eine Phase, die sie als »Time of her Life« beschreibt und in der sie ihre ganze Kraft in den Aufbau ihrer großen Familie stecken wollte.

Zu DDR-Zeiten war es selbstverständlich, dass die Kinder früh getrennt wurden von ihren Eltern, früh in die Krippen kamen, bis in den späten Nachmittag in Kindergarten und Schule waren. Auch nach der Wende blieb das in den neuen Bundesländern die herrschende Erziehungskultur. Die meisten Frauen, die aus dem Westen in Städte wie Erfurt zogen, begrüßten diese Kultur, weil sie gut in das moderne Vereinbarkeitskonzept passte.

Christine hatte das Gefühl, dass viele Mütter in ihrem Umfeld ungeheuer geschickt verwalteten, wo ihre Kinder sich wann zu welchem Zweck aufhielten, aber dass sie selbst immer weniger

Gelegenheit hatten, das Leben mit ihren Kindern gemeinsam zu erfahren. Christine hatte ihre Kinder in Kindergärten und Schulen angemeldet, denen man auch schon mittags den Rücken kehren konnte. Sie musste sogar weite Fahrwege auf sich nehmen, um diese *Nicht*-Ganztags-Plätze zu erreichen. Aber es war ihr wichtig, jeden Tag ein warmes Mittagessen gemeinsam mit ihrer Familie einzunehmen.

Damit gehörte sie zu der kleinen, aber radikalen Minderheit der »Mittagessenkocherinnen« in Erfurt. »Ja, manchmal wurde ich angeschaut wie ein Ufo«, sagt sie heute. »Weil diese Form von Großfamilie – fünf Kinder und frivolerweise alle vom selben Mann! – heute schon fast wieder exotisch ist. Aber dann merkten die Menschen um mich herum, dass ich im Einklang war mit mir und meiner Aufgabe, dass ich gelassen war und fleißig.« Dass sie es nicht einsah, alles gleichzeitig, ein bisschen, nebeneinander herzumachen. Und dann wurden manche aufmerksam, hörten hin, wie so ein Leben funktioniert.

Als Teresa, die Jüngste, in den Kindergarten kam, nahm Christine sich ein halbes Jahr für sich selber. Jedenfalls an den Vormittagen. Sie versuchte, mehr zu schlafen, Zeitung zu lesen, Spaziergänge zu machen.

Dann fing sie wieder an, als Logopädin zu arbeiten. Dieses Mal stieg sie bei einer erfahrenen Kollegin in die Praxis ein, gestaltete eine eigene Website und übernahm eine wachsende Anzahl von Therapien. Durch die vielfältigen Kontakte, die sie als Mutter und großherzige Gastgeberin in der Stadt geknüpft hatte, fiel es nicht schwer, sofort wieder Aufträge zu bekommen.

Inzwischen kann sie bis zu 14 Therapien wöchentlich absolvieren, um in Balance zu bleiben, genug Zeit zu haben für die Familie, das musikalische und soziale Engagement, das mit ihrem Familienleben verflochten ist. Bei den Thüringer Bachwochen veranstaltet die Familie eine »Lange Nacht der Hausmusik«. In der Vorweihnachtszeit singen die Kinder im Altersheim und im Hospiz. Und an jedem ersten Sonntag im Monat lädt Christine ein zu ihrem »Café International«. Dort können Ausländer und alle, die neu in die Stadt gekommen sind, miteinander ins Gespräch kommen.

Die Familie von Kessel funktioniert, weil ihr Haushalt ein echtes Kompetenzzentrum ist. Und dabei spürt man gleichsam die Tatkraft der Bäuerin bzw. Gutbesitzerin, die Christine *nicht* geworden ist. Einkaufen, Vorräte verwalten, Feste vorbereiten, Kochen, einen großen Tisch für zwölf Personen decken, das sind Dinge, die sie aus dem Handgelenk zu schütteln scheint. Und auch das fällt ihr leicht: mit einem Blick zu erfassen, was Menschen brauchen, und ihnen etwas davon zu geben, soweit es in ihrer Macht steht.

Diese Eigenschaft ist übrigens zentral in ihrem Beruf als Therapeutin. Dass sie in sich selbst ruht und erstaunlich viel inneren Raum hat für die Nöte der anderen. Dass man sich in ihrer Gegenwart wahrgenommen und geborgen fühlt, »zu Hause« in einem fast metaphysischen Sinne des Wortes.

Christine ist evangelisch getauft und im Alter von 33 Jahren zum Katholizismus konvertiert. Und sie sagt: »Durch meinen Glauben bin ich nicht so gefangen in dem Statusdenken unserer Gesellschaft und in den gewöhnlichen Vorstellungen von Karriere. Ich finde es eigentlich wichtiger, ob jemand ein guter Mensch ist, wissbegierig und offen für die Entwicklungen der Zukunft.«

Bei der Bank hätte sie eine Karriereleiter hochklettern können. Und sie ist froh, dass sie das mal ausprobiert und dann verstanden hat: Dass diese Form von »Aufstieg« in dem klar definierten hierarchischen System eines Unternehmens sie überhaupt nicht interessiert. Sie glaubt eher an geistiges Wachstum und daran, dass sich zeigt, wo das eigene Engagement gerade am meisten gebraucht wird. Sei es nun in der Familie, im Ehrenamt oder in wechselnden beruflichen Konstellationen.

Silvius und Christine leben eine traditionelle Rollenverteilung, aber auf überzeugende und freie Weise. Jeder hat seine Domäne, ein Grundgefühl von Dankbarkeit, an dem teilhaben zu dürfen, was der andere durch seine Arbeit geschaffen hat. Silvius muss im Haushalt nicht wesentlich mehr machen als die Kinder. Aber er macht mehr, wenn es erforderlich ist. Als Christine einmal wegen einer Verbrennung dritten Grades für zwei Monate ans Bett gefesselt war und zum ersten Mal seit Jahren wieder Bücher in einem Rutsch durchlesen konnte, managte er alles. Und das ging.

Aber auf Dauer war es mit beiden Berufen für das Ehepaar kaum zu schaffen: Die Großelternpaare wohnen in anderen Städten, und obwohl die Kinder inzwischen gelernt haben, im Haushalt mitanzupacken, haben die Kessels »Tante Margit« engagiert, die einmal pro Woche beim Putzen und Bügeln hilft. Abgesehen von der finanziellen Belastung, die das mit sich brachte, hatte Christine anfangs noch »Mom Guilt«; ein schlechtes Gewissen, überhaupt Hilfe in Anspruch zu nehmen. Ihre Schwiegermutter redete ihr zu: »Christine, du hast so viel zu tun. Achte darauf, dass die Hausarbeit nicht erstickend wird und du noch genug Reserven hast, um dich den Kindern widmen zu können!«

Tante Margit, eine 67-jährige Thüringerin aus Sömmerda, hatte schon bei Silvius ausgeholfen, als er Junggeselle war, »der verträumte Musiker mit den zwei linken Händen« (eine Rolle, zu der er manchmal noch Zuflucht nimmt, wenn es ihm in der eigenen Großfamilie zu viel wird; Christine lässt es ihm meistens großzügig durchgehen).

Dafür sparen die von Kessels an anderer Stelle. Sie müssen darum ringen, am Monatsende ein ausgeglichenes Konto zu haben. Ins Restaurant und ins Kino gehen sie selten. Die meisten Kleider und Spielsachen kaufen sie gebraucht, Lebensmittel fast immer bei Aldi; so wie auch an diesem Mittwochnachmittag.

Christine mag keine Einkaufslisten und keine komplizierten Speisepläne. Sie improvisiert gerne, greift nach frischem Weißbrot und Tomaten. Sie nimmt außerdem Wein, Nüsse, Oliven, spanische Salami, Dinge, die man gut anbieten kann, wenn Gäste da sind … In einer halben Stunde braust Christine von Kessel durch den ganzen Laden, mit einem hochaufgetürmten Wagen steht sie dann vor der Kasse, legt noch einen Strauß Tulpen auf das Fließband, packt alle Dinge schnell in die sechs reißfesten Tüten.

Gemeinsam verstauen wir alles in dem dunkelblauen Siebensitzer, keine zehn Minuten später schleppt Christine die Einkäufe in einem Affenzahn vom Auto in den dritten Stock. Ein alter Nachbar, früher Oberst bei der Bundeswehr, beugt sich über den Balkon und fragt: »Sagen Sie, Frau von Kessel, sind Sie auf Drogen?« Sie lacht und sagt: »Nur eine Tasse Espresso.«

Sie räumt ein, räumt auf, wäscht Salat, kocht eine Pasta mit Lachs. Dann trudeln die ersten Kinder ein. Anastasia hat gerade erfahren, dass sie ihre Lieblingslehrerin als Klassenlehrerin bekommt, und ist sehr beschwingt. Felicitas verschwindet gleich im Musikzimmer, nimmt ihr Cello und spielt ein Stück von Brahms. Sie hat heute ein wichtiges Vorspiel. Bei den Läufen stockt sie, man hört sie fluchen: »Mist, das wird so was von peinlich!«

Nach dem Mittagessen moderiert Christine die Aufbrüche der anderen: Silvius ins Büro, Anastasia zum Tanzen, Felicitas gegen 17 Uhr zum Einspielen in die Musikschule. Veronica ist heute dran mit Tisch-Abdecken und Spülmaschine-Einräumen, während die Mutter sich für 15 Minuten aufs Ohr legt.

Dann klingelt es schon wieder an der Tür. An der Tür steht Evi mit einem silbernen Koffer voller Shampoos, Scheren und Bürsten im Treppenhaus. Sie ist Friseurin und kommt schon seit Jahren, um der siebenköpfigen Familie die Haare zu schneiden. Irgendwann hatte sie nämlich keine Lust mehr, bei »Vidal Sassoon« zu arbeiten und sich anschimpfen zu lassen. Seitdem macht sie nur noch Hausbesuche und geht zu Leuten, die sie gut leiden kann.

Christine sitzt auf einem Stuhl vor dem Fenster, mit einem königsblauen Umhang, der am Hals dicht abschließt, und lässt sich die blonden Haare noch kürzer schneiden.

Teresa kommt mit zwei Freundinnen zurück vom Trampo-linhüpfen im kleinen, schattigen Garten des Mehrfamilienhau-ses. Sie angelt das 5-Kilogramm-Nutella-Glas aus dem Regal und schmiert sich ein Brötchen. Johannes knobelt über seinen Ma-thematikaufgaben und Christine erklärt ihm die Sache mit dem kleinsten gemeinsamen Nenner. Überlegt sie eigentlich manch-mal, wieder als Angestellte in einer größeren Institution zu ar-beiten?, frage ich.

Ja, sagt Christine, vor einiger Zeit hätte sie das Angebot be-kommen, 25 Stunden in der größten Klinik der Stadt zu arbeiten, und zwar auf der Intensivstation. Das wäre fachlich sehr interes-sant gewesen, das Geld hätten sie auch gut gebrauchen können. So stieg Christine in die Gehaltsverhandlungen ein (auch wenn sie im Traum schon vor sich sah, wie zu Hause alles liegen blieb, die Haare ihrer Kinder sich in Rasta-Locken verwandelten und eine Horde ausgehungerter Meerschweinchen durch ihre Woh-nung marodierte ...). Dann aber bot die Klinik ihr nur ein relativ niedriges Gehalt an, so dass sie die Stelle schließlich absagte.

»Ich glaube, dass die Frauen der Zukunft sich nicht mehr aus-beuten lassen auf dem Arbeitsmarkt, sondern ihre Kraft lieber aufheben für die Dinge, die ihnen wirklich wichtig sind. Na-türlich gibt es Frauen, die aus finanziellen Gründen unbedingt arbeiten müssen, auch wenn die Kinder noch sehr klein sind. Ich ziehe meinen Hut vor allen Alleinerziehenden. Aber was ist, wenn man im Grunde die Wahl hat? Heute phantasieren doch alle von Zeit wie die Hungrigen von der Nahrung.«

Als ich mich am Abend von der Familie verabschiede, sehe ich dieses Bild noch einmal vor mir: Wie ruhig Christine da auf die-sem Stuhl am Fenster sitzt und sich die Haare schneiden lässt – und um sie herum tobt das Leben.

Nikki, die Polizistin

Bisher habe ich nur Mütter geschildert, die mindestens drei Kinder hatten sowie einen Partner, der die Familie zumindest zeitweise finanziell unterhalten konnte, was natürlich ein großes Privileg ist.

Auf finanziell eingeschränktere, alleinerziehende Mütter werde ich deshalb später noch genauer eingehen.

Die Mütter, die ich bis hierher beschreibe, konnten eine längere Familienphase einlegen und sich in dieser Zeit beruflich neu orientieren. In meiner nächsten Geschichte möchte ich eine Frau porträtieren, die bei ihrem bisherigen Beruf, ihrem bisherigen Arbeitgeber geblieben ist.

Nikki Fuchsberger* ist Polizistin und schon von Berufs wegen gewohnt, mit riskanten Situationen umzugehen. Dennoch war es für sie und für ihr soziales Umfeld ein großes Wagnis, für jedes ihrer Kinder zwei Jahre in Elternzeit zu gehen.

Seit 13 Jahren arbeitet sie jetzt im Thüringer Landeskriminalamt. Sie hat zwei Kinder und ist nach insgesamt vier Jahren Elternzeit zurückgekehrt in ein sehr spannendes Segment. Wie die meisten Arbeitgeber im öffentlichen Dienst bietet Nikkis Arbeitgeber gute Voraussetzungen für die Realisierung des Nacheinander-Prinzips. Dennoch ist Nikki in ihrem Kolleginnenkreis eine große Ausnahme. Ihre Geschichte zeigt, dass es auch kulturelle Prägungen sein können, die dem Wunsch nach einer Familienphase im Weg stehen. In den neuen Bundesländern war und ist es nicht üblich, länger als ein Jahr bei seinem Kind zu bleiben. Und viele Mütter trauen sich nicht, von diesem tradierten Muster abzuweichen.

In meiner Vorstellung muss eine Polizistin in Zivil unbedingt einen blauen Trenchcoat tragen. Und das tut Nikki Fuchsberger tatsächlich, als wir an diesem fast frühlingshaften Märztag nebeneinander durch die Stadt gehen. Sie hat einen entschlossenen Gang und leuchtend rotes Haar.

Im Landeskriminalamt Thüringen arbeitet Fuchsberger in der »Verhandlungsgruppe«, die bei Entführungen, Geiselnahmen, Amokläufen gerufen wird, bei Suizidverdacht, Terror- und Bedrohungslagen. Sie und ihre Kollegen kommen zum Einsatz, wenn ein Mann auf einer Autobahnbrücke steht und springen möchte. Wenn eine Frau von ihrem Ex-Mann bedroht und geschlagen wird. Oder wenn jemand nach seiner Entlassung per E-Mail ankündigt, seinen früheren Chef erschießen zu wollen.

Dann verhandeln sie mit Tätern, Opfern, Angehörigen und versuchen, sie durch geschickte Gesprächsführung zur Vernunft zu bringen. »Wir sind immer das mildeste Mittel, bevor die Spezialeinheiten zum Einsatz kommen«, sagt Fuchsberger.

Fuchsberger wusste von Anfang an, dass sie mehr als ein Jahr Elternzeit nehmen wollte. »Denn wenn man die Kinder mit einem Jahr in die Krippe bringt, dann sind sie das halbe Jahr krank. Und das wollte ich nicht. Ich wollte, dass meine Kinder schon laufen und sprechen, damit sie mir auch sagen können, wenn etwas schiefläuft im Kindergarten. Meine Kinder waren so aktiv und wissbegierig, die wollten mit zwei schon hinaus in die Welt. Meine Tochter hat morgens in der Kita immer die Tür vom Gruppenraum aufgerissen und geschrien: ›Kinder!‹ Und da wusste ich, dass ich etwas richtig gemacht habe. Aber wären meine beiden Kinder schüchterner gewesen, anhänglicher, dann hätte ich sie wahrscheinlich erst mit drei Jahren in die Kita geschickt.«

Nach der ersten Elternzeit stieg sie mit nur 20 Stunden wieder ein. »Aber das war weder Fisch noch Fleisch«, sagt sie. »Ich musste ständig Überstunden machen, die ich nicht abbauen konnte.« Also arbeitete sie für kurze Zeit wieder 40 Stunden, weil sie in dieser Zeit viele Schulungen besuchte und anleiten musste. Und weil sie sich im Sinne des Nacheinander-Prinzips für die Zeit des Wiedereinstiegs gut aufstellen wollte.

Nach dem zweiten Kind wollte sie eigentlich drei Jahre Elternzeit nehmen. Aber wegen starker Umstrukturierungen kehrte sie früher ins LKA zurück und fing im Sachbereich »Verhandlung« an: »Weil ich ehrgeizig bin und einen Job haben wollte, der mir auch perspektivisch Spaß macht.« Und das Verhandeln ist so eine Sache, die genug menschliche Tiefe und Breite hat, um sie auch in zwanzig Jahren noch zu interessieren.

Der bekannteste Kriminalfall, bei dem ihr Team mitwirkte, war die Entführung der 17-jährigen Anneli im Sommer 2015. Die Schülerin wurde beim Gassigehen mit ihrem Hund auf einem Feldweg überwältigt, betäubt und in einer alten Scheune gefangen gehalten. Der Vater des Mädchens war ein reicher Bauunternehmer, der 1,2 Millionen Euro Lösegeld zahlen sollte. Bevor das Geld übergeben werden konnte, wurde Anneli erdrosselt. Eine DNA-Spur am Fahrrad des Mädchens setzte die Polizei sehr schnell auf die Spur der Täter und führte zu ihrer Ergreifung:

»Am Donnerstag wurde sie entführt«, erinnert sich Fuchsberger, »und Freitag früh um sechs klingelte bei mir das Telefon und ich erfuhr, dass unser Team um 12 Uhr mittags in Dresden sein sollte. Die sächsischen Kollegen hatten zu diesem Zeitpunkt schon 24 Stunden Einsatz in den Knochen und brauchten Verstärkung. Meine Kinder kamen im Schlafanzug aus ihrem Zimmer und ich dachte: Okay, was mache ich jetzt?«

Sie rief ihre Freundin an und ihren Mann. Die Freundin fuhr die Kinder zur Kita. Und der Mann, der als Programmierer in Köln* arbeitet, versprach, an diesem Tag schon früher nach Hause zu kommen – und war als Vater dann »voll im Einsatz«, bis seine Frau Dienstagnacht todmüde und traurig aus Dresden wiederkam.

»Zwei Verhandler aus unserem Team waren im Elternhaus des Mädchens untergebracht, um die Eltern zu stabilisieren und zu beraten, für den Fall, dass die Entführer sich meldeten. Ich saß mit dem Polizeiführer in der Dresdner Innenstadt und entwickelte Szenarien: Was machen wir, wenn A, B, C eintritt. Wir haben unser Bestes gegeben. Aber am Freitagmittag war Anneli schon tot. Und wir wussten nicht, dass wir sowieso keine Chance hatten, sie zu retten.«

Einen Fall wie diesen erlebt man vielleicht nur einmal in seiner ganzen Karriere. »Wir leben ja nicht in der Tatortwelt, das Alltagsgeschäft sieht anders aus. Das ist dann mehr wie letzte Woche, als wir einen Crystal-Meth-Abhängigen davon abhalten mussten, seine alte Mutter mit der Schreckschusspistole zu verfolgen.«

An normalen Tagen kommt sie um halb neun ins Büro und bleibt sechs Stunden. Fuchsberger zeigt mir den Führungsgruppenraum ihrer Abteilung: ein Tisch aus Eisen, zehn große Telefone. »Hier rattern die Gehirne«, sagt sie. An der Pinnwand hinter ihrem Schreibtisch hängen Listen mit Telefonnummern. Aber es gibt auch eine kleine private Ecke: zwei Fotos von ihren Kindern Leonie* und Oskar*, die heute sieben und vier Jahre alt sind. Leonie hat eine blonde Löwenmähne, wirkt wach und kraftstrotzend. Sie legt den Arm um ihren jüngeren Bruder, der etwas nachdenklicher und verträumter aussieht.

Über ihren Köpfen schwebt noch ein Foto von einem Nordlicht und einem verschneiten Waldstück. »Vor zwei Jahren habe ich mit Freundinnen eine Hundeschlittenfahrt durch Kanada gemacht.«

Sie liebt das Unterwegssein, geht gerne raus mit ihren Kindern und fragt sie beim Abendbrot immer: »Na, welche Abenteuer habt ihr heute erlebt?« Eine hellblaue Baskenmütze thront – wie gerade abgelegt – auf einem Stapel mit Papieren. Ich hebe sie hoch und lese, was auf der Dienstmarke steht: »UN-Peacekeeping-Mission«. 2006 war Fuchsberger ein Jahr im Kosovo. Wieder daheim, lernte sie ihren Mann Markus* kennen, der seit Jahren zwischen dem Weimarer* Mietshaus und seiner Kölner* Dienstwohnung hin- und herpendelt. Manchmal kann er zwischendurch mal eine Woche Homeoffice einschieben. Und das ist dann ein Segen für die ganze Familie, und eine Rettung für den Fall, dass seine Frau plötzlich zum Einsatz muss.

»Mein Mann kann alles, was ich auch kann, erziehen, kochen, waschen, aufräumen. Aber wenn er gerade in Köln* ist, geht das Roulette los. Dann muss ich sehen, wen ich einspannen kann. Ob ich meine Freundinnen oder meine Eltern frage, die eine halbe Stunde von uns entfernt wohnen. Aber meine Eltern sind jetzt über siebzig, und ich mag sie nicht mehr so überfallen. Zum Glück bin ich ganz gut im Networking. Ich nehme oft die Kinder meiner Freundinnen, und meine Freundinnen nehmen dann meine Kinder, wenn es brennt. Man kann natürlich auch alles alleine machen. Aber ich will ja keinen Burnout kriegen oder in zehn Jahren aussehen wie ein Zombie. Oft fühle ich mich wie ein rennender Kalender. Und wenn ich im Einsatz herumlaufe, dann gibt es immer noch diesen Parallelfilm, der abläuft. Hat Leonie ihre Flöte eingesteckt? Weiß Markus, dass Oskar heute zum Impfen muss?«

Wenn ihr Mann und sie sich mit der Kinderbetreuung abwechseln, bleibt wenig Zeit zusammen. »Na ja, Sich-Sehen wird überbewertet«, sagt sie und lacht.

Auch deshalb liebäugelt sie damit, das Nacheinander-Prinzip nicht nur in Miniatur zu leben, weil Markus und sie sich dann nicht ständig die Klinke in der Hand geben müssten. Doch eine Arbeitsmoral, die sie von ihrem Vater übernommen hat, lässt sie zögern.

Aufgewachsen ist Fuchsberger in Leutra*, einer »Autobahnabfahrt in der Nähe von Jena«. Der Vater hat seit seinem fünfzehnten Lebensjahr bei Carl Zeiss als Fräser und Dreher gearbeitet. Auch nach der Wende noch. »Aber irgendwann kam eine große Entlassungswelle. Und dann war er dran.« Danach hat er Telefonkabel verlegt und als Hausmeister gearbeitet. »Er ist nie arbeitslos gewesen«, sagt die Tochter mit einem rauen Stolz. »Und er hat der DDR nie hinterhergetrauert. Und wenn hier Jammerlappen anfangen, uaaah, zu Ostzeiten gab's das Brötchen zu drei Pfennig, irgend so einen Kram, dann sagt er: Komm, hör einfach auf!«

Der große Bruder musste seinen Militärdienst noch an der

Berliner Mauer machen. »Zu Ostzeiten wäre ich im Leben nicht darauf gekommen, Polizistin zu werden. Meine Eltern waren ziemlich kritisch eingestellt und früh hab ich immer mein Briefing gekriegt, dass ich in der Schule um Gottes willen die Klappe halten soll.«

Nikki Fuchsberger war zwölf, als die Wende kam und die Chance, auf einem Jenaer Gymnasium 1995 das Abitur zu machen. Danach absolvierte sie in Rudolstadt eine zweijährige Ausbildung zur Polizistin. Warum? Ironisch gehobene Augenbrauen: »Ich habe gerne Krimis geguckt!«

Nikki begann bei der Bereitschaftspolizei, sicherte Demonstrationen und Fußballspiele ab. Ende der neunziger Jahre gab es viele verbotene Demonstrationen der rechten Szene in Thüringen. Nikki erinnert sich, wie sie einmal 30 Stunden auf der Autobahn nach Saalfeld stand, um Busse mit Demonstranten anzuhalten und Schlagstöcke zu konfiszieren: »Ich muss sagen, das war nicht so meins. Auch die Fußballeinsätze fand ich unterirdisch. Du stehst dann da, um irgendwelche Besoffenen davon abzuhalten, sich gegenseitig eins in die Fresse zu hauen.« Deshalb war sie froh, als sie in den Streifeneinzeldienst wechseln konnte. 1999 wurde Weimar Kulturhauptstadt, und man brauchte viel Personal, um all die internationalen Gäste zu begleiten. »Ich war ganz fit in Englisch. Und das war meine Chance. Teilweise haben wir sogar als Polizei bei Theaterstücken mitgespielt.«

Nach fünf Jahren im mittleren Dienst hatte Fuchsberger dann 2001 das Recht, drei Jahre nach Meiningen an die Polizei-Fachhochschule zu gehen. Und seitdem arbeitet sie im gehobenen Dienst und hat sich im LKA einen guten Ruf erarbeitet.

Ursprünglich hatte sie den Plan, sich durch ein zweijähriges Studium an der Polizei-Hochschule noch weiter, nämlich für den höheren Dienst zu qualifizieren. Aber diese Idee hat sie jetzt erst mal auf Eis gelegt. Wer im höheren Dienst bei der Polizei arbeitet, der muss mit einer 60 bis 80 Stunden-Woche rechnen. »Vom Köpfchen her würde ich das wahrscheinlich schaffen. Aber wenn ich hadere, sage ich mir: 60 Stunden Minimum, wie sollte ich das machen als Standard-Familienmensch, der keine Großeltern und keinen Vollzeit-Vater zu Hause hat?«

In Thüringen gibt es 80 Stellen im höheren Dienst und knapp zehn Posten werden von Frauen besetzt: »Wenn ich die Kolleginnen im Kopf mal durchgehe, dann haben die meisten keine Kinder, noch nicht oder nie. Über vierzig schließt sich das Zeitfenster, und die meisten entscheiden sich bis dahin eh gegen Familie, Punkt.«

Fuchsberger macht einen sehr motivierten und engagierten Eindruck. Aber manchmal ärgert sie sich, dass ihr Engagement nicht honoriert wird. »Auch wenn du hier Flickflack machst … am Ende bist du immer die Teilzeit-Mutti, die beim Einsatz XY nicht dabei sein kann, weil die Tochter vom Klettergerüst geknallt ist.« Im Moment arbeitet sie 30 Stunden in Teilzeit. Ihre Kinder sind schon aus dem Allergröbsten raus, aber trotzdem gibt es genug Situationen, wo selbst 30 Stunden noch zu viel sind. »Es gab ein Schlüsselerlebnis im letzten Herbst. Meine Tochter hatte eine schlimme Bronchitis, mein Mann und mein Sohn auch. Ich hatte mir eine Woche freigenommen, um meine Familie zu pflegen. Und danach sollte meine Tochter einen Schulaufsatz über ihre Herbstferien schreiben. Darin stand: *Blöd war meine Krankheit. Und schön war, dass meine Mama zu Hause war und sich die ganze Zeit um mich gekümmert hat.* Das hat mir einen Stich gegeben. Und ich dachte: Das ist, worum es gehen sollte, woraus man seine Kraft ziehen sollte.«

Seitdem trägt sie sich mit dem Gedanken, zwei weitere Jahre in Elternzeit zu gehen. Denn seit 2015 ist die Elternzeit flexibler geworden: Künftig können Eltern ihre Elternzeit auf drei Zeitabschnitte aufteilen und bis zu 24 Monate am Stück zwischen dem dritten und achten Geburtstag ihres Kindes nehmen. Eine Zustimmung des Arbeitgebers ist dafür nicht einmal mehr notwendig.

Aber mit insgesamt sechs Jahren Elternzeit wäre Nikki unter

ihren Kolleginnen eine Art Alien. »Die wenigen, die Kinder haben, machen zwölf plus zwei Monate Elternzeit, dann ist Schicht im Schacht. Okay, bei vielen ist es ein finanzielles Problem, aber auch so eine soziologische Sache, wie man aufgewachsen ist … Im Osten war das traditionell so nicht vorgesehen mit der Elternzeit. Bis heute haben die Frauen hier ein größeres Problem mit dem Hausfrauein als die im Westen. Ich vermute, dass manche sich durch diese Prägung auch blockieren und gar nicht auf den Gedanken kommen, länger bei ihren Kindern zu bleiben, und wenn doch, dann werden sie von ihrem Umfeld so begrenzt, dass sie sich nicht trauen.«

Neulich hat Nikki zum ersten Mal mit ihrem Mann gesprochen über diesen Wunsch, noch mal zwei Jahre mit den Kindern zu Hause zu bleiben – und in große, staunende Augen geschaut. »Ich habe gesagt, dass ich gerne Verantwortung übernehme, dass ich im Moment aber gerne nur in einem Bereich Verantwortung übernehmen würde, also in der Familie, das dann richtig gut machen und zurückgehen möchte in den Job, wenn ich wieder in Saft und Kraft stehe.«

Ihr Mann gab zu bedenken, dass sie dann einen genauen Finanzplan erstellen und überlegen müssten, auf was sie in Zukunft verzichten könnten. Eine Entscheidung, die noch nicht gefallen ist, eine Verhandlungssache also.

»Natürlich ist es eine Frage des Geldes«, sagt die Polizistin. »Aber es ist auch eine Frage des Mutes, des freien Denkens und des Schauens über den Tellerrand.«

Einen mutigen und freien Geist braucht man auch für die nächste Familienkonstellation, die ich schildern möchte; eine traditionelle Rollenverteilung, bei der ein Mann das Zentrum der Familie ist.

Mathias, der Consultant

Ich habe schon einige Male vom Ende der linearen beruflichen Lebensläufe gesprochen. Kündigungen, Phasen der Arbeitslosigkeit und der prekären Beschäftigung sind heute alltäglich geworden. Wenn beide Partner gut qualifiziert sind, können sie auf solche Krisen leichter reagieren, ohne dass die Familie in Armut stürzen muss, und die junge Generation hat bereits eine eigene Mischung aus Pragmatismus und Romantik entwickelt. Wenn ein Vater im Zug der Zeitungskrise als Redakteur entlassen wird und plötzlich als Freiberufler für Zeilenhonorar schreiben muss, kann die Mutter vielleicht ihren Teilzeitjob im Vertrieb einer Bekleidungsfirma in einen Vollzeitjob verwandeln, und dafür übernimmt der Vater am Nachmittag die Kinder.

Neulich fragte ich eine 18-jährige Abiturientin, wie sie sich ihre zukünftige Familie vorstelle, ob Mutter oder Vater die Kinder betreuen würden. »Natürlich abwechselnd«, war ihre Antwort. Und wer soll sie zuerst betreuen?, fragte ich weiter: »Na, wer gerade einen guten Job hat, der schafft das Geld ran. Und der andere bleibt dann bei den Kindern.«

Das Ideal, das hier durchklingt, erinnert an das, was die amerikanische Journalistin Hanna Rosin in ihrem Buch *Vom Ende der Männer* eine »Schaukel-Ehe« genannt hat: Väter und Mütter geben sich abwechselnd die Chance, die prägende Figur im Leben ihrer Kinder zu sein oder zu einem beruflichen Höhenflug anzusetzen.

Dieses Ideal unterscheidet sich von der etwas mechanischen und lebensfernen Vorstellung, dass die Partner zu jeder Zeit die Aufgaben im Verhältnis 50:50 aufteilen. Die Rollenverteilung kann in einem bestimmten Lebensabschnitt durchaus klassisch sein, aber eben auch mit umgekehrtem Vorzeichen: dass der Mann Haus und Kinder zu seiner Domäne macht!

Hanna Rosin schreibt, dass diese Formen von Schaukelehe die

gebildeten Paare beflügelt: Sie haben besseren Sex und bessere Gespräche. Weil sie die Welt des anderen aus eigener Anschauung kennen und schon bewohnt haben. Den manchmal komplizierten Prozess des Aushandelns nehmen sie dafür gerne in Kauf.

In den weniger gebildeten Milieus sind laut Rosin die Paare zu diesem Aushandlungsprozess im Moment weder bereit noch in der Lage. In Städten wie Detroit, wo die einst so glanzvolle amerikanische Automobilindustrie ihren Niedergang erlebt, kollabieren die Ehen reihenweise, wenn die Männer ihren Job verlieren und ihre angestammte Rolle als Ernährer nicht mehr einnehmen können. Die Männer verharren in einer Art »Verhaltensstarre«, während die Frauen die Scherben zusammenkehren, die Kinder versorgen, den Haushalt schmeißen und mit zwei schlecht bezahlten Jobs die Wocheneinkäufe bezahlen.

In den USA spricht man sogar schon von der »He-cession«, weil die Rezession in der verarbeitenden Industrie vor allem die Männer betrifft, während traditionell von Frauen ausgeübte Berufe in den Bereichen Pflege, Erziehung und persönliche Dienstleistung einen generellen Aufschwung erleben.

Eine ähnliche Beobachtung macht die deutsche Soziologin und Genderforscherin Cornelia Koppetsch in ihrem Buch *Wenn der Mann kein Ernährer mehr ist*. Bei etwa zehn Prozent der deutschen Paare ernährt die Frau de facto die Familie, das heißt, dass sie mindestens sechzig Prozent des Haushaltseinkommens bestreitet. Koppetsch hat fast dreißig Tiefeninterviews mit diesen Paaren geführt und herausgefunden, dass das Milieu im Wesentlichen bestimmt, wie gut der Rollentausch gelingt. Im traditionellen Milieu der Handwerker, Fach- und Fabrikarbeiter wollen weder die Frauen noch die Männer sich mit einem Rollentausch abfinden, auch dann nicht, wenn die ökonomischen Verhältnisse ihn erzwingen. Die Männer erleben ihn als Kränkung und Verunsicherung, die Frauen wehren sich gegen die Zumutung, ihre Männer auf Dauer »durchfüttern« zu sollen, zumal sie Haushalt und Kinderbetreuung immer noch als ihre ureigene Angelegenheit empfinden. Deshalb sind beide bemüht, ihren Rollen-tausch in der Öffentlichkeit möglichst zu vertuschen.

Unter Akademikern hingegen ist laut der Soziologin ein »Le-ben in Projekten« und eine »ökonomische Existenz jenseits der Festanstellung« nichts Anstößiges mehr. Ob der Rollentausch ge-lingt, hängt dann wiederum von den Werten und Weltanschau-ungen der Paare ab. Das Unerwartete daran ist: Laut Koppetsch gelingt so ein Rollentausch ausgerechnet im familistischen Mi-lieu am besten, offenbar erweisen sich wertkonservative Väter und Mütter im Alltag als besonders innovativ. Weil bei ihnen die Familie im Zentrum des Lebensentwurfs steht, weil das In-dividuum sich der Gemeinschaft unterordnet und die Arbeit vor allem dem Broterwerb dient. Im individualistischen Milieu der Kultur- und Wissensarbeiter hingegen sei das etwas ganz anderes. Denn ausgerechnet hier, wo man doch eigentlich Kreativität in allen Lebenslagen erwartet, wird »Arbeit« vor allem als »Selbst-verwirklichung« begriffen. Und die Familie mehr und mehr als deren Bedrohung.

Doch was passiert, wenn der Mann in diesem individualisti-schen Milieu in eine prekäre Selbstständigkeit oder in die Arbeits-losigkeit rutscht? Trotz egalitärer Rollenvorstellungen müssen laut Koppetsch dann die Frauen oft eine Doppelbelastung in Kauf nehmen, also sowohl die Familie ernähren als auch die Hauptver-antwortung für Kinder und Haushalt übernehmen. Viele Männer konzentrieren sich umso verbissener auf ihre scheinberuflichen Tätigkeiten, je weniger Geld und Anerkennung sie einbringen, um ihr Gefühl von Autonomie nicht zu verlieren. Und manche rächen sich für den finanziellen Machtverlust, indem sie eine ge-wisse »Coolness« zur Schau stellen: ihre Frauen emotional und sexuell kaltstellen und so tun, als ob sie die Beziehung jederzeit aufkündigen könnten.

Das ist psychologisch nachvollziehbar, aber trotzdem schäbig. Und ich hoffe, dass der Kulturwandel im kommenden Jahrzehnt dafür sorgt, dass diese Spiegelgefechte unnötig werden. Weil sich herumspricht, dass es Männer gibt, die Familienarbeit als eine erfüllende und befriedigende Aufgabe empfinden.

In diesem nun folgenden Kapitel wollte ich einen gelungenen Rollentausch beleuchten. Denn die zunehmende Rollenflexibilität der Männer ist eine wichtige Voraussetzung für das Nacheinander-Prinzip. Vor allem ist sie nicht immer erzwungen:

Aus einer neuen Studie der Prognos AG geht hervor, dass 80 Prozent der gesamten deutschen Bevölkerung erwarten, dass ein Vater heute möglichst viel Zeit mit seinen Kindern verbringt. 70 Prozent der Väter unter 39 Jahren geben an, dass sie in der Familie eine viel aktivere Rolle spielen als ihre Väter und dass sie dies als persönlichen Gewinn erleben. 76 Prozent der jungen Männer (20 bis 39 Jahre) wünschen sich eine Partnerin, die selbst für ihren eigenen Lebensunterhalt sorgt.

Diese Dinge erfährt man aus Umfragen von Allensbach, vom Wissenschaftszentrum Berlin und vom Statistischen Bundesamt. Aber man erfährt sie auch längst, wenn man mit offenem Blick durchs Leben geht, und das nicht nur im Prenzlauer Berg, sondern in den meisten westlichen Ländern und Kulturen. Man sieht immer mehr junge Väter, die mit ihrem Baby im Tragetuch durch die Straßen ziehen, mit diesem stolzen Blick und einem vorsichtigen, fast schwebenden Gang. Oder solche, die ihre Kinder zur Kita bringen oder ihre Töchter in den Park zum Schaukeln, und zwar an einem Montagvormittag und offenbar ganz ohne Angst, von anderen in die Kategorie »arbeitslos« einsortiert zu werden. Man sieht Väter samstags mit einer ganzen Horde von Jungs durch den Supermarkt toben, identifizierbar am Einkaufswagen, der mit zwanzig Stundenkilometern durch die Gänge rast. Väter, die am Wochenende ganz selbstverständlich das Kochen übernehmen. In jedem zweiten modernen Kinderbuch, das in einer Familie spielt, hält der Vater den Staubsauger in der Hand.

Außerdem kennt wohl heute mittlerweile jeder einen jungen Vater, der schon mal in Elternzeit war; auch wenn die meisten im

Vergleich weniger davon wahrnehmen als ihre Partnerinnen. Daran wird sich wohl auch, solange die Löhne von Männern und Frauen nicht angeglichen werden, so schnell nichts ändern.

Gleichwohl waren es 2017 sogar 34 Prozent der Väter, die Elternzeit für sich beanspruchten. Und für erfreulich viele ist diese Elternzeit offenbar eine Art »Einstiegsdroge« in eine lebendige Vaterschaft.

Der Journalist Thomas Gesterkamp, der das Buch über *Die neuen Väter zwischen Kind und Karriere* (Verlag Barbara Budrich) geschrieben hat, glaubt sogar fest daran, dass wir Zeugen eines gewaltigen kulturellen Umbruchs sind: »Es geht um die fundamentale Erweiterung des männlichen Lebensentwurfs. Der Vater wird vom Zaungast, von der Aushilfsmutter zum Beteiligten. Und er wird auch befreit von der Last, die darin bestand, immer und unter allen Bedingungen den Familienernährer spielen zu müssen.«

Es gibt Männer, die noch einen Schritt weitergehen. Die mit ihren Frauen die Rollen tauschen, den Löwenanteil der Familienarbeit leisten; ihre Jobs aussetzen und so das Nacheinander-Prinzip für sich umsetzen. Für diese »Überzeugungsväter« habe ich mich interessiert. Weil dieser fortschrittliche Typus jedoch noch selten ist, musste ich doch eine Weile suchen, um ein strahlendes Beispiel zu finden.

Schließlich verkuppelte mich ein Freund, der mit dem Aufbau einer Dating-Plattform zu Geld gekommen ist, mit Mathias. Er wusste, dass Mathias sich um seine drei Kinder kümmert, sehr nett und selbstbewusst ist – dass seine Frau Martha* als Topmanagerin bei einem großen Konzern für etwa 6000 Mitarbeiter Verantwortung trägt.

Ich telefonierte mit ihm. Wir vereinbarten ein Treffen am ersten Adventssonntag, zwei Tage später war ich unterwegs zu ihm. Er wohnt in Boston.

Als ich mit dem Taxi durch Boston fahre, an manikürten Rasen von gepflegten Vororten vorbei, muss ich an die Serie *Mad*

Men denken und an Betty Draper, modernes Sinnbild der weiblichen Suburbia-Existenz der fünfziger und sechziger Jahre – und die Verkörperung dessen, was die Feministin Betty Friedan in ihrem Buch *Weiblichkeitswahn* einst als das »Problem ohne Namen« beschrieb.

In der Serie sitzt Betty Draper allein in der Küche und raucht und ist traurig, dass niemand sieht, wie hübsch sie ist, während ihre Kinder leise in ihren Zimmern spielen, der Haushalt von einer schwarzen Hausangestellten erledigt wird und ihr Mann als Genius der wachsenden Werbebranche in der überaus abwechslungsreich geschilderten Bürowelt Manhattans arbeitet.

Betty macht die Rolle der Hausfrau und Mutter irgendwie mit, aber sie gestaltet sie nicht. Sie kocht, aber ohne Freude, sie erzieht, aber ohne Phantasie, sie liebt, aber ohne Hingabe: Einen Moment lang belebt sie sich, als sie in Manhattan wieder kurz als Model arbeiten kann. Und vielleicht hätte ihr eine erfolgreiche Berufstätigkeit geholfen, ihre Passivität in den eigenen vier Wänden zu überwinden. Aber vielleicht auch nicht. Weil Frauen wie sie keine Alternative hatten oder sahen.

Die Figur Bettys verdeutlicht den Unterschied zwischen »Compliance« und »Commitment«: »Compliance« meint das bloße Einhalten von Gesetzen und Konventionen, »Commitment« das innere Feuer des Engagements. Ein Leben, eine Beziehung, eine Arbeit ohne »Commitment« bringt wenig Erfüllung.

Bei meinem nächsten Gesprächspartner Mathias sollte ich dieses Feuer spüren: den Willen, seinen »Job« mit den Kindern so gut wie möglich zu machen, in jeder Alltagssituation differenziert, mit der richtigen Mischung aus Humor, Ermutigung und Kritik zu reagieren. Auch zeigt sein Beispiel, dass Väter sehr wohl in der Lage sind, ihre Kinder von Anfang an gut zu erziehen. Auch in den frühen Jahren, die als Jahre der Mutter-Kind-Symbiose gedacht werden. Und dabei sie selbst bleiben können.

Ein Haus in Newton, einem schönen Vorort von Boston. Mathias öffnet mir die Tür, ein sportlicher Zwei-Meter-Mann, der fast oben im Türrahmen anstößt, breite Schultern, freundliche Augen, braunes, etwas längeres Haar. »Toll, dass es so spontan geklappt hat!«, sagt er, was besonders nett ist, zumal ich ja etwas von ihm erfahren will. Er lotst mich in die Küche. »Kaffee?« Ich nicke und schaue zu, wie er einen Latte macchiato zubereitet.

Vor einer halben Stunde herrschte hier noch große Aufregung, weil »Stipsi« ausgebrochen war. Die mongolische Rennmaus der Familie hatte sich hinter einem großen Schrank verschanzt, Vater und Sohn mussten sie dort hervorlocken. Mittlerweile kauert sie auf der Handfläche des Sohnes.

Mathias ist jemand, der gerne »wir« sagt, der kommunizieren kann. Ein Sympathieträger, ein Held des Soft Skills, kein harter, aber ein zäher Verhandler, der in knapp zehn Jahren fünf Mal befördert wurde und die »global purchasing activities« seines früheren Arbeitgebers gut kennengelernt hat. Ein typischer Leader, ein Hoffnungsträger der Wirtschaft. Und doch hat er vor mittlerweile zwölf Jahren, mit Mitte dreißig, seiner Karriere in der Automobilindustrie den Rücken gekehrt, um Familienarbeit zu leisten, während seine Frau ihren Weg in die Vorstandsetage eines großen Unternehmens fortsetzte.

Martha, Mathias' Frau, ist gerade noch mit dem Ausdrucken einer Bordkarte beschäftigt. Um 17.45 Uhr will sie den Flieger nach Chicago nehmen, um dort die weltweit größte Radiologie-Messe zu besuchen, dann muss sie weiter nach Deutschland, um mit dem Konzernvorstand zu sprechen und ihre Mutter kurz zu besuchen. Ihr Vater, auch er eine bekannte deutsche Managerfigur, ist inzwischen gestorben.

Wenige Augenblicke später steht sie dann im Zimmer, streckt mir die Hand entgegen. Ich stehe auf, spüre die entschiedene Festigkeit ihres Händedrucks. Wir bewegen uns buchstäblich auf Augenhöhe, auch sie ist 1,80 Meter groß und hat blonde Haare. »Gute Größe!«, sagt sie lachend: »Gute Haarfarbe!«, kontere ich.

Sie trägt eine blaue Trainingsjacke, Jeans und Turnschuhe. Für den Businesstrip? »Ich reise nur noch gemütlich. Am liebsten hätte ich auch noch die Trainingshose angezogen.«

Sie verschwindet kurz, um ihren Koffer zu holen. Mathias geht hinterher, um ihr in einer bestimmten Sache noch behilflich zu sein. Dann ein kurzer Moment zusammen am Esstisch, warme Tassen in den Händen, ein brennender Adventskranz, den Mathias auf dem Bazar der deutschen internationalen Schule erstanden hat. Es ist ein schlichter Kranz mit roten Kerzen. »Bloß kein übertriebener Einsatz von Heißklebepistolen«, sagt Mathias ironisch. Man merkt, er spricht aus Erfahrung.

Die Töchter kommen ins Zimmer, Lisa* ist zehn, Anna* acht Jahre alt. Ihre 15-jährige Cousine Tanja*, die für ein Jahr zu Besuch ist, hat die beiden geschminkt. Lippenstift, Lidschatten, Rouge auf den schmalen Wangenknochen. Ihre Mutter ist irritiert. »Ich kann gar nicht hinsehen«, sagt sie zu mir gewandt: »Das ist in Ordnung«, sagt der Vater gelassen, holt seine Kamera und macht ein paar Fotos. »So … jetzt könnt ihr die Farbe wieder abwaschen!« Wahrscheinlich wusste er von Anfang an, dass die Maskerade auf diesen Moment hinausläuft.

Früher, als sie Babys waren, konnte sie ziemlich wenig mit ihnen anfangen, sagt Martha. Dieses Gequengel und Gespucke und die Gesellschaft von all diesen hormonverstrahlten Frauen, das hätte sie kaum ausgehalten! Da sei sie sogar froh gewesen, wenn sie den Freitagabend noch im Hotel verbringen konnte.

Aber inzwischen leidet Martha ziemlich, wenn sie auf Dienstreise sein muss, weit weg von den Kindern. Sie ruft dann ständig an, die Kinder geben sich genervt den Hörer weiter und sagen: Kannst du noch mal mit Mama telefonieren? Ich hab doch gestern schon … Nach zwei Sätzen heißt es: Also tschüss, Mama! Dann legen sie auf, während sie noch schmachtend in der Leitung hängt! Spricht's, und schon klingelt der Taxifahrer. Mama muss wieder los.

Manchmal sagt sie auch zu Mathias: Können wir nicht die

Rollen tauschen? Aber inzwischen könnte Mathias nicht annähernd so viel verdienen wie sie. Und er ist sich auch nie so ganz sicher, wie ernst sie das meint. Er wiederum sagt: »Ich hätte auch gerne vier oder fünf Kinder gehabt, aber wir haben leider zu spät angefangen.« Was dafür spricht, dass Mathias sein Leben als neuer Vater durchaus genießt und nach außen repräsentiert.

Kaum hat sich die Tür geschlossen, klettert Anna auf den Schoß des Vaters und macht es sich dort bequem. Anna findet Amerika toll, sie möchte am liebsten für immer hierbleiben. Tanja schwärmt von ihren neuen Fächern. Jonathan*, der 13-jährige Sohn, setzt sich mit seinem Französischbuch ans Fenster und lernt, wie man »être« konjugiert.

Am Abend, als die Kinder im Bett sind, sprechen wir über Kontinuität und Diskontinuität in seinem eigenen Lebenslauf. Mathias wurde 1969 geboren, in einem »1000-Seelen-Kaff in der Rhön«. Seine Eltern hatten eine Bäckerei, standen von montags bis samstags in der Backstube. Die Großmutter, die im selben Haus wohnte, kochte für die ganze Familie. Mathias genoss die Freiheit, nach den Hausaufgaben einfach verschwinden zu können, mit Freunden über Zäune zu setzen und erst beim Glockenschlag um sechs Uhr nach Hause zurückkehren zu müssen.

Die Nachbarskinder gingen auf die Realschule, nachmittags zum Fußballverein und zur Blaskapelle. Mathias' Mutter aber, die unternehmerischen Ehrgeiz hatte, sorgte dafür, dass ihr Sohn das Gymnasium in Fulda besuchte, Tennis und Skifahren lernte. Seine beiden Eltern verabschiedeten sich von einer hergebrachten und eher autoritären Pädagogik, die auf dem Dorf so üblich war, spürten die Chancen der ungeheuren Bildungsexpansion, die seit den siebziger Jahren überall in Deutschland vorangetrieben wurde.

Nach dem Wehrdienst ging Mathias nach Würzburg, um dort BWL zu studieren. Er wollte das Vordiplom in drei Semestern schaffen. Und da eine seiner Kommilitoninnen, Martha, das auch wollte, trafen sie sich, um zusammen zu lernen. Dabei kamen sie sich näher: Schon als junge Frau war sie eine auffallende Erscheinung, sehr groß, sehr blond, sehr starke Meinung. Wenn sie in Würzburg den Hörsaal betrat, tuschelten die Männer hinter vorgehaltener Hand: Ist das die Martha Kristen*? Ja genau, die wilde Managertochter mit dem Einserabitur. Sie kam aus einem großen und mächtigen Clan, in den Mathias schnell integriert wurde. Bei einem normalen Familienweihnachten der Kristens saßen zwanzig bis dreißig Leute am Tisch.

Nach dem Studium machte Mathias bei Opel, später General Motors, Karriere. Zunächst war er Teil eines jungen internationalen Einkaufsteams, das in Israel, Südafrika, Indien und Russland nach neuen Zulieferern suchte, ständig »up in the air« und berauscht von den ungeheuren Möglichkeiten der Globalisierung.

1999 bis 2002 betreute er eine Kooperation zwischen GM und Renault, die gemeinsam einen neuen Lieferwagen bauen wollten. Jede Woche flog er von Montag bis Freitag nach Paris, leistete Überzeugungsarbeit bei den skeptischen Franzosen, die sich zunächst gegen die amerikanische Firmenkultur bei GM sperrten. »Das war spannend, den Entstehungsprozess eines Fahrzeugs von der Entwicklung bis zur Produktion zu begleiten und dann in der Fabrik zu stehen und zu sehen, wie das erste Fahrzeug vom Band läuft«, erinnert er sich heute, ohne einen Funken Bitterkeit und Wehmut, wie es scheint. Von Betty Draper ist das Ganze hier sehr, sehr weit weg …

Martha derweil arbeitete nach ihrer Promotion als Unternehmensberaterin. Nach sieben Jahren beschloss das Paar zusammenzuziehen. Aber wo? In London hatten ihre beiden Arbeitgeber Dependancen. Es war dann wirklich allergrößtes Glück, dass beide zum 1. 11. 1998 in London anfangen durften. Die WG funktionierte! Und zehn Jahre nach ihrer ersten Begegnung heiratete das Paar.

Nach der Hochzeit begannen die Fragen zur Familiengründung. Von Martha kam eine klare Ansage: Kinder? Prima. Aber nur, wenn sie nicht mit ihnen zu Hause bleiben müsste. Für Mathias war das im Bereich des Vorstellbaren. »Außerdem verdiente Martha damals schon deutlich mehr als ich. Vor allem aber war sie ehrgeiziger, hat lieber gearbeitet. Also habe ich Flagge gezeigt, weil ich dachte, es wäre doch jammerschade, wenn wir keine Kinder bekämen.«

2003 hörte Martha bei der Unternehmensberatung auf und ging zur Wesemann AG*, wo sie den Umbau von einem Konglomerat zu einem internationalen Unternehmen vorantreiben sollte. Sie war die Stableiterin des neuen Vorstandschefs, seine strategische Beraterin und »Geheimwaffe«: mit 32, als Frau und Wirtschaftswissenschaftlerin in einer von männlicher Ingenieurskultur geprägten Firma.

Der Vorstandschef hatte Martha versprochen, dass sie nach zwei Jahren aus dem strategischen ins operative Geschäft wechseln könnte. Und das tat sie auch. »Das war schon ein dramatischer Wechsel«, sagt Mathias mit seiner auf Understatement bedachten, eigentlich undramatischen Art. Hochschwanger zog Martha von Frankfurt nach München, während Mathias sich bei Opel in Rüsselsheim in die Elternzeit verabschiedete.

Am Tag nach der Geburt ihres Sohnes lag Martha mit ihrem BlackBerry im Wochenbett: Hätte ja sein können, dass die Hormone sie einholen. »Aber das passierte nicht.« Sie wollte weiterhin unbedingt beruflich am Ball bleiben, verschwand schon nach zwei Wochen wieder im Büro, Mathias blieb zu Hause, mit Säugling, ohne Martha. Eine Situation, die für viele Frauen alltäglich ist. Seit Jahrtausenden kommen sie damit zurecht, bilden Netzwerke, tauschen sich aus. Wie erlebt sie ein Mann? »Ich war in einer neuen Stadt, kannte niemanden, konnte auf gar nichts zurückgreifen und schaltete erst einmal in den Überlebensmodus: Ich gehe generell gerne auf Leute zu und kann mich auf neue Situationen einstellen, aber in einen reinen Frauenkreis reinzukommen und da halbwegs akzeptiert zu werden, und zwar *nicht* als schräger Vogel, das war nicht leicht.«

Es gelang ihm am Ende relativ gut. Er blieb sogar er selber.

Und die Gespräche, worum drehten die sich dann? »Schon zu 95 Prozent um das Kind, zumindest im ersten Lebensjahr. Man muss sich ja erst einmal einarbeiten und profitiert dann von den Erfahrungen der anderen.« Nur bei den Stillproblemgesprächen zog er sich dezent zurück oder sagte: »Hey Mädels, stopp, da komm ich jetzt nicht mit, können wir über etwas anderes reden?!«

Seine Rettung war, dass sie ein paar Monate nach ihrer Ankunft in München ein befreundetes Paar aus Londoner Zeiten wiedertrafen, das auch einen kleinen Sohn hatte. Der Mann war Fotograf, freiberuflich unterwegs und in dieser Zeit auch viel zu Hause. Mit ihm machte Mathias dann die PEKiP-Kurse und Krabbelgruppen in der Münchner Innenstadt unsicher. Im Zentrum von München lebten außerdem schon damals viele junge Schauspieler, Architekten oder Kinderärzte, die nur drei Tage in der Woche in einer Privatpraxis arbeiten mussten und auch Zeit hatten, mit ihren Kindern mitten am Tag auf den Spielplatz zu gehen.

Für Stillproblemgespräche hatte Martha nie Zeit, genauso wenig wie für das Stillen selbst. Aber sie hatte den Ehrgeiz, das Abpumpen sechs oder sieben Monate durchzuhalten. So saß sie schon mal auf der Damentoilette am Flughafen und sorgte mit den entsprechenden Geräuschen für Irritationen, um dann die wertvolle Fracht abends mit nach Hause zu bringen.

Durch den Umzug von Frankfurt nach München war es für Mathias nicht möglich, nach der Elternzeit in Teilzeit zu Opel zurückzukehren. Deshalb begann er, als Jonathan aus dem Gröbsten raus war, freiberuflich für die Zulieferfirma Remy International zu arbeiten. Erst als Consultant, später auch als Kundenmanager. »Denn ausschließlich in dieser kindlichen Welt zu bleiben – als Mann –, das wäre selbst für mich schwierig gewesen. Ich dachte perspektivisch, an die Zeit danach, und war dankbar, auch noch Zugang zur beruflichen Welt zu haben. Auch wenn es anfangs nur 15 Stunden im Homeoffice waren.« Aber er ließ sich auch nicht allzu stark vereinnahmen, das wäre sowieso nicht gegangen. Die wertvollste Zeit war Jonathans Morgenschläfchen um 10 Uhr und der Nachmittagsschlaf: »Und wenn das nicht klappte, brachte das mein Tageskonzept ziemlich durcheinander.«

Während Martha versuchte, ihre Karriere durchzuhalten, hatte Mathias damals schon das »Nacheinander-Prinzip« vor Augen, auch wenn er es natürlich nicht so nannte. Aber der Plan war, sich in den Gründerjahren der Familie auf die Familie zu konzentrieren und zu sehen, was freiberuflich in kleiner Teilzeit möglich war. So wollte er sich die Option offenhalten, jederzeit wieder mitmachen zu dürfen bei den »ernsten Spielen des Wettbewerbs«.

In den nächsten Jahren wurden Lisa und Anna geboren. Damals arbeitete Mathias etwa 80 Stunden pro Monat von zu Hause und absolvierte zwei bis drei Reisetage. Wenn er unterwegs war, kamen seine Eltern zum Kinderhüten nach München; da hatte die Familie großes Glück. »Das war natürlich auch schön. Von Zeit zu Zeit mal wieder rauszukommen!«

Apropos: Wie reagierten seine Eltern auf den Rollentausch?

»Meine Mutter war erst einmal skeptisch, sagte: Du hast doch studiert, was gibst du da auf? Immerhin, ich war ja der erste Akademiker in der Familie. Mein Vater hingegen gestand mir meine Freiheit sofort zu. Nachdem sein Vater im Krieg gefallen war, musste er die Bäckerei übernehmen. Mich wollte er bewusst nie zu etwas zwingen.« Seine Eltern haben die Bäckerei inzwischen aufgegeben. Die Freude über ihre drei quicklebendigen Enkelkinder hatte sowieso alle Bedenken hinweggefegt.

Mathias also hat in den letzten elf Jahren die Kinder erzogen, während Martha sich als Change Managerin bewährt hat. Bei Wesemann sorgte sie dafür, dass der Konzern nicht nur einzelne Gasflaschen verkaufte, sondern vollständige Pflegestationen für Beatmungspatienten einrichtete. Das war nicht nur deutlich profitabler für Wesemann, sondern entsprach auch einem tiefen

Bedürfnis der Patienten: zu Hause leben zu können und nicht in den Intensivstationen der Krankenhäuser gefangen zu sein. Nach diesem »Coup« wurde Martha Kristen zur Europa-Chefin des gesamten Bereichs »Healthcare« und festigte ihren Ruf als Expertin in den Gebieten Medizin- und Sicherheitstechnik, Technologie- und internationales Wissensmanagement.

Im Jahr 2011 wurde sie in den Vorstand eines mittelgroßen Konzerns berufen, zweieinhalb Jahre später ging sie zu Meditec*, dem Giganten der Branche. Dieser Job bedeutete für die Familie den Umzug nach Hamburg. Kaum war die Familie in ein mit großen Mühen von Mathias renoviertes Hause eingezogen, bekam Martha das Angebot, nach Boston zu gehen, um den globalen Bereich »Patient Care and Monitoring Solutions« zu leiten.

Für Martha war Boston beruflich sowieso genau der richtige Ort: weil man dort beobachten konnte, wie Big Data die Medizintechnik revolutioniert.

Mathias war bereit, noch ein weiteres Mal umzuziehen, aber: »Ich habe schon erst mal geschluckt, weil mir klar wurde, dass ich damit auch meinen Teilzeitjob aufgeben und zum ersten Mal ausschließlich für die Familie da sein müsste.« Andererseits: Amerika reizte ihn, die inspirierende Atmosphäre der Ostküstenstadt, das Zusammenspiel von weltberühmten Universitäten und Kliniken, innovativen Informations- und Biotechnologiefirmen.

Was überraschend günstig hinzukam: In der Universitätsstadt herrscht so etwas wie eine »Avantgarde« der neuen Rollenflexibilität; Professorinnen, die ein Sabbatical nehmen, Ärzte, die ein paar Stunden runterfahren können, Väter und Mütter, die die »Schaukelehe« schon praktizieren: Jedes Jahr wird neu überlegt, wer gerade ein spannendes Projekt und wer mehr Lust hat, bei den Kindern zu sein. Im Hamburger Vorort war die Rollenverteilung vergleichsweise festgezurrt, das Leben sehr konservativ.

Hier war ihm noch keine Sekunde langweilig. »Und mein Engagement war auch absolut notwendig, um hier Leute kennenzulernen und für die Kinder ein neues Leben aufzubauen.«

Am nächsten Morgen fahre ich wieder mit dem Taxi nach Newton, um weiter an diesem Leben teilzunehmen: Kurz nach sieben
kommen die Kinder verschlafen an den Frühstückstisch, gähnen,
schaufeln sich frische Blaubeeren in den Müsliteller. Während
sie essen, ist er mit dem minutiösen Richten der Lunchboxes beschäftigt. Es gibt nämlich keine Kantine in der Schule, stattdessen
haben alle Schüler kleine bunte Rucksäcke, die an das Marschge-
päck von Soldaten erinnern. Mathias füllt warme Suppen in Ther-
moskannen, legt Bagel mit Cream Cheese und Gurke, getrockne-
te Mangoscheiben und geschälte Karotten in die Fächer.

Jonathan und Anna fahren heute mit einer Nachbarsfamilie
zur deutschen Schule nach Boston. Also kann Mathias mit Lisa
zu Fuß zur lokalen Grundschule gehen. »Zieh lieber die Turnschuhe an, heute ist wieder Physical Education«, sagt er. Sie
schlüpft in Turnschuhe und Jacke, setzt sich eine Mütze auf. Es
ist ein sonniger, aber sehr kalter Tag. Vater und Tochter gehen
Hand in Hand. Eichhörnchen springen über den Weg.

»Man muss die Stille genießen«, sagt Mathias, »gleich beginnt
in den Vorgärten wieder das Konzert der Laubbläser.«

Man kann sehen, wie beliebt Mathias ist. Auf dem Schulhof
wird er von den anderen Eltern überschwänglich begrüßt. Selbst
die Verkehrspolizistin in ihrer neongelben Weste, die die Kinder
über die Straße winkt, scheint ihn zu erkennen.

Wieder zu Hause, checkt er seine E-Mails. Dann räumt er das
Haus auf und geht zum Einkaufen. Die Handgriffe, die seinen
Alltag bestimmen, sind mir alle vertraut. Trotzdem stutze ich,
wenn ich diesen gut aussehenden Zwei-Meter-Mann beobachte,
wie er sich bückt, um Bücher und Schlafanzughosen vom Boden
aufzuheben, während er elegant Konversation treibt. Oder wie er
in seiner königsblauen North-Face-Jacke beim Einkaufen routi-
niert den Reifegrad der Kiwis prüft, bevor er sie in den Einkaufswagen legt. An der Kasse macht er einen ritterlichen Kniefall,
um ein Brötchen aufzuheben, das der kleine Junge im Wagen vor
uns gerade fallen gelassen hat.

Seine Frau ist Vegetarierin, deshalb essen sie viel Gemüse und Salat. Nach dem Einkaufen verzichtet er ausnahmsweise darauf, für seinen Marathon zu trainieren, so dass ich ihn fragen kann, ob seine Erziehung eine männliche Färbung hat. Ja, denn der Sport spielt eine große Rolle. Jonathan geht drei Mal pro Woche zum Fußballtraining, die Mädchen zweimal. Da spielt er gerne den »Soccer Dad«. Das Skifahren bringt er ihnen selbst bei. Die Kinder lernen auch Instrumente, »aber das fällt nicht so auf fruchtbaren Boden ...«.

Insgesamt folgt ihre Erziehung der Devise: Weniger ist mehr. Auch das scheint vielen Eltern in der Generation der 30-, 40-, 50-Jährigen wichtig zu sein. Beide Eltern wollen, dass die Kinder Zeit haben, zu spielen, in ihren Zimmern abzuhängen, mit den Nachbarskindern an den See zu gehen und Stöcke zu sammeln. Sie gehören hier zu den Privilegierten. Aber sie wollen, dass ihre Kinder eine möglichst normale Kindheit haben. Damit sind sie in der pädagogisch aufgeheizten Atmosphäre im Großraum Boston zwar eher die Ausnahme. Aber auch Martha, der Super-Managerin, ist es wichtig, ihre Kinder vor dem Performance-Gedanken zu beschützen. »Sie sagt: Wie hart man sich selbst drannimmt, ist eine freie Entscheidung, das kann kein Standard für andere sein.«

Warum funktioniert es bei den beiden so gut? Liegt es daran, dass die beiden privilegiert sind? Ist es Zufall? Nein. Es liegt daran, dass sie, wie Cornelia Koppetsch sagte, dieselben Wertevorstellungen von Familie und Erziehung haben.

Man spürt, dass Mathias sehr stolz ist auf seine Frau. Und interessanterweise empfindet man diesen Stolz, diese innere Möglichkeit, sich mit ihren Erfolgen zu identifizieren, bei ihm als etwas Progressives. Weil er die Familienehre als Ganzes im Blick hat, anstatt die individuelle strengberufliche Rechnung. Sie wiederum respektiert ihn als den souveränen Entscheider des Familienlebens und widersteht der Versuchung, ihn aus der Ferne managen zu wollen.

Es ist Mittag geworden, die Kinder sind noch in der Schule, wir brechen auf zu einem Spaziergang um den See. Mathias sagt, dass er in einer glücklichen Situation sei. »Weil ich in unserem sozialen Umfeld viel Lob und Respekt bekomme. Und weil Martha sehr engagiert ist.« Wenn sie nach Hause komme, stürze sie sich zum Beispiel gleich auf die Wäsche. Er müsse sie dann eher stoppen. Vielleicht, weil sie in ihrer Rolle sogar etwas unsicherer ist als er selbst. Oder weil sie auch ihre Rolle als Mutter intensiv leben will.

Mathias und die Kinder, das ist ein sich frei tragendes System. Die Mutter weiß, dass sie alleine zurechtkommen. Aber auch, dass sie jederzeit in der Familie willkommen ist und sich einbringen kann, wenn sie Zeit und Kraft dafür hat. Es ist ein Freiheitsgewinn, wenn die Paare selbst bestimmen können, wer welche Rolle übernimmt. Vor allem, wenn es ihnen gelingt, die feministische Abwertung der häuslichen Sphäre und die kapitalistische Abwertung von unbezahlter Arbeit innerlich zu durchbrechen – und beides, das familiäre und das berufliche Engagement, als wirklich »wertvoll« zu empfinden.

Das ist natürlich eine Situation, die die Karrierefrauen der ersten Stunde in der Regel nicht hatten. Die allermeisten mussten auf Kinder und Männer verzichten. Oder sie hatten Männer an ihrer Seite, die sich genauso viel im Büro aufhielten wie sie selbst – ohne das beruhigende Gefühl, dass ihre Kinder die warme und lebenskluge Zuwendung eines Elternteils genießen statt der emotionalen Neutralität einer Outsourcing-Maßnahme.

Umgekehrt sind Männer noch nicht sehr lange in der Situation, dass sie sich in Ruhe um ihre Kinder kümmern können: weil ihre Frauen genug verdienen, um für den Lebensunterhalt der ganzen Familie aufzukommen. Und weil sie erst seit kurzem nicht mehr zwangsläufig mit Isolation und Stigmatisierung rechnen müssen; und das ziemlich genau, seit die Jobs nicht mehr von *nine to five*, oder besser gesagt: *eight to nine* im Büro spielen, sondern Mobilität, auch Homeoffice zulassen. Und das führt dazu, dass Berufswege und Arbeitstage nicht mehr im klassischen Sinne linear verlaufen müssen. Heute ist es nicht mehr ausgeschlossen, dass ein erfolgreicher Fotograf mit seiner Tochter sehr wohl mittags auf den Spielplatz gehen kann.

Natürlich ist immer noch viel Bereitschaft zum Kompromiss nötig. Denn der heutige Arbeitsmarkt birgt die Chance, zumindest bei gut Ausgebildeten oder Weiterbildungswilligen, dass ein Kompromiss nur Bestandteil einer längerfristigen Strategie ist:

Mathias ermöglicht seiner Frau, eine Ausnahmekarriere zu machen und dennoch angeschlossen zu sein an ein bewegtes Familienleben, die Ideen der nächsten Generation. Und eine Ausnahmekarriere im Management bedeutet auch, dass man viel Arbeitszeit investieren und häufig umziehen muss. Wenn Mathias aber darauf bestanden hätte, weiter bei Opel in Rüsselsheim zu arbeiten, dann wären sie vielleicht beide im Mittelmaß steckengeblieben: sowohl beruflich als auch, was die Erziehung und Lebenschancen ihrer Kinder angeht.

Für sich selber hat er einen konkreten Plan. Ab Januar will er auf die Harvard Extension School gehen. Das ist eine interessante Institution, die auch Studenten offensteht, die älter und ärmer sind als die typischen Harvard-Studenten, solche, die schon berufliche und familiäre Verpflichtungen haben, aber dennoch etwas Neues lernen, professionelle Kompetenzen gewinnen, ein Zertifikat erwerben oder sogar einen prestigeträchtigen Abschluss machen wollen. Die Harvard Extension School bietet eine Mischung aus Online- und On-Campus-Kursen, die auch am Abend und am Wochenende stattfinden, und dort wird Mathias einige Seminare in der Fakultät »Business and Management« besuchen. Auf diese Weise will er dem Genius loci nachspüren und gleichzeitig seine »Employability« steigern, seine Beschäftigungsfähigkeit. »Manchmal mache ich mir schon Sorgen, wie es in zwei Jahren sein wird, sollten wir nach Deutschland zurückkommen: Ich als Mann kurz vor fünfzig, der dann 13 Jahre vorwiegend Familienarbeit gemacht haben wird! Obwohl – Sorgen ist vielleicht ein zu schweres Wort. Ich liege nachts nicht wach.«

Im Moment denkt er auch darüber nach, in Amerika professionelles Fundraising für Stiftungen und Bildungsinstitutionen zu lernen. Er könnte wieder Teilzeit im Vertrieb oder im Einkauf einer großen Firma arbeiten, aber mehr als Teilzeit ist im Moment noch nicht drin. Auch wenn Martha gerade mehr und mehr versucht, ihre Reisen und Veranstaltungen auf ein Minimum zu reduzieren. Wenn sie zu einem wichtigen Abendessen eingeladen ist, geht sie oft schon vor dem Dessert. Auch legt sie hin und wieder einen Tag im Homeoffice ein. Weil sie inzwischen fest genug im Sattel sitzt, um sich das herausnehmen zu können. Es kann sogar sein, dass bald der Anruf kommt, der Martha in den Konzernvorstand von Meditec beruft. Und was kommt dann? Ein Kind-und-Kegel-Umzug in ein anderes Land? Mathias schüttelt den Kopf. »Nein, in dem Fall würde ich mit den Kindern wahrscheinlich zurück nach Hamburg oder Frankfurt gehen, und Martha würde pendeln.«

Mittlerweile sind wir fast einmal um den See gelaufen. »Was war bis hierher spannender für dich?«, möchte ich abschließend wissen, »die Karriere bei Opel oder die Zeit mit den Kindern?« »Das kann ich so nicht sagen. Aber ich bereue nichts«, sagt Mathias, und er lacht. Wir klettern eine kleine Mauer hinunter zu einem Mini-Strand, legen die Hand über die Augen, weil das Wasser die Sonne so stark reflektiert. »Es ist jedenfalls sehr befriedigend und ein großes Glück zu sehen, wie die Kinder sich entwickeln. Als wir vor einem Jahr hier ankamen, dachte ich oft, ich muss mich dreiteilen. Heute machen Jonathan und Lisa das meiste schon allein.«

Gegen halb drei bricht Mathias auf, um sie wieder von der Schule abzuholen. In der Aula sucht er zwischen Kostümen und Weihnachtsdekorationen nach dem großen Topf, den er für den Christkindlmarkt am Samstag braucht; als Koordinator des »Glühweinteams«. Die beiden Großen hüpfen plappernd heran, es geht wieder heim. »Lisa, bist du da?«, fragt der Vater, als er die Haustür aufschließt. Die Tochter springt die Treppe herunter, in seine Arme. Er hält sie fest, lässt sie wie beim Tanzen kurz nach hinten kippen und zieht sie wieder hoch.

»Waren Einbrecher im Haus, als du kamst?«, fragt der Vater. »Ja«, sagt Lisa, »aber: Ich habe sie alle besiegt.«

Teil 3 Bestandsaufnahmen

Selbstständige

Die Lebensgeschichten im zweiten Teil haben gezeigt: Ob es gelingt, das Nacheinander-Prinzip zu leben, hängt sehr stark vom Charakter eines Menschen ab und von der individuellen Konstellation: von der familiären Unterstützung, von Ausbildung, Begabung, aber auch von glücklichen Zufällen.

Da ich jedoch niemandem raten kann, auf einen glücklichen Zufall zu warten, möchte ich im dritten Teil des Buches systematischer untersuchen, in welchen Berufen, bei welchen Arbeitgebern das Nacheinander-Prinzip schon realisierbar ist.

Zunächst ein paar Zahlen über den deutschen Arbeitsmarkt, um ein Gespür für die Relationen zu bekommen:

Es gibt in Deutschland 44,7 Millionen Erwerbstätige. Rund 40 Millionen arbeiten im weitesten Sinne in der Privatwirtschaft und 4,7 Millionen im öffentlichen Dienst, darunter 1,7 Millionen als Beamte. 4,3 Millionen arbeiten als Selbstständige, dabei etwa 1,4 Millionen in den sogenannten freien Berufen.

Machen wir mit letzteren weiter.

Viele der Persönlichkeiten, die bisher porträtiert wurden, haben zeitweise als Freiberufler gearbeitet. Also in einem selbstständig ausgeübten Beruf. Dazu gehören beispielsweise Anwälte, Steuerberater, Ingenieure, beratende Betriebswirte, Consultants, Coaches, Architekten, Ärzte, Psychologen, Hebammen, Physio- und Ergotherapeuten … Außerdem Künstler, Fotografen, Schriftsteller, Journalisten, Übersetzer, Lektoren und wissenschaftliche Dozenten. Sie erbringen »Dienstleistungen höherer Art«, die sich in der Regel hervorragend für das mobile Arbeiten eignen.

Der Vorteil bei diesen Berufen liegt darin, dass diejenigen, die sie ausüben, inhaltlich eigenverantwortlich und sehr flexibel sind. Freiberufler können weitgehend selbst entscheiden, wie viele Aufträge sie annehmen und wie sie sich ihre Arbeit einteilen. Und das ist natürlich gut, wenn man einen großen zeitlichen Spielraum für seine Kinder erhalten will. Schriftsteller und Übersetzer arbeiten meistens von zu Hause, auch bildende Künstler haben ihr Atelier oft in ihrer Wohnung, mit einem großen und einem kleinen Tisch, wo der Nachwuchs Platz nehmen und seine eigenen kleinen Kunstwerke fabrizieren kann.

Bei den eher künstlerischen Berufen ist jedoch der Nachteil, dass der Verdienst selten ausreicht, um eine größere Familie zu ernähren. Das gelingt nur denjenigen, die sich wirklich einen Namen gemacht haben – durch Glück, Geschick und eine außergewöhnliche Begabung – oder die irgendwann in ein solides Angestelltenverhältnis wechseln können.

Viele Selbstständige müssen sich um ihre Altersvorsorge kümmern, weil sie nicht automatisch gesetzlich rentenversichert sind. Insofern tragen sie ein größeres finanzielles und existentielles Risiko als Angestellte. Immerhin haben sie seit kurzem ebenfalls Anspruch auf Elterngeld. Und das ist ein echter Fortschritt für das Nacheinander-Prinzip.

Aber ist es in der Selbstständigkeit generell leichter, eine interessante Arbeit mit entspannter Familienzeit zu verbinden? Oder bedeutet Selbstständigkeit tatsächlich: selbst und ständig?

Das hängt natürlich von der Art des Unternehmens und der Ambition der Person ab. Frauen, die als Solopreneur arbeiten, haben meistens einen größeren zeitlichen Spielraum für die Familie als Frauen, die ein Unternehmen mit zahlreichen Angestellten zum Erfolg führen. Bei letzteren ist die Arbeitsbelastung natürlich höher, schlaflose Nächte garantiert. Besonders in den frühen Gründerjahren sowie in Phasen schnellen Wachstums.

Was sind hier die Strategien der Unternehmerinnen, um das Wohlergehen ihrer Kinder zu sichern? Sie nutzen die Zeitsouveränität, die sie als Selbstständige haben, um zu Kernzeiten des Familienlebens zu Hause zu sein: also am frühen Morgen, am späten Nachmittag, zum Abendessen und Gute-Nacht-Ritual. Danach wartet oft noch eine kleine Nachtschicht am häuslichen Schreibtisch. Dieses Muster habe ich bei vielen Gründerinnen großer und umsatzstarker Unternehmen gefunden. Auch das »Prinzip der starken Partnerschaften« ist mir mehrfach begegnet, ein dreifaches Jobsharing mit der fähigen Mitgründerin, dem willigen Ehemann und einer treuen, weil ausnahmsweise fair bezahlten Nanny.

Angestellte im öffentlichen Dienst

Nicht wenig gestaunt habe ich, als ich mich in die Broschüre über »Dienstbefreiungen im öffentlichen Dienst« vertiefte, die das Innenministerium des Landes Baden-Württemberg herausgeben hat. Bei der Lektüre wurde deutlich, was heute schon alles möglich ist und wie ungeheuer familienfreundlich so eine Beamtenstelle gestaltet werden kann.

Hat man erst einmal die Ausbildung und die Probezeit überstanden, kann man Teilzeit arbeiten, bis das jüngste Kind 18 Jahre alt ist. Dabei gibt es ein »Benachteiligungsverbot«, und das besagt: »Die Teilzeitbeschäftigung darf das berufliche Fortkommen nicht beeinträchtigen.«

Nach der Geburt eines jeden Kindes sind drei Jahre Elternzeit gestattet. Bekommt eine Mutter zum Beispiel drei Kinder in dichter Folge, hat sie trotzdem das volle Recht auf neun Jahre Elternzeit. Das gilt übrigens auch für den Vater. Denn die »Elternzeit kann von beiden Elternteilen in Anspruch genommen werden, und zwar wahlweise einzeln, gemeinsam oder im Wechsel. Jeder Elternteil kann seine Elternzeit auf höchstens zwei Zeitabschnitte verteilen, mit Zustimmung der Bewilligungsbehörde auch auf mehr.«

Bei meinen Recherchen habe ich mit Richterinnen, Lehrerinnen, Ministerialbeamtinnen, Verwaltungsfachangestellten und Soldatinnen gesprochen, die nach Familienphasen von fünf, zehn, sogar 15 Jahren in ihren Beruf zurückgekehrt sind und sofort »in der gleichen Liga« spielen konnten wie früher. Vor allem Frauen, die nach der Familienphase zum gleichen Dienstherrn zurückkehren, haben beim Wiedereinstieg kaum Probleme. Viele berichten, dass sie schon nach einer Einarbeitungszeit von wenigen Monaten mit ihren Kollegen »wieder auf Augenhöhe waren«.

Über die Elternzeit hinaus gewährt der öffentliche Dienst seinen Beamtinnen und Beamten noch bis zu 15 Jahre »Urlaub aus familiären Gründen«, wenn sie ein Kind unter 18 Jahren oder einen pflegebedürftigen Angehörigen tatsächlich betreuen oder pflegen.

Dieser Urlaub ist ein unbezahlter Urlaub, also »ohne Dienstbezüge«, wie man im Beamtenjargon sagt. Bewilligt wird er angeblich nur, »wenn zwingende dienstliche Belange nicht entgegenstehen«. Aber ein befreundeter Richter sagte mir, bisher habe er noch nie erlebt, dass jemand, der Urlaub nehmen wollte, nicht durfte.

Bei der Rückkehr aus Elternzeit und Urlaub kann man nämlich damit rechnen, dass man »eine Stelle gleichen Dienstgrades« und ganz ähnliche berufliche Aufgaben hat wie vorher. Auch beim rechtzeitig angekündigten Wechsel zwischen Vollzeit und Teilzeit ist das so. Das Einzige, was einem blühen kann, ist, dass man als Richter zum Beispiel an ein anderes Gericht versetzt wird, an einen weniger attraktiven Ort.

Beamte und Beamtinnen können ihre Arbeitszeit schrittweise reduzieren und wieder steigern. Sie bekommen ein anständiges Gehalt, eine gute Pension, Kinder- und Familienzuschläge sowie eine Beihilfe zur Krankenversicherung für die ganze Familie.

Die nicht verbeamteten Angestellten werden nach Tarifverträgen bezahlt und haben nicht ganz so große Spielräume, was die Familienphasen angeht. Aber viele haben immerhin das Recht, über die Elternzeiten hinaus bis zu fünf Jahre »Urlaub aus familiären Gründen« zu nehmen.

Neben dem Richter- ist auch der Lehrerberuf gut für das Nacheinander-Prinzip. Lehrerinnen können lange Familienphasen einlegen und in Teilzeit arbeiten, solange sie wollen. Die beruflichen Aufgaben bleiben über den Lebensverlauf gleichmäßig anspruchsvoll. Je nach Persönlichkeit kann man das als Vorteil oder als Nachteil empfinden. Wer nach Arbeitgebern im öffentlichen Dienst Ausschau hält, die mehr Aufstiegsmöglichkeiten bieten, wird bei den Landes- und Bundesministerien vielleicht fündig.

Das Bundesministerium für wirtschaftliche Zusammenarbeit (BMZ) zum Beispiel ist ein echtes »Vereinbarkeitsparadies« und offiziell als solches zertifiziert. Es ist nämlich Träger des Zertifikats zum »audit berufundfamilie«, das alle drei Jahre erneut vergeben wird. Hier zeigt sich der öffentliche Dienst wirklich als Vorreiter im Hinblick auf eine familienfreundliche Personalpolitik:

- Schon jetzt sind im BMZ 43,2 Prozent aller Führungskräfte weiblich.
- Schon jetzt sind Teilzeit, Homeoffice und mobiles Arbeiten selbstverständlich.
- Schon jetzt gibt es über 100 verschiedene Teilzeitmodelle und das Recht, seine Arbeitszeit jedes Jahr neu festzulegen.
- Schon jetzt gibt es Jobsharing bei Führungskräften, Frauen-Tandems, die sich zum Beispiel eine Stelle als Referatsleiterin teilen.
- Schon jetzt gibt es die Möglichkeit, Überstunden aus dem eigenen »Gleitzeitguthaben« in 18 Tage zusätzlichen Urlaub umzuwandeln.
- Schon jetzt gibt es Subventionierung von privater Kinderbetreuung, falls keine Plätze in staatlichen Einrichtungen verfügbar sind.

- Schon jetzt gibt es Eltern-Kind-Büros, die mit Computern, Spielzeugen und Kinderbüchern ausgestattet sind.
- Schon jetzt gibt es eine spezielle Beratung für Familien, die in den Auslandseinsatz gehen. Und das braucht ein Ministerium, das die deutsche Entwicklungspolitik steuert, natürlich auch.

Wichtiger als diese einzelnen Maßnahmen ist jedoch, dass es im BMZ inzwischen eine andere Kultur gibt, ein anderes Verständnis für das, was moderne Eltern brauchen, um ihre volle Leistungsfähigkeit entfalten zu können.

Angestellte in der Privatwirtschaft

Das Beispiel BMZ zeigt, dass im öffentlichen Dienst – unter den Bedingungen eines geringeren Kosten- und Wettbewerbsdrucks – seit Jahrzehnten mit neuen Vereinbarkeitsformen experimentiert wird. Diejenigen, die sich bewährt haben, könnten die Unternehmen einfach übernehmen. Und einige tun das auch schon.

Aber gegenwärtig gibt es in puncto Vereinbarkeit noch gewaltige Unterschiede zwischen den einzelnen Unternehmen. Deshalb rät Dorothee Fiedler, die frühere Personalleiterin des BMZ, allen jungen Frauen, sich vor einer Bewerbung gründlich zu informieren, ob der potentielle Arbeitgeber wirklich familienfreundlich ist. Es sei fatal, bei einem konservativ tickenden Unternehmen einzusteigen und dann zu hoffen, dass sich alles zum Guten wendet.

Die meisten Unternehmen denken bei »Familienfreundlichkeit« zunächst an Maßnahmen, die den Arbeitnehmern mehr ungestörte Zeit am Arbeitsplatz schenken, wie Betriebskindergärten und Belegplätze in nahen Einrichtungen, Beratungs- und Vermittlungsservice rund um Familienthemen wie Kinderbetreuung, Pflege und haushaltsnahe Dienstleistungen. Finanzielle Zuschüsse für Kinderbetreuung sowie kostenlose Angebote für Ferien- und Notfallbetreuung gehören auch dazu. Diese Maßnahmen sind natürlich nützlich, doch sollen sie den Eltern vor allem helfen, die Erziehung ihrer Kinder stärker outzusourcen – um Familiengründung und Vollzeitberufstätigkeit gleichzeitig zu schaffen.

Die überwältigende Mehrheit der Firmen in Deutschland schreibt »Familienfreundlichkeit« noch klein. Außerdem sollte man wissen, dass nicht jedes »familienfreundliche« Unternehmen zugleich ein »wiedereinstiegsfreundliches« Unternehmen ist.

Immerhin, 6500 Firmen gehören heute dem Netzwerk »Erfolgsfaktor Familie« an. Diese Initiative des Bundesfamilienministeriums soll dafür sorgen, dass »Familienfreundlichkeit« zu einem Markenzeichen der deutschen Wirtschaft wird. 6500 Firmen gibt es, die sich um erste Reformen bemühen, und die 1000 Firmen, die sich regelmäßig beim »audit berufundfamilie« zertifizieren lassen.

1000 Arbeitgeber, das klingt erst einmal nach viel. Aber wenn man bedenkt, dass es in Deutschland etwa 3,41 Millionen Unternehmen gibt, die sich nicht haben zertifizieren lassen, erscheint die Zahl auf einmal sehr bescheiden.

Dabei ist es heute auch aus Unternehmersicht töricht, sich nicht für Vereinbarkeit zu interessieren. Denn gerade in Zeiten der schrumpfenden Erwerbsbevölkerung wächst die Notwendigkeit, als attraktiver Arbeitgeber am Markt positioniert zu sein.

Allmählich zeigen Arbeitgeber Offenheit für nicht lineare Berufsbiografien beziehungsweise Patchwork-Karrieren. Hospitationen für interessierte Mitarbeiter in anderen Bereichen häufen sich. Unternehmen in Branchen, in denen der Fachkräftemangel schon zu spüren ist, sowie solche, die von Frauen geführt werden, erweisen sich in der Regel als »wiedereinstiegsfreundlicher«. Das bestätigt die Soziologin Dörthe Jung, die in Hessen das Programm des »Netzwerks Wiedereinstieg« wissenschaftlich begleitet. Sie weiß, dass immer mehr Betriebe anfangen, systematisch um ihre eigenen potentiellen Wiedereinsteigerinnen zu werben. Weil sie wissen, dass diese Frauen die Abläufe in ihrem Betrieb gut kennen, sehr konzentriert und zielorientiert arbeiten: »Daraus ziehen die meisten Betriebe allerdings bislang nicht den Schluss, auch externe berufliche Wiedereinsteigerinnen für ihre offenen Stellen zu berücksichtigen.«

Und doch gibt es schon vereinzelt Betriebe, die spezielle Traineeprogramme anbieten sowie Programme für die Ausbildung im Alter. 2006 führte die Bank ING-DIBA zum Beispiel das Programm »Ausbildung 50+« ein. Bei der Auswahl der »Azubis« schaut die Bank weniger auf eine lückenlose Erwerbsbiografie respektive branchenspezifische Berufserfahrungen als vielmehr auf die persönliche Eignung der Kandidaten.

Doch bei den meisten »ganz normalen« Unternehmen sind all diese wunderbaren Dinge noch Zukunftsmusik – und die Rede von »Vereinbarkeit« und »Diversity Management« ist kaum mehr als modisches Blabla.

Das zeigt das absurde Beispiel von Martina Kameke*. Sie ist promovierte Volkswirtin und arbeitet seit zwanzig Jahren bei einem berühmten deutschen Autokonzern, dessen Name hier bedauerlicherweise nicht verraten werden darf. Vor einiger Zeit bekam sie die Strategie-Stelle für »Vereinbarkeit von Beruf und Familie«. Eingangs durfte sie ein Strategie-Papier schreiben, wie man das Thema Vereinbarkeit im Konzern voranbringen könnte. Aber kaum verfasst, verschwand dieses Papier schnell in den Schubladen ihres Vorgesetzten, und stattdessen musste Martina den Bau eines gigantischen Betriebskindergartens betreuen, und das Ganze in »nur« dreißig Stunden wöchentlicher Arbeitszeit. Sie hatte ein zu kleines Budget, kein Backing durch die höheren Hierarchie-Ebenen: »Das ging total an die Substanz. Am Abend hatte ich überhaupt keine Kraft mehr, mich meinen beiden Kindern zuzuwenden. Nach sieben Monaten bekam ich eine chronische Darmentzündung.«

Als der Kindergarten seine Türen öffnete, wurde Martinas Stelle ersatzlos gestrichen, nach dem Motto: »Die Kita ist da, jetzt brauchen wir diesen Vereinbarkeits-Quatsch ja nicht mehr.«

Mütter, die in dem besagten Autokonzern Karriere machen wollen, müssen spätestens nach fünf Monaten Fulltime zurückkehren. Alle Mütter, die länger als ein Jahr Elternzeit nehmen, müssen große Angst haben, ihre Stelle zu verlieren.

Der Autokonzern beschäftigt mehr als 100 000 Mitarbeiter. Weiß Martina von Kolleginnen, die mehr als zwei Kinder haben? »Ich habe nur eine einzige Frau vor Augen, die drei Kinder hat. Und die verdient so gut, dass sie sich freikaufen und 50 Stunden pro Woche eine Kinderfrau beschäftigen kann. Man kann das also schon irgendwie organisieren. Aber das ist Outsourcing. Und Outsourcing ist für mich nicht gleich Vereinbarkeit.«

Heute sagt Martina: »Ich bin desillusioniert, ohne frustriert zu sein.« Inzwischen arbeitet sie in der Abteilung »Unternehmenskommunikation«. Nominell hat sie wieder eine 30-Stunden-Stelle, aus der regelmäßig 40 oder sogar 50 Stunden pro Woche werden. Das macht die Sache mit der Vereinbarkeit natürlich nicht einfacher. »Mein Mann arbeitet in einer anderen Stadt, kann mir unter der Woche nicht helfen. Und ich habe doch den Anspruch, es meinen Kindern schön zu machen und am Sonntag hin und wieder mal einen Kuchen zu backen.«

Aber was machen dann diejenigen Frauen, die sich mehr als zwei Kinder wünschen? Die mehr als ein Jahr Elternzeit nehmen möchten? Und die nicht einsehen, dass sie bis zu zwanzig Überstunden pro Woche machen müssen?

Die sind dann als Angestellte in diesem speziellen Konzern wohl nicht mehr am richtigen Platz. Schade eigentlich.

Sie müssen aussteigen, pausieren und dann wiedereinsteigen. Aber – das ist nicht so einfach, wie es sich anhört.

Herausforderungen

Ob Frisörin, Verwaltungsangestellte oder Selbstständige: Es gibt Hürden, die alle Berufsgruppen oder Branchen betreffen. Für alle, die das Nacheinander-Prinzip leben wollen, schildere ich im Folgenden die größten Herausforderungen – und wie man mit ihnen umgeht.

Erste Herausforderung:
Berufliche Auszeit als Alleinerziehende nehmen

Können Mütter, die ihr Kind allein durchbringen müssen, eigentlich auch Familienphasen einlegen? Vorneweg: Ja, das können auch Alleinerziehende. Es braucht ein bisschen mehr Organisation – zumal die Betreuung und Verantwortung, die bei Elternpaaren geteilt ist, vollständig auf ihnen lastet.

Als Allererstes müssen sie die Scheu davor überwinden, sich helfen zu lassen, indem sie ihre Rolle richtig einschätzen, als Mutter, die ihr Kind gut erziehen möchte. Diese gute Erziehung ist einer der wertvollsten Beiträge für die Gesellschaft überhaupt!

Als Nächstes müssen sie sich klarmachen: Ich bin alleinerziehend, aber nicht allein. In Deutschland gibt es rund 1,7 Millionen Alleinerziehende. Und sie alle haben Anspruch auf unterschiedliche finanzielle Zuschüsse; vom anderen Elternteil, aber auch von staatlicher Seite (etwa die Hälfte der Alleinerziehenden ist auf staatliche Unterstützung angewiesen).

Nur: Für welche individuelle Lebenssituation kommen welche Zuschüsse in Frage, und wo können sie beantragt werden?

Diese Beratungsstellen helfen:

- Verband alleinerziehender Mütter und Väter
- Verband berufstätiger Mütter e.V.

- Deutschen Caritasverband e. V.
- pro familia
- die regionalen Jugendämter

Grundsätzlich steht jedem Alleinerziehenden der ganz normale Kindesunterhalt vom anderen Elternteil zu, berechnet mithilfe der Düsseldorfer Tabelle.

Überweist der unterhaltspflichtige Elternteil nicht zuverlässig, springt das Jugendamt mit einem Unterhaltsvorschuss ein, bis zu 72 Monate lang und maximal bis das Kind zwölf Jahre alt ist. Für Kinder bis sechs Jahre erhält man monatlich 133 Euro und für Kinder ab sechs Jahren 180 Euro.

Gerade für die Familienphase ist der Betreuungsunterhalt ein wichtiger zusätzlicher Baustein, auch für ihn ist der unterhaltspflichtige Elternteil zuständig. Er ist zunächst auf drei Jahre nach der Kindesgeburt befristet. In diesen drei Jahren kann von der Alleinerziehenden nicht verlangt werden, einer Erwerbstätigkeit nachzugehen. Einen Anspruch auf Betreuungsunterhalt haben alle Eltern, unabhängig davon, ob sie zum Zeitpunkt der Geburt ihres Kindes verheiratet waren oder nicht; wenn nach Ablauf von drei Jahren keine passende Betreuung möglich ist, steht Eltern in Einzelfällen auch bis zu sieben Jahre lang der Betreuungsunterhalt zu (in Teil 6 führe ich aus, warum man das noch anders staffeln sollte).

Außerdem steht Alleinerziehenden Kindergeld zu; der Betrag richtet sich nach der Anzahl ihrer Kinder. Wenn der unterhaltspflichtige Elternteil ausreichend viel zahlt, darf er die Hälfte des Kindergeldes von dem von ihm zu zahlenden Unterhalt abziehen.

Zusätzlich kommen noch 14 Monate Elterngeld dazu; die Höhe des Elterngeldes errechnet sich auch hier aus dem Einkommen des vergangenen Jahres.

Weiterhin möglich, zum Beispiel bei sehr geringen Einkommen: Wohngeld, Hartz-IV-Sätze, Aufstockung eines kleinen Teilzeitgehalts und Zuschuss zur Kinderbetreuung (dasselbe gilt natürlich auch für geringverdienende Paare).

Neben der finanziellen Unterstützung sind gerade Alleinerziehende auf seelische Stärkung und ganz pragmatische Hilfe im Alltag angewiesen.

Auch hier eröffnet die Digitalisierung viele Möglichkeiten. Sei es, indem sich Alleinerziehende in einer Region heute in Foren zusammenfinden und miteinander vernetzen, gegebenenfalls sogar bei der Kinderbetreuung unterstützen oder abwechseln können; zwei meiner Bekannten sind etwa für drei Jahre in dieselbe Wohnung gezogen. Die eine versorgte ihren Säugling und den schon älteren Sohn ihrer Freundin, während die andere Vollzeit als Psychotherapeutin arbeitete und den Lebensunterhalt für alle verdiente.

Das ist wichtig: dass man Wahlverwandtschaften stiftet, eine größere Gemeinschaft bildet, in der man sich aufgehoben fühlt. Das beschreibt übrigens auch die Journalistin Bernadette Conrad in ihrem hinreißenden Buch *Die kleinste Familie der Welt*.

Mittlerweile gibt es auch eine Vielzahl von Blogs, die Trost spenden, Ratschläge geben, die Moral sowie das Wir-Gefühl stärken. Besonders gut gefallen mir:

- starkundalleinerziehend.de
- mutterseelenalleinerziehend.de
- Mama-arbeitet.de

Zweite Herausforderung:
Richtig aus- und wieder einsteigen

Ein paar Zahlen vorweg: In Deutschland haben 75 Prozent der Mütter zwischen 25 und 60 Jahren Wiedereinstiegserfahrung beziehungsweise eine konkrete Wiedereinstiegsperspektive. Nur 14 Prozent der berufstätigen Mütter kehren direkt nach dem Mutterschutz an ihren Arbeitsplatz zurück. 59 Prozent der Wiedereinsteigerinnen unterbrechen ihre Berufstätigkeit weniger als drei Jahre, 44 Prozent unterbrechen mehr als drei Jahre.

Also ist der Wiedereinstieg für eine große Mehrheit der Mütter ein zentrales Thema. Was sollten sie beim Wiedereinstieg beachten? Wo bekommen sie Unterstützung?

Profis betonen, dass der Wiedereinstieg kein punktuelles Ereignis, sondern ein Prozess ist. Manche Unternehmen gestalten ihn bereits, und zwar durch folgende Angebote:

- Ausstiegsgespräche, Zeugniserstellung
- Kontakthalteprogramm (etwa die Teilnahme an Betriebsausflügen)
- Zugang zur Infrastruktur während der Auszeit (beispielsweise zum Intranet)
- Weiterentwicklung während der Auszeit (Schulungen/ Weiterbildung)
- Wiedereinstiegsgespräche
- Wiedereinarbeitungsprogramm
- Mentoring/ Coaching bei Wiedereinstieg (wie Patenkonzepte)

In den zahlreichen Firmen, wo das noch nicht angeboten wird, sollten die Arbeitnehmer dies anregen. Die allgemeine Entwicklung geht nämlich genau in diese Richtung.

Im Jahr 2008 haben die Bundesagentur für Arbeit und das Bundesfamilienministerium das Aktionsprogramm »Perspektive Wiedereinstieg« ins Leben gerufen. Außer einer Webseite mit Informationen und Erfolgsgeschichten rings um das Thema gibt es in jeder Region eine Anlaufstelle für Eltern, die nach einer Familienphase auf den Arbeitsmarkt zurückkehren wollen. Sie bekommen ein individuelles Coaching, zeitgemäßes Bewerbungstraining, können kostenlos an Kursen und IT-Schulungen teilnehmen – und werden zu etwa 75 Prozent erfolgreich an Unternehmen vermittelt.

**Weitere praktische Ratschläge zum Wiedereinstieg
von Experten sind:**

– Neues Selbstbewusstsein aufbauen.

Viele Mütter haben am Ende der Familienphase ein lädiertes Selbstbewusstsein und keinen Blick mehr für die Kompetenzen, über die sie verfügen. Deshalb ist es wichtig, im Gespräch mit anderen zu realisieren: Ich kann etwas, ich weiß etwas, und ich werde einen Weg finden, dies in die Arbeitswelt einzubringen. Gruppengespräche und ein individuelles Coaching sind hier nützliche Schritte. (Auf das richtige Coaching gehe ich später noch ein.)

– Realistische Ansprüche formulieren.

Es gibt diese fatale Mischung aus einem geschrumpften beruflichen Selbstbewusstsein und gestiegenen Ansprüchen an die zukünftige Arbeit. Für Wiedereinsteigerinnen ist es unabdingbar, eine realistische Vorstellung zu entwickeln von den Jobs, die für sie in Reichweite sind. Dabei sollten sie weder zu unbescheiden noch zu bescheiden sein.

– Den Minijob als Sackgasse erkennen.

Die Hoffnung, dass ein Arbeitgeber Ihren Minijob irgendwann in eine sozialversicherungspflichtige Beschäftigung umwandelt, erweist sich in der Regel als trügerisch. Die allermeisten Jobs auf 450-Euro-Basis bieten keine Perspektive, sich finanziell besserzustellen und fachlich weiterzuentwickeln.

– Keine Bewerbung auf Stellen, die deutlich unter der
  eigenen Qualifikation liegen.

Stellen Sie sich vor, Sie haben nach dem Studium ein Team geleitet. Und nach etlichen Jahren Erwerbspause denken Sie, es wäre eine gute Idee, als Assistentin wieder einzusteigen. Sie schicken zwanzig Initiativbewerbungen an verschiedene Firmen und krie-

gen keine Antwort, geschweige denn eine Zus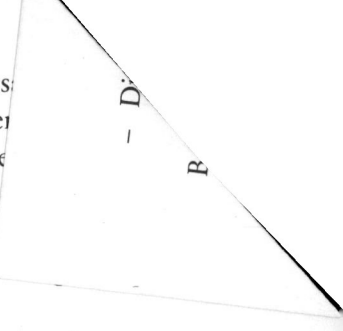
Sie überqualifiziert sind und Ihre Vorgesetzte
ten, dass Sie Ihnen vielleicht bald die Stelle str
dass Sie nicht lange bleiben, weil die Arbeit
zu langweilig wird. Während Sie womöglich
einmal eine Stelle als Assistentin wird mir no

– Persönliche Netzwerke für die Jobsuche nutzen.
Jede dritte Stelle wird über persönliche Kontakte besetzt. Aber
bitte warten Sie nicht darauf, dass jemand Sie fragt, ob Sie nach
einer Familienphase wieder einsteigen möchten. Es ist an Ihnen,
das Thema im Freundes- und Bekanntenkreis offensiv anzuspre-
chen.

– Lieber mit 28 bis 32 Stunden statt mit 20 Stunden
einsteigen.
Viele Mütter wollen mit 20 Stunden einsteigen, um erst mal zu
prüfen, ob sie die erneute Berufstätigkeit mit ihrer Familienverantwortung balancieren können. Aber 20-Stunden-Stellen sind
selten. Wer allerdings 28 bis 32 Stunden anbieten kann, hat eine reelle Chance, eine Stelle zu ergattern, die eigentlich als Vollzeitstelle ausgeschrieben war. Am besten erst im Vorstellungs-
gespräch ansprechen, dass man die Stelle in Teilzeit machen
möchte: und zwar, nachdem man durch Persönlichkeit und
Kompetenzen überzeugt hat.

– Zugleich fordern und sich flexibel zeigen.
Bloß nicht denken, ich muss dankbar sein, wenn ich überhaupt
etwas finde. Der Fachkräftemangel sorgt dafür, dass qualifizierte
Wiedereinsteigerinnen eigentlich eine gute Verhandlungspositi-
on haben. Wenn Ihr Gegenüber Ihre Forderungen abblockt, fragen Sie: »Wie kann ich Sie überzeugen, dass ich die Arbeit auch in
32 Stunden schaffe?« Zeigen Sie sich dabei flexibel, nach dem Motto: »Wenn Sie mir Homeoffice ermöglichen, ist auch mehr drin.«

Familienphase nach vorn verkaufen, aber nicht darauf herumreiten.

Im Bewerbungsgespräch sollten Sie nicht mit einer larmoyanten Opferrhetorik auftreten: Ich konnte ja gar nicht arbeiten, weil … Lieber beschwingt: Ich war gerne bei der Familie in dieser Zeit, das und das habe ich besonders gut gemacht, das und das habe ich gelernt … Zugleich sollten Sie zeigen, dass Sie professionelle Ziele und eine professionelle Identität haben, die von der Familie unabhängig ist.

– Das Ehrenamt zur Qualifizierung nutzen.
Bei den jüngeren Frauengenerationen ist das Ehrenamt etwas in Verruf geraten. Schade! Denn ehrenamtliche Tätigkeiten eignen sich hervorragend für die Zeit des Übergangs zwischen Familienphase und beruflichem Wiedereinstieg. Weil sie zeitlich flexibler und inhaltlich freier sind als bezahlte Jobs. Und weil man sie nutzen kann, um sich kostenlos neue Qualifikationen in einem anderen Bereich anzueignen.

– Die richtige Frage stellen – immer wieder.
»Wie werde ich mit wenig Aufwand eine knappe Ressource?« Diese Frage sollte man immer wieder stellen: nach dem Abitur, nach der Schule, nach dem Studium, beim Jobwechsel, beim Wiedereinstieg. Eine Frau, deren Qualifikationen auf dem Arbeitsmarkt wirklich gefragt sind, kann sich leichter aussuchen, wo und wie viel sie arbeitet.

– Beruflicher Neustart nur mit Weiterbildung.
Viele Frauen wollen nach der Familienphase etwas anderes machen als vorher. Wer es ernst damit meint, sollte vorher unbedingt eine passende Weiterbildung absolvieren. Und außerdem zunächst durch Praktika und Hospitationen herausfinden, ob der angestrebte Beruf wirklich der richtige ist.

– Aufgaben im Haushalt umverteilen.

Drängen Sie darauf, dass die Aufgaben im Haushalt neu verteilt werden. Wenn Sie als Mutter nach wie vor alles allein meistern wollen, kann es schnell zum Ausstieg aus dem Wiedereinstieg kommen. Der Partner und die älteren Kinder sollten mitanpacken. Und gemeinsam gilt es, zu kalkulieren, welche haushaltsnahen Dienstleistungen die Familie sich leisten kann.

Dritte Herausforderung:
Nicht in die Coaching-Falle tappen.

Manche Mütter wollen nach der Familienphase an genau derselben Stelle arbeiten wie früher, manche etwas Verwandtes machen, manche etwas ganz anderes. Im ersten Fall ist es wohl ratsam, beim bisherigen Arbeitgeber einen Fuß in der Tür zu behalten. Im zweiten und dritten Fall sollte man sich eine geeignete Beratung suchen, wobei die Betonung hier auf dem Wort »geeignet« liegt.

Inzwischen ist nämlich ein boomender und ziemlich unübersichtlicher Markt für Berater entstanden, die aus dem Unglück der modernen Mütter ihren Profit schlagen. »Coach« ist keine geschützte Berufsbezeichnung. Und da sind viele Scharlatane unterwegs, die eine Hand voll Binsenweisheiten für teures Geld an die Frau bringen. Ich selbst erinnere mich noch genau, wie ich mal in das »Büro« einer gewissen Katharina Krise* geraten bin: Dort stand eine einsame Flipchart mit bunten Edding-Stiften und wartete vergeblich auf Kundschaft. An der Tür stand ein goldenes Schild: »Katharina Krise*, Coach für Glück und Karriere«. Aber nach kurzem Gespräch war mir klar, dass diese Dame in ihrem Leben weder Glück gehabt noch Karriere gemacht hatte – also gegen ihre eigene Beratung ziemlich resistent war.

Es gibt aber auch Dienstleistungen in diesem Bereich, die mich begeistert haben. Bei meinen Recherchen bin ich auf die kleine, aber äußerst originelle Jobprofiling-Agentur »i.do« in Hamburg gestoßen. Im Japanischen heißt *i-do* Reise, Veränderung. »Und die größte Veränderung beginnt für die meisten Frauen mit den Presswehen, raus aus dem Job, rein in die Babypause«, schreiben die Gründerinnen Katrin Wilkens und Miriam Collée auf ihrer Webseite: »Die wenigsten Mütter übernehmen nach der Elternzeit den gleichen Job, den sie vorher hatten. Weil der Chef kein Freund von ›Teilzeitmuttis‹ ist, weil sie vor der Präsentation eben nicht mehr einfach bis 2 Uhr nachts durcharbeiten können, weil die Messetermine in Frankfurt mit Kita-Öffnungszeiten schwer vereinbar sind oder – weil sie ihn gar nicht mehr wollen. Weil auf einmal Potential aufbricht, sich Weltbilder ändern, Horizonte verschieben. Mit Kind denkt man anders als ohne. Vielleicht wollten Sie schon immer etwas anderes machen. Dann ist *jetzt* die Zeit reif.«

Die Gründerinnen der Agentur sind Journalistinnen, die früher für große Zeitungen Porträts geschrieben haben. Sie reden den ganzen Tag mit einer Person, fragen, versuchen, das Besondere zu erfassen. Dann ziehen sie sich zurück, um zu recherchieren, und am Abend schlagen sie einen maßgeschneiderten Job vor.

»Der ideale Job sollte Spaß machen, Geld bringen und: machbar sein. Heißt für uns Mütter: Er muss zwischen Kita, Schule und Windpocken passen. Eine Babypause muss aber kein Karriereknick sein, sie bietet die Gelegenheit, sich selbst und seinen Genius zu hinterfragen: Worin bin ich wirklich gut? Für welchen Beruf bin ich gemacht?«

Obschon das Vergnügen die Kunden stattliche 1000 Euro kostet, sind die Agenturtermine schon Monate im Voraus ausgebucht. Anscheinend, weil viele Ratsuchende sich erkannt und über sich selbst hinausgeführt fühlen. Im Telefoninterview sagte Katrin Wilkens, die selbst drei Kinder hat: »Wir versprechen kein Wolkenkuckucksheim, unsere Vorschläge sollen im Machbaren bleiben. Denn den wenigsten Müttern ist damit geholfen, wenn wir ihnen raten, neben der Kindererziehung noch ein zweites fünfjähriges Studium durchzuziehen.«

Oft versucht »i.do« alten Qualifikationen einen neuen Spin

zu geben, sie in ein zeitgemäßes Umfeld zu übertragen. Hier ein paar Beispiele: Einer Bankerin, die lieber in einem sozialen Beruf arbeiten würde, raten sie, in die Schuldenberatung zu gehen. Einer Juristin, die wegen einer mehrjährigen Erkrankung das zweite Staatsexamen nicht machen konnte, raten sie, ins Pflegemanagement einzusteigen. Der Betriebswirtin, die gerne Sport macht und vegetarisch kocht, empfehlen sie, eine kurze Weiterbildung für betriebliches Gesundheitsmanagement zu absolvieren. Und ihren Kolleginnen aus dem Journalismus, die durch die Zeitungskrise freigesetzt wurden, raten sie je nach Temperament in den Bereich des Storytelling, der PR oder der Biografie-Arbeit zu wechseln.

Bei vielen Frauen versucht Wilkens, »den Druck herauszunehmen, sie müssten besonders originell sein. Denn nicht immer muss die Sehnsucht nach Kreativität im Hauptberuf ausgelebt werden.« Im Gegenteil, viele Menschen sind gut beraten, wenn sie sich einen Brotberuf und dazu ein kreatives Hobby zulegen: Wenn der Lehrer seine Beamtenstelle nicht kündigt, sondern seine Liebe zum Theater in der Theater-AG auslebt. Wenn der Ingenieur weiter Turbinen baut und nur das Wochenende seinem Blog über französischen Weichkäse widmet. Wenn die Finanzbuchhalterin ihre hochdotierte und noch dazu familienfreundliche Teilzeitstelle bei Siemens erst einmal beibehält, um nebenbei am eigenen Business-Plan zu feilen.

Bei einer wirksamen Berufsberatung für Mütter muss man viele Parameter einbeziehen: Wie viel muss jemand verdienen? Wie groß ist das Bedürfnis nach Sicherheit, nach Selbstverwirklichung, nach Weiterbildung? Gibt es aus anderen Quellen Geld in der Familie und könnte die Frau sich leisten, noch mal zu studieren? Wie alt sind die Kinder und wer außer der Mutter kann sie betreuen?

Teil 4 Expertisen

Wo ist meine gewonnene Zeit geblieben?

Ein Gespräch mit dem Soziologen Hartmut Rosa

In den Führungsetagen von Universitäten, Ministerien und Unternehmen haben kluge Köpfe längst Konzepte entwickelt, wie man die Arbeitszeiten auf die verschiedenen Lebensphasen abstimmen kann. Weil man erkannt hat, dass die neue Organisation der Lebensläufe eine befreiende und wohltuende Wirkung hätte für alle Familienmitglieder, und weil es auch volkswirtschaftlich Sinn macht, wenn man längere Erziehungszeiten mit einem späteren Renteneintritt ausgleicht. Und wenn man das Wiedereinsteigen erleichtert.

Fünf Experten habe ich getroffen, um ihnen die Fragen zu stellen, die sich mir bei der Arbeit an diesem Buch immer wieder aufdrängten. Und die sich wie ein roter Faden durch die Lebensgeschichten meiner Protagonistinnen ziehen.

Die Frage nach der Beschleunigung, die mir bei Marie auffiel, die Amelies Leben ergriff und Paulas Schicksal wendete.

Die Frage nach einem beruflichen Neustart in der Lebensmitte, so wie bei Christine. Die Frage, wie man die Familienphase am besten für eine Weiterbildung nutzen kann, wie Ursula es tat.

Als Erstes wollte ich wissen: Wo ist eigentlich meine gesparte Zeit geblieben? Wenn heute Maschinen und Computer unseren Alltag so sehr erleichtern, aufwendige Prozesse beschleunigen und wir gleichzeitig ein längeres Leben als je zuvor haben – wo ist denn eigentlich die Zeit, die wir dadurch gewonnen haben? Warum spüren wir sie nicht?

Eine gute Antwort hat der deutsche Soziologe Hartmut Rosa. Sein Büro ist am Lehrstuhl für Soziologie der Friedrich-Schiller-Universität in Jena. Seit seiner Habilitation beschäftigt er sich mit der Analyse und Kritik moderner Zeitstrukturen –

und mit der Frage nach dem guten Leben. Seine Erkenntnisse werden weit über deutsche Grenzen hinaus diskutiert. 2016 erschien eines seiner Hauptwerke: *Resonanz. Eine Theorie der Weltbeziehung.* Unlängst wurde er mit dem Erich-Fromm-Preis ausgezeichnet.

Rosa hat nur 55 Minuten Zeit für unser Gespräch. »Ist das schlimm?«, fragt er mit einem jungenhaften Lächeln. »Ich verspreche, schnell zu sprechen!«

Herr Rosa, ich schreibe dieses Buch, weil ich finde: Wir leben im Gleichzeitigkeitswahn. Erkennen Sie den auch?

Sicher, ich habe ihn allerdings den »Alltagsbewältigungsverzweiflungsmodus« genannt, man kann ihn tagaus, tagein beobachten. Ich kenne Paare, die beide voll arbeiten, das klappt auch irgendwie mit den Kindern, aber alle stehen unter einem ungeheuren Druck. Alle versuchen ständig, sich selbst zu optimieren, die eigene Effizienz zu steigern und noch mehr Handlungen in noch weniger Zeit auszuführen. Die neuen Technologien sollen helfen, Zeit zu sparen, und das tun sie auch. Aber zugleich treiben sie den Motor der technischen, sozialen und existentiellen Beschleunigung weiter an.

Und die Folge?

Viele Arbeitnehmer in unserer Gesellschaft fühlen sich gefangen in einem gnadenlosen Takt aus Deadlines, Terminen und Ortswechseln, die ihnen von ihrem Kalender diktiert werden. Für die Subjekte ist es zur zentralen Aufgabe geworden, ihr Leben so zu führen, dass sie in der Lage sind, im Rennen zu bleiben, also ihre Konkurrenzfähigkeit sicherzustellen und nicht aus dem Hamsterrad zu fallen.

Aber wie bleibt man im Rennen?

Alle anderen Dinge des Lebens – Partnerwahl, Familienform, religiöse, kulturelle und sportliche Praktiken – werden diesem Ziel untergeordnet. Nur: Das kann doch nicht sein, dass das Ergebnis unserer Wohlstandsschöpfung und Produktivkraftvermehrung derart gehetzte, gestresste und katastrophale Verhältnisse sind.

Warum hilft uns das Internet nicht, Zeit für ein gelasseneres Leben zu finden?

Das Schreiben einer E-Mail geht etwa doppelt so schnell wie das Schreiben eines Briefs. Im Jahr 1990 haben Sie vielleicht durchschnittlich zehn Briefe pro Arbeitstag geschrieben und erhalten, für deren Bearbeitung Sie insgesamt zwei Arbeitsstunden benötigten. Mit der Einführung der neuen Technologie würden Sie nur noch eine Stunde für Ihre tägliche Korrespondenz benötigen, wenn die Zahl der gesendeten und erhaltenen Nachrichten konstant geblieben wäre. Dann hätten Sie eine Stunde an »freier Zeit« gewonnen, die Sie für etwas anderes verwenden können. Ist das Ihre Situation?

Ehrlich gesagt: nein.

Das dachte ich mir. Ich nehme an, dass Sie inzwischen 40, 50 oder gar 70 E-Mails pro Tag lesen und schreiben. Sie benötigen also mehr Zeit für Kommunikation als vor der Erfindung des Internets. Und tatsächlich ist dasselbe schon einmal vor einem Jahrhundert passiert, bei der Einführung des Autos und etwas später bei der Erfindung der Waschmaschine: Natürlich hätten wir eine Menge freier Zeitressourcen gewonnen, wenn wir nur dieselbe Distanz wie zuvor zurücklegen oder nur so oft wie zuvor waschen würden – aber das ist nicht der Fall. Wir fahren oder fliegen nun Hunderte von Kilometern für die Arbeit oder für den Spaß, während wir zuvor in unserem gesamten Leben vielleicht nur einen wenige Kilometer großen Zirkel durchmessen hatten. Wir wechseln unsere Kleidung heute täglich, während wir dies vor einem Jahrhundert nur einmal im Monat getan haben.

Und was ist mit der gestiegenen Lebenserwartung? Warum nutzen wir diese zehn bis fünfzehn Jahre nicht beispielsweise, um die Jahre der Familiengründung zu entschleunigen?

Wer Auszeiten nimmt, muss damit rechnen, dass er im sozialen Wettbewerb zurückfällt. Ein System, das wir auch bereits auf unsere Kinder übertragen. Es beginnt schon vor der Geburt des Kindes mit tausend Ratschlägen an die Mutter, Unterwassergymnastik zu machen, den Embryo mit Englisch zu beschallen, … und setzt sich bruchlos fort, wenn das Kind geboren ist. Ja, ein Kind wird heute erbarmungslos gefördert und stimuliert. Und jedes noch so blödsinnige Spielzeug behauptet, dass es die Intelligenz des Kindes fördert.

Selbstverständlich soll es dann die allerbesten Schulen besuchen …

… und der Schuleintritt wird nach vorn gelegt, der Schulaustritt auch. Durch den Bachelor wird die Studienzeit von zwölf auf sechs Semester komprimiert, und schon lange bevor eine Phase abgeschlossen ist, drängt sich die Sorge nach der nächsten auf: Zwei Jahre vor dem Abitur sollen die jungen Leute schon wissen, was sie danach machen. Vor dem Bachelor sollen sie planen, was sie für einen Master machen, vor dem Master angeben, worüber sie promovieren wollen. Dieses Ineinanderschieben von Phasen ist eine Katastrophe, auch emotional, weil es kein Plateau mehr gibt, auf dem man einen Moment innehält, sich freut über das, was man erreicht hat, und sagen kann: So, jetzt orientiere ich mich neu. Ich halte das für eine ganz und gar brutale Entwicklung.

Wir Menschen glauben eben, das Gras könne schneller wachsen, indem wir daran ziehen …

… und wenn ich diese Metapher höre, spüre ich das Gras bereits reißen. Eigentlich beschädigt Beschleunigung. Und das finde ich wirklich. Kinder sind ja keine Maschinen, die entwickeln sich unterschiedlich schnell. Manche lispeln, manche lutschen im Alter von sechs Jahren noch am Daumen, nun gut, dann tun sie's halt. Diese Normierungszwänge, die aus der Sorge geboren werden, dass Kind könnte irgendwie zu langsam sein bei der Kapital-Akkumulation, führen dann zu den Problemen.

Kapital-Akkumulation? Ist das so etwas wie ihr Rüstzeug fürs Leben?

Richtig, und nach Bourdieu unterscheide ich vier Kapital-Sorten. Erstens: das ökonomische Kapital, die Frage, über wie viel Geld man verfügt. Zweitens das kulturelle Kapital, die Frage, wie viele Abschlüsse und Zusatzqualifikationen man vorweisen kann. Drittens das soziale Kapital, die Frage, welche Connections jemand hat. Viertens das körperliche Kapital: Wie fit und attraktiv sind wir? Eltern wollen heute, dass ihre Kinder bei allen vier Kapital-Sorten ganz vorn sind. Woran es mangelt, ist die Resonanzerfahrung.

Was verstehen Sie darunter? Das Gefühl, etwas bewegen zu können in der Welt und von der Welt bewegt und ergriffen zu werden?

Diese Definition ist natürlich sehr verkürzt, aber geht in die richtige Richtung. Als Soziologe sage ich, dass ein systemisches Problem eine systemische Lösung braucht. Die Art, wie wir gegenwärtig wirtschaften, Sie können das gerne Kapitalismus nennen, ist so, dass sie sich institutionell nur durch Steigerung erhalten kann: Egal, wie schnell Sie dieses Jahr laufen, egal, wie schnell wir dieses Jahr kollektiv laufen, nächstens Jahr müssen wir noch schneller sein … Und diese Steigerungszwänge auf allen Ebenen sind das Problem, und wenn wir das nicht angehen, können wir uns nicht einfach durch ein paar Tricks aus der Affäre ziehen. Durch das, was ich individuelle Coping-Strategien, Bewältigungsstrategien, nenne. Da bin ich skeptisch. Zeitpolitik ist ja jetzt von den Grünen entdeckt worden und von vielen anderen auch. Aber bei den meisten sieht Zeitpolitik dann leider so aus, dass man ein paar flexiblere Arrangements findet. Um es etwas spöttisch auszudrücken: Wie kann ich hier und dort noch ein bisschen Zeit sparen und am Wochenende gelegentlich Yoga machen, damit ich die allgemeine Beschleunigung mitgehen kann?

Viele moderne Menschen glauben nur noch an ein Leben vor dem Tod. Ist Beschleunigung eine Art Ersatzreligion?

Absolut! Sie stellt in der säkularen modernen Gesellschaft einen Ersatz für die religiöse Verheißung eines ewigen Lebens dar.

Wir streben nach der Realisierung möglichst vieler Optionen aus jener unendlichen Palette an Möglichkeiten, die die Welt uns eröffnet – und denken, je schneller wir leben, desto mehr Optionen können wir realisieren, desto mehr triumphieren wir über unsere eigene Endlichkeit.

Funktioniert das denn, zumindest gefühlt?

Leider nein. Denn dieselben Techniken, die uns dabei helfen, Zeit zu sparen, führen zu einer Explosion der Weltoptionen. Ganz egal, wie schnell wir werden, unser Anteil an der Welt, also das Verhältnis der realisierten Optionen zu denjenigen, die wir verpasst haben, wird nicht größer, sondern kleiner. Also wird der Lebens- und Welthunger des modernen Menschen nicht befriedigt, sondern zunehmend frustriert.

Weil er nur ein vollgestopftes Leben hat, aber kein gutes Leben?

Genau. Die moderne Gesellschaft ist auf die Vergrößerung von Weltreichweite ausgelegt. Und im Grunde messen wir die Qualität unseres Lebens an dem Grad der Weltreichweite, den unsere Handlungen haben.

Also viele Dienstreisen in exotische Länder? Haben Mütter deshalb oft panische Angst davor, mit ihren Kindern zu Hause bleiben zu müssen?

Ich verstehe sehr gut, dass die Frauen heute ihre Reichweite nicht mehr auf die kleine Privatsphäre beschränken wollen. Aber die Reichweitenorientierung ist nicht das gute Leben, sondern die Resonanzorientierung. Und hier berühren sich unsere Ansätze. Sie sagen, die Resonanzpotentiale, die in der Familie liegen, werden verschüttet und verschenkt. Die entscheidende Differenz der Reichweiten- und der Resonanzorientierung liegt in der Verfügbarkeit. Eltern wollen heute die Beziehung zu ihrem Kind so gestalten, dass die Räume, die Prozesse, die Ergebnisse verfügbar sind.

Und das soll dann die sogenannte »Quality time« sein?

Genau. Vielbeschäftigte Eltern sagen: Ich will zwischen 15 Uhr und 16:30 Uhr in tiefe Resonanz mit meinem Kind treten. Und so funktioniert das nicht.

Warum machen wir da alle mit, statt die Lebensarbeitszeit gleichmäßiger auf die gesamte Lebensspanne zu verteilen – so wie beispielsweise der Leiter des Max-Planck-Instituts für demografische Forschung in Rostock James W. Vaupel vorgeschlagen hat?

Meine überraschende Erkenntnis ist, dass viele in der Rushhour die Idee mit der Work-Life-Balance aufgeben und davon fantasieren, dass es später dann im Ausgleich zu einer Art Work-Age-Balance kommt. Viele nämlich denken: Ich hetze jetzt wie ein Wahnsinniger durch die Gegend, hoffe aber, dass es besser wird, wenn ich in den Ruhestand gehe. Zumal ich es jetzt, in der beruflichen Profilierungsphase, wo die Kinder noch klein sind und meine Eltern vielleicht gepflegt werden müssen, sowieso nicht schaffen werde, den Aspekt »gutes Leben« zu realisieren. Deshalb stößt die Anhebung des Rentenalters wider alle demografische und ökonomische Vernunft auf dermaßen erbitterten Widerstand: Das Alter soll liefern, was man zuvor verpasst hat.

Kann ich mit 45 mein Leben noch mal umkrempeln?
Ein Gespräch mit dem Familiensoziologen Hans Bertram

In der Lebensmitte sind wir permanent gefordert. Unsere Kinder brauchen uns, unsere Eltern brauchen uns, wir brauchen Geld und Perspektiven. Welche Freiräume können wir uns dennoch schaffen? Und ist es überhaupt möglich, dass wir uns mit 35, 45, 50 noch einmal neu erfinden?

Das frage ich den Familiensoziologen, Professor Hans Bertram. Denn er hat schließlich den Begriff von der »Rushhour des Lebens« geprägt, den heute vom Werber bis zum Politiker jeder

benutzt. Er war der wissenschaftliche Kopf hinter den familienpolitischen Reformen der Ära von der Leyen, hat für die Einführung des Elterngeldes plädiert und für den Ausbau der Betreuungsinfrastruktur.

2004, in einem *FAZ*-Artikel, skizzierte er das Dilemma junger
Eltern von heute. Er entwarf eine dreigeteilte Familienpolitik,
die den Familien Zeit, Geld und Infrastruktur zur Verfügung
stellt, und führte aus, dass die Zeitpolitik im Moment vordring-
lich ist: Man müsse vor allem über Zeit reden, wenn man über
die Frage nachdenkt, wie die Fürsorge für Kinder in einer neuen
Familienkonstellation mit zwei berufstätigen Eltern tatsächlich
organisiert werden kann.

Er plädiert außerdem dafür, dass Quereinstiege im öffentlichen Dienst und in der Wirtschaft selbstverständlich werden.
Und dass Karrieren von hochqualifizierten Müttern und Vätern
auch zwischen 40 und 50 neu begonnen werden können. Nur so,
sagt er, könne man die Überforderung in der Rushhour des Lebens vermeiden.

Wir treffen uns in der Nähe der Humboldtuniversität, seiner
langjährigen Wirkungsstätte. Auf den ersten Blick wirkt er wie
ein klassischer deutscher Ordinarius; ein wenig konservativ in
Auftritt und Kleidung. Doch schnell wird klar: Dieser Mann ist
ein echter Vordenker.

**Herr Bertram, das Problem der überforderten Generation ist:
In den Jahren von 28 bis 45 steht mittlerweile so gut wie alles
an. Wie ist das entstanden?**

Sowohl die Männer als auch die Frauen müssen und wollen
heute arbeiten. Dabei verschiebt sich die Familiengründung
immer weiter nach hinten, und das aus drei Gründen: Die Aus-
bildungszeit ist länger, der Berufseinstieg unsicherer geworden.
Die Etablierung dauert in der Regel fünf bis sieben Jahre. Und
die jungen Erwachsenen müssen auf dem Weg dorthin durch ein
unglaubliches Stahlbad von Konkurrenzkämpfen gehen. Und

währenddessen noch eine Beziehung aufbauen und festigen. Auch das ist heute alles andere als eine leichte Übung, weil der Mann vielleicht in Frankfurt an der Oder arbeitet und die Frau in Frankfurt am Main. Also wer zieht jetzt wem hinterher? Wenn das Paar sich für Kinder entscheidet, wo soll der Lebensmittelpunkt der Familie sein?

Ist diese Generation nicht vielleicht einfach fauler als vorhergehende Generationen?

Sie ist sogar fleißiger. Und das kann man schön anhand von Zahlen zeigen: Heute muss ein Elternpaar im Durchschnitt 60 bis 70 Stunden am Arbeitsmarkt präsent sein, um die Familie zu ernähren, in den siebziger Jahren reichten 40 bis 50 Stunden. Aber an der Fürsorge für ihre Kinder können und wollen die meisten Eltern aus den genannten Gründen nicht sparen. Und wenn wir uns die Zeitbudget-Studien aus verschiedenen Jahrzehnten ansehen, dann fällt auf, dass die Eltern heute sogar mehr Stunden pro Woche damit verbringen, sich intensiv mit ihren Kindern zu beschäftigen.

Worauf verzichten sie stattdessen?

Bei der persönlichen Zeit und bei der Freizeit, das heißt die Väter und Mütter der überforderten Generation schlafen weniger, haben weniger Gelegenheit für Sport, Kino, Lektüre und andere Formen von Erholung. Die neue Arbeitswelt verlangt von den Arbeitnehmern ein großes Maß an Flexibilität. Aber wir haben einfach übersehen, dass Kinder nicht »flexibilisiert« werden können. Und das ist das Kernproblem dieser ganzen Debatte, dass diese zeitliche Starrheit der kindlichen Fürsorge nie thematisiert wird und so getan, als ob man das alles outsourcen könnte.

Wie viele Stunden brauchen die Eltern pro Woche für den Haushalt und die Betreuung von Kindern, die jünger als sechs Jahre sind?

Sechzig Stunden. Und die kann man auch nicht zum Verschwinden bringen. Nicht einmal in Ländern wie Frankreich, die eine sehr gut ausgebaute Kinderbetreuung haben! Wir müssen also lernen, dass unsere hochflexiblen Lebensläufe trotzdem zeitweise extrem gebunden sind mit der Fürsorge für Kinder.

Ist es nicht verrückt, dass die jungen Erwachsenen in einem kleinen Zeitfenster von wenigen Jahren so unmenschlich viel leisten müssen, obwohl die Lebenserwartung so stark gestiegen ist?

Ja. Deshalb habe ich im »Siebten Familienbericht« für die Bundesregierung vorgeschlagen, wie man die Rushhour des Lebens entzerren kann. Zunächst einmal ist unser Leben länger und sicherer geworden. Man kann davon ausgehen, dass in der älteren Generation ein Vitalitätsgewinn von mindestens zehn Jahren vorliegt. Wer heute 50 ist, agiert wie früher die Menschen mit 40. Nehmen Sie das Bild, das Dürer von seiner Mutter gemalt hat, als sie 40 Jahre alt war. Darauf sieht sie aus wie eine alte Frau. Und nun legen sie mal das Bild einer strahlenden 40-Jährigen von heute daneben: Das ist überhaupt kein Vergleich!

Sie beschreiben, wie sich der Zeitraum, in dem sich Frauen für Kinder entscheiden, heute ungeheuer verdichtet hat. Sie bekommen ihre Kinder später, bringen weniger Kinder zur Welt und das in einer schnelleren Abfolge. Oft liegen nur zwei Jahre zwischen der Geburt des ersten und der Geburt des letzten Kindes. Bei einer Sozialisationszeit von etwa 15 Jahren ist eine Mutter, die mit 30 angefangen hat, schon mit 47 »fertig«.

So entsteht eine ganz neue Lebensphase »nach den Kindern«, die es früher so nicht gab und die man sehr gut für eine zweite Karriere nutzen kann.

Vor allem dann, wenn man nicht vorhat, mit 63 in Rente zu gehen, sondern erst mit 67 oder 72. Dann hätte man als Frau ja noch stattliche 25 Jahre, um sich im Beruf zu verwirklichen.

Wir sollten das Rentenalter ganz abschaffen, also das Rentenalter in dieser Form! Wie wäre es, wenn man sagt: Alle arbeiten vierzig Jahre – Elternzeiten einberechnet – und dann darf man in Rente gehen, wenn man das will? Wer möchte, darf natürlich auch noch weitermachen.

Wie denn? In neuen Formen von Altersteilzeit?

Zum Beispiel. Unsere Gesellschaft kann es sich ja gar nicht mehr leisten, einer wachsenden Zahl von jungen Alten die Renten zu finanzieren. Und sie sollte es sich auch nicht leisten wollen. Ist das ein sinnvolles Leben, wenn man eigentlich gesund und munter ist und dazu verdammt, dreißig Jahre lang spazieren zu gehen? Warum sollte man nicht länger Verantwortung übernehmen? Die Konventionen, wie man zu leben, zu lieben, Karriere zu machen und Kinder zu erziehen hat, sind verblasst. Man hat die Freiheit, eine Lebensform zu wählen, die für die eigene Persönlichkeit wie maßgeschneidert erscheint. Ulrich Beck spricht in diesem Zusammenhang von der »strukturellen Individualisierung«, davon, dass die Menschen heute sehr viel mehr Optionen haben, wie sie ihr Privatleben gestalten wollen.

Man kann monogam leben oder promisk, Single bleiben oder heiraten, man kann früh Kinder bekommen oder spät, kann nur für die Familie leben oder nur für den Beruf, ohne dass jemand daran groß Anstoß nimmt. Außerdem kann heute jedes Paar selbst über seine häusliche Arbeitsteilung entscheiden: Wer kocht, wer wann bei den Kindern bleibt, wer die Finanzen regelt ...

Nur ist es leider im Moment so, dass diese neu gewonnenen Freiheiten auf eine anachronistische Berufswelt treffen. Wir leben längst in einer digitalen und wissensbasierten Dienstleistungsgesellschaft. Aber die Berufswelt ist noch so organisiert wie zu Hoch-Zeiten der Industriegesellschaft. Weil sie am Bild des männlichen Ernährers festhält und am Bild eines Menschen, der mit 18 weiß, was er studieren will, mit 24 weiß, was er beruflich machen will, mit 35 sozial alles erreicht hat und sich dann nichts sehnlicher wünscht als bis 65 denselben Job zu machen. Völlig illusorisch! Solange diese Gesellschaft nicht die Möglichkeit schafft, dass die Menschen auch später einsteigen und beruflich wieder neu anfangen können, so lange wird die Rushhour nicht verschwinden.

Warum nicht?

Der ganze Karrieredruck liegt jetzt auf dem Alter zwischen 30 und 40, weil dann die Weichen für die Karriere gestellt werden – im öffentlichen Dienst wie in der Wirtschaft. Aber das ist auch das Alter, wo die meisten Paare sich für Kinder entscheiden.

Mit der Folge, dass diejenigen das Nachsehen haben, die sich Zeit nehmen für die sorgfältige Erziehung von Kindern – und das sind nun einmal in der Regel die Mütter.

Ja, so ist es: Diejenigen, die Fürsorge leisten, werden diskriminiert. Es gibt eine aufschlussreiche Grafik von A. T. Kearney: Bis zum Alter von 34 Jahren sind Männer und Frauen noch gleich vertreten bei den Führungsaufgaben. Und danach wird der Frauenanteil immer kleiner und kleiner. Aus dem einfachen Grund, weil sich junge Frauen für eine bestimmte Zeit für die Fürsorge entscheiden – und dann erbarmungslos rausfliegen!

Und wer einmal ausgestiegen ist, hat kaum noch Aufstiegschancen?

Ja, aber das müsste nicht notwendigerweise so sein. Wir könnten die beruflichen Biografien anpassen und sagen: Warum kann die 44-jährige hochqualifizierte Frau nicht die gleiche Karriere machen wie der 34-jährige hochqualifizierte Mann? In Deutschland gibt es immer noch dieses bürokratische Monster einer kontinuierlichen Karriere. Deshalb müssen wir den Karrieredruck, der jetzt auf dem Alter zwischen 30 und 40 liegt, herausnehmen! Und das kann man nur durch eine Veränderung der Berufswelt erreichen. Ich fand das immer sehr erstaunlich: dass die Politik immer nur die Familie und die Menschen ändern will, insbesondere die Frauen will sie umerziehen. Die sollen sich nämlich wie die Männer verhalten, die keine Kinder haben … statt endlich darüber nachzudenken, wie man die Berufswelt verändern kann!

Was sind Ihre Vorschläge?

Drei Dinge müssen wir machen: Erstens dafür sorgen, dass

Quereinstiege im öffentlichen Dienst und in der Wirtschaft selbstverständlich werden. Zweitens müssen wir die Karrieremöglichkeiten in den typisch weiblichen Berufen verbessern. Und drittens müssen wir ein Anreizsystem schaffen für eine eigenständige Alterssicherung der Frauen. Fangen wir mit dem ersten Vorschlag an: Wir müssen die Ausbildungszeiten mehr über den Lebenslauf verteilen. Warum sollen die Universitäten nur Erstausbildungen machen und nicht auch Zweit- und Drittausbildungen?

Aber ist nicht der Bologna-Prozess schon ein Schritt in die richtige Richtung?

Doch, aber es muss klar sein, dass sich Männer und Frauen in der Lebensmitte noch einmal neu orientieren können. Und es muss auch klar sein, dass Wiedereinstieg plus neues Lernen zu neuen Karrieren führt! Stellen Sie sich vor: Sie sind seit zehn Jahren Erzieherin, bekommen zwei Kinder, machen dann zwei Jahre einen BA und werden eine hervorragende Lehrerin. Oder Sie sind Sozialarbeiterin im Jugendamt, setzen dann fünf Jahre aus, um Jura zu studieren – und mit 49 Jahren werden Sie Jugendrichterin. Ich glaube, die Qualität der Richtersprüche würde steigen!

Und wer finanziert die Weiterbildung? Was machen diejenigen, die arbeiten müssen und sich gar keine Auszeit leisten können?

In diesem Fall könnte der Staat einspringen und eine Art »Vor-Rente« bezahlen. Das hat der niederländische Ministerpräsident Wim Koek vorgeschlagen. Sie könnten einen Teil der Rentenbeiträge, die Sie eingezahlt haben, schon in der Lebensmitte für eine Weiterbildungsphase abrufen und dafür später in Rente gehen. Nehmen wir an, jemand ist seit zwanzig Jahren Mathelehrer und kann keine Teenager mehr sehen ... Dann geht er mit seiner Vor-Rente noch mal zwei Jahre an die Universität und wird Finanzbuchhalter in einer mittelständischen Firma. Wo ist das Problem?

Ihr zweiter Vorschlag lautet: mehr Aufstiegsmöglichkeiten in den typisch weiblichen Berufen. Nur wie soll man den umsetzen?

Warum kann die Krankenschwester nicht verkürzt Medizin studieren? Im ländlichen Bereich, da fehlen ja nicht die hochqualifizierten Fachärzte, sondern Leute, die das Alltagsgeschäft beherrschen: Grippe, Magen-Darm-Infekte, Platzwunden … Ich denke, dass es viele Krankenschwestern gibt, die heilfroh wären, wenn sie eine approbierte Zusatzausbildung bekämen, mehr Verantwortung übernehmen und mehr Geld verdienen könnten.

Warum gibt es in den Care-Berufen eigentlich fast keine Hierarchie- und Karriere-Stufen?

Weil sie in einer Zeit entstanden sind, als die jungen Frauen mit 16 von der Schule kamen, mit 25 heirateten und dann nicht mehr auf den Arbeitsmarkt zurückkehrten. Schauen Sie sich im Vergleich die Männerdomäne des Militärs an: Und wie viele Karriereschritte Sie da gehen können vom Gefreiten bis zum Hauptfeldwebel, selbst wenn Sie nur Hauptschulabschluss haben. Über Jahrhunderte hat man darüber nachgedacht, wie man die berufliche Motivation der Männer wachhalten kann.

Nun zum dritten und letzten Punkt: Wie können sich Frauen eine eigenständige Alterssicherung aufbauen?

Hier sollte sich Deutschland an Schweden orientieren: Dort haben die Frauen das Recht, bis zum achten Lebensjahr ihres letztgeborenen Kindes in Teilzeit zu arbeiten, also 25 bis 30 Stunden pro Woche. Und in dieser Zeit ist der Staat bereit, den Ausgleich zu zahlen zum Rentenbeitrag eines Vollzeitbeschäftigten. Das hat den Vorteil, dass die Frauen sich eine eigenständige Alterssicherung aufbauen und im Fall von Scheidung vor Altersarmut geschützt sind. Und außerdem sendet der Staat das Signal: Ihr jungen Frauen, ich begrüße und unterstütze das sehr, dass ihr euch für Kinder entscheidet und euch gut um sie kümmert. Aber achtet bitte darauf, dass ihr auch rechtzeitig wieder auf den Arbeitsmarkt zurückkommt.

Wie kann ich mir eine Weiterbildung leisten?

Ein Gespräch mit der Grünen-Fraktionsvorsitzenden
Katrin Göring-Eckardt

Bertram schlug in unserem Gespräch vor, dass der Staat die Bürger bei der Weiterbildung unterstützen müsse. Welche Konzepte haben Politiker? Wie reagieren die Parteien auf unsere neue Familienrealität, wie können wir gesellschaftliche Rahmenbedingungen schaffen für einen gelasseneren Umgang mit Familie und Beruf?

Alle Parteien befassen sich mittlerweile mit diesen Fragen; aber niemand stellt sie so in den Mittelpunkt ihres Programms wie die Grünen.

Katrin Göring-Eckardt ist seit 2013 Fraktionsvorsitzende von Bündnis 90/Die Grünen. Im Juli 2016 stellte ihre Fraktion im Bundestag den Antrag »Zeit für mehr – damit Arbeit gut ins Leben passt«. Wir treffen uns in einem Café in der Nähe ihres Thüringer Wahlkreisbüros.

Göring-Eckardt wirkt selbstbewusst und kämpferisch; nicht nur, weil sie selbst lange um Vereinbarkeit in ihrem Leben gerungen hat.

Frau Göring-Eckardt, Sie haben zwei mittlerweile erwachsene Söhne. Hatten Sie eine Lebensphase, in der sie viel Familienarbeit geleistet haben?

Ja, mehr jedenfalls. Bei mir ist es ja so, dass die Kinder in der Zeit rings um die friedliche Revolution geboren sind. Und in den Jahren, in denen man normalerweise wohl zu Hause geblieben wäre, war ich Teil dieser friedlichen Revolution, habe Politik gemacht. Aber ich persönlich fand's gut, immer beides machen zu können, Politik und Familie. Meinen Kindern hat's nicht geschadet. Was ein großes Glück ist und nicht selbstverständlich.

2001 war der Sommer der sogenannten »grünen Familienpolitik«. Worum ging es Ihnen?

Damals waren die Westgrünen in Bezug auf Familie weit hinter der Zeit zurück, man durfte das Wort »Familie« gar nicht in den Mund nehmen, weil es angeblich reaktionär war. Es war allerdings die Lebenswirklichkeit einer Mehrheit. Damals ging es darum, dass die Grünen alle Familien mal in den Fokus nehmen, dass man nicht sagt, die sind etwas für die CDU, die SPD kümmert sich um die Alleinerziehenden und wir kümmern uns um die Homosexuellen.

Weil Familien als »spießig« abgetan wurden?

Ja, und weil die vorangegangene Frauengeneration sich stritt, ob man als Politikerin zugleich Kinder und Beruf haben dürfe, ob man sich nicht entscheiden müsse. Tatsächlich waren die Rahmenbedingungen, um Kind und Karriere zu verbinden, noch viel schwieriger als heute. Und auch die männlichen Grünen-Funktionäre haben sich nicht gerade als besonders anders hervorgetan. In meiner Generation – Ost wie West – haben die Frauen dann gesagt: Was ist das hier eigentlich für ein Quatsch? Viele von uns haben Kinder, wollen Kinder und wie wäre es, wenn wir dieses Thema für die Grünen erobern?

Was wollten Sie verändern?

Wir wollten anfangen, die Sache vom Kind her zu denken und nicht mehr von der Art, wie die Eltern zusammenleben. Denn das Wichtige ist doch, wie geht es eigentlich den Kindern? Erst sind wir sehr beschimpft worden, und zwei Jahre später gab es einen Wahlkampf, der sich fast ausschließlich um Familienpolitik drehte.

Sie haben sich viele Gedanken gemacht, wie man Kinderarmut bekämpfen, die Familien mit mittleren und niedrigen Einkommen stärken kann. Wie denn? Heute gelten in Deutschland immerhin 2,7 Millionen Kinder unter 18 Jahren als armutsgefährdet.

Das Steuerrecht zu verändern, bringt dafür nicht viel. In meinem Thüringer Wahlkreis liegt das Durchschnittseinkommen Alleinstehender bei rund 1700 Euro, bei Paaren sind es etwa 3200 Euro. Denen hilft ein verändertes Steuerrecht nicht, weil sie im Vergleich nur wenig Steuern zahlen. Also bin ich in diesem Fall für direkte Transferleistungen: Wir Grünen wollen einen Kindergeld-Bonus für Alleinerziehende und für Familien mit niedrigen Einkommen. Wir fordern einen besseren Betreuungsschlüssel in den Kindergärten, mehr Ganztagsschulen. Und wir müssen unbedingt bezahlbaren Wohnraum schaffen.

Außerdem kämpfen Sie für eine neue Zeitpolitik. Was bedeutet das?

Wir plädieren beispielsweise für eine flexible Vollzeit, einen Arbeitszeit-Korridor zwischen 30 und 40 Stunden. Jeder Arbeitnehmer und jede Arbeitnehmerin soll das Recht haben, in Abstimmung mit dem Arbeitgeber in diesem Rahmen die Arbeitszeit zu reduzieren und dann wieder zum anfänglichen Stundenumfang zurückzukehren. Wir fordern das Recht auf Homeoffice als Ergänzung zum Büro-Arbeitsplatz. Wir wollen, dass Menschen, die unerwartet in eine Pflegesituation kommen, sich drei Monate freinehmen können und in dieser Phase eine Lohnersatzleistung beziehen. Wir wollen die Elternzeit auf 24 Monate ausdehnen und flexibilisieren. Mütter und Väter dürfen sich jeweils acht Monate freinehmen und dann gibt es noch mal acht Monate, die das Paar frei unter sich aufteilen kann. Von Arbeitgebern fordert das ein hohes Maß an Flexibilität. Aber wir sehen angesichts des Fachkräftemangels auch eine zunehmende Bereitschaft der Arbeitgeber für ein familienfreundliches Entgegenkommen.

Welche Ansätze gibt es da schon?

Es gibt Unternehmen – übrigens nicht nur die großen, in meinem Heimatland Thüringen findet man ebenso kleine und mittelgroße –, die sich nicht nur um eine gute Betriebskita bemühen, sondern auch um flexible Arbeitszeiten und einen guten Kontakt zu den Mitarbeitern, die gerade in Elternzeit sind. In

Zukunft wird es ein Bonus sein, mal aus der normalen Arbeitsmühle rausgegangen zu sein. Das muss klar sein, ohne dass wir jetzt noch mal diese alten Klischeebilder bemühen von den Managerinnen und Managern der Familie!

Ein wichtiger Baustein ist die Weiterbildung: Wie wollen die Grünen sie fördern?

Ziel ist es, eine Kultur der zweiten und dritten Chancen aufzubauen. In einer Zeit, in der ganze Branchen sich wandeln oder verschwinden, wollen oder müssen Menschen in der Mitte ihres Berufslebens etwas Neues anfangen. Alternativen zur geradlinigen Karriere sollen möglich werden. Egal, ob alleinerziehende Mutter oder ungelernter Hilfsarbeiter, alle sollen die Chance auf Weiterbildung haben.

Also müsste man in der Bundesagentur für Arbeit einen Kurswechsel anstrengen.

Ja, und das ist ein schwieriger Prozess. Die Bundesagentur für Arbeit ist eine große Einrichtung und wie bei einem Riesentanker sind Richtungsänderungen nicht mit einem Ruck am Steuerrad machbar. Die Mitarbeiter dort haben eine Ausbildung als Verwaltungsfachangestellte, wir brauchen aber auch den geschulten Blick fürs Soziale, für die gesamte Erwerbsbiografie. Denn hier geben wir sehr viel Geld aus und hier gibt es viel gutes Personal. Und wir wären dumm, wenn wir das nicht dafür nutzen würden, dass die Arbeitnehmer fit sind, fit bleiben und so ganzheitlich wahrgenommen werden, wie das für den Arbeitsmarkt erforderlich ist.

Die Grünen wollen das Ehegattensplitting abschaffen und für alle neu geschlossenen Ehen eine Individualbesteuerung einführen.

Ja, diese Regelung soll für neue Ehen gelten, bestehende Paare sollen zwischen den Modellen wählen können. Denn man kann ja nicht rückwärtig die Lebensentscheidungen von Menschen diskreditieren oder bestrafen.

Sie selbst haben aber mal in einem Interview gesagt, dass

das Ehegattensplitting zu zwei Dritteln Familien mit Kindern zugutekommt. Das könne man nicht ersatzlos abschaffen.

Das stimmt, aber es ist primär eine Förderung der Ehe und weniger der Familie und der Kinder. Eine Alternative ist zum Beispiel der von uns vorgeschlagene Kindergeldbonus oder nach vorn gedacht: eine Kindergrundsicherung für alle Kinder. Oder eben die Lohnersatzleistung für Erziehung und Pflege. Oder die sofortige Übertragung von Rentenansprüchen an den Partner, der mehr unbezahlte Familienarbeit leistet.

Für das Nacheinander-Prinzip wäre Individualbesteuerung allerdings ein Tiefschlag. Familien, in denen ein Elternteil etliche Jahre die Fürsorge-Arbeit übernimmt, werden finanziell schlechtergestellt.

Das gilt aber nur, wenn man die Steuerlast allein in den Blick nimmt. Ich finde, man muss die Individualbesteuerung einführen und mögliche Nachteile ausgleichen – durch direkte Förderung und durch Infrastrukturmaßnahmen wie den Ausbau der Ganztagsbetreuung.

Wichtig für das Nacheinander-Prinzip wäre, dass Mütter und Väter auch nach einer Familienphase noch Karriere machen können. Was macht man mit diesen geschriebenen und ungeschriebenen Altersnormen? Von wegen: Man müsste es bis zum Alter von 35 Jahren geschafft haben …

Sie legen den Finger in die Wunde: Diese Normen sind oft ungeschrieben. Gründe, die es mal dafür gab, die sind sehr, sehr alt. Die hießen etwa, im Alter von fünfzig Jahren sei man geistig und körperlich nicht mehr fit. Absurd! Über sowas müssen wir als Gesellschaft diskutieren, über den Wert von Erfahrung und Lebensleistung. Und dort, wo es festgeschrieben ist, müssen wir den Deckel heben und diese Altersgrenzen aufheben.

Kennen Sie Beispiele aus dem öffentlichen Dienst?

Bei der Bundespolizei kommen nur diejenigen für den höheren Dienst in Frage, die jünger sind als 34 Jahre … Es wird mehr und mehr dazu kommen, dass Leute, die engagierte Eltern sind, wieder reingeholt werden ins System.

Kann es sein, dass die Grünen immer das Wort »Wiederein-stieg« vermeiden?

Ja. Wir wollen nicht diesen starken Gegensatz aufbauen zwischen draußen und drinnen, Ausstieg und Einstieg, Arbeit und Leben. Wir wollen, dass das miteinander verzahnt bleibt. Deshalb sprechen wir nicht ständig von »Wiedereinstieg«, Sprache setzt ja Signale. Mütter sollen nicht ins Abseits geraten und dann irgendwelche Wiedereinstiegsprogramme verpasst bekommen. Das fühlt sich dann an wie »Resozialisierung«. Es geht doch aber vielmehr darum, den Schatz neuen Wissens und neuer Erfahrungen für den Beruf nutzbar zu machen. Vorbildliche Unternehmen laden Mitarbeiter, die gerade in Erziehungszeit sind, regelmäßig ein und lassen sie an Fortbildungen teilnehmen. Das ist klug. Denn sich diese Demografie-Reserve zu bewahren, wird in Zukunft zu einer zentralen Aufgabe. Auch für die Agentur für Arbeit, die ja nicht Arbeitslosigkeit verwalten soll, sondern rechtzeitig investieren in die Qualifikationen und Chancen der Menschen. Wir schreiben bald das Jahr 2018 und es kann nicht sein, dass wir immer noch über gläserne Decken, Teilzeitfallen und Minijobs reden.

Wo gibt es ein Forum für einen zeitgemäßen Feminismus? Lesen Sie beispielsweise noch die ›Emma‹?

Nein, aber die Journalistinnen von *Edition f* sind auf meinem Radar. Und ich nehme gerade diese neue Frauenszene wahr, die sehr stark über das Netz kommuniziert. Kennen Sie den Blog »Mama arbeitet«? Christine Finke ist alleinerziehend und redet manchmal brutal offen über ihren Alltag: wie schwer es ist, genug zu verdienen und ihren drei Kindern gerecht zu werden. Mich hat das im Wahlkampf richtig angetrieben, dass das nicht mehr so sein muss, dass Frauen wie Christine Finke endlich die Möglichkeit bekommen, in aller Ruhe zu arbeiten, auch mal zu leben und nicht immer nachdenken zu müssen, ob sie genug Geld für den Weihnachtsbaum haben.

Was tun Arbeitgeber für die Familien?

Ein Gespräch mit der Personalleiterin Christiane Grunwald

Wie können wir die Unternehmen reformieren und den Bewusstseinswandel vorantreiben, damit das Nacheinander-Prinzip für immer mehr Frauen und Männer eine gute und realistische Option wird? Das zu beantworten, ist nicht allein Aufgabe der Politik, auch die Wirtschaft muss entscheidende Impulse setzen. Ich wollte wissen: Was tun die Arbeitnehmer jetzt schon, um ein familienfreundliches Klima zu schaffen?

Immer wieder fällt im Zusammenhang mit progressiver Personalpolitik der Name der Firma Trumpf. Ursprünglich ein schwäbischer Mittelständler, ist sie heute eine Weltfirma mit fast 12 000 Mitarbeitern und 3,1 Milliarden Euro Umsatz. Trumpf ist Marktführer bei Werkzeugmaschinen für die Blechbearbeitung und bei industriellen Lasern. Inzwischen bietet die Firma ihren Kunden auch die digitale Vernetzung ihrer Maschinen an. Gebraucht werden diese zum Beispiel in der Automobilindustrie, aber auch in vielen anderen Industriezweigen.

Dr. Christiane Grunwald hat als Diplomkauffrau schon über Fragen der Personalerhaltung promoviert. Seit 2001 arbeitet sie bei Trumpf im Bereich Human Resources, seit 2015 als Personalleiterin im Stammhaus in Ditzingen bei Stuttgart. Sie hat dazu beigetragen, die spektakulären Arbeitszeitreformen in ihrem Unternehmen zu etablieren.

Grunwald wirkt im Gespräch zugewandt und pragmatisch; manchmal klingt ihr schwäbischer Dialekt durch.

Frau Grunwald, seit 2012 haben die Mitarbeiter bei Trumpf ein neues Arbeitszeitmodell. Wie sieht das aus?

Wir haben die sogenannte »Wahlarbeitszeit« eingeführt. Durch sie können unsere Mitarbeiter alle zwei Jahre von Neuem wählen, wie viele Stunden pro Woche sie arbeiten wollen.

Das Minimum sind 15, das Maximum 40 Stunden. 25-jährige Hochschulabsolventen möchten nämlich anders arbeiten als 40-jährige Väter oder Mütter. Wer auf den Hausbau spart, hat andere zeitliche Wünsche als jemand, der einen Angehörigen pflegen muss. Wir haben verstanden, dass wir die Lebenswirklichkeit der Menschen heute nicht mehr auf Dauer mit einem Standard-Arbeitsvertrag abbilden können, sondern nur durch die Möglichkeit zu individuellen Lösungen. Wir haben das Trumpf-Familien-und-Weiterbildungszeitkonto für Auszeiten bis zu sechs Monaten.

Wieso spricht man von einem »Konto«?

Weil unsere Mitarbeiter bis zu tausend Stunden auf dieses Arbeitszeitkonto einzahlen und das Guthaben später abrufen können. Für längere Auszeiten bieten wir einen Vertrag für ein Sabbatical an, in dem das Entgelt während Arbeits- und Freistellungsphase auf einem gleichbleibend stabilen Niveau gehalten wird, indem jemand zum Beispiel ein Jahr für die Hälfte seines Lohns arbeitet und sich die andere Hälfte während des Freistellungsjahres auszahlen lässt.

Kann man nach diesen längeren Auszeiten zurückkehren auf eine ähnliche Stelle?

Ja, man hat Anspruch auf eine gleichwertige Stelle … Also wenn ich jetzt ein Jahr pausieren würde, um mich um meine hochbetagten Eltern zu kümmern, dann hätte ich das Recht, danach wieder in einer gleichwertigen Stelle zu arbeiten, allerdings vielleicht in einem anderen Bereich und vielleicht auch an einem anderen Standort. Das hängt auch davon ab, wo wir gerade Bedarf haben.

Was waren die Motive der Geschäftsführung, die Einführung des neuen Arbeitszeitmodells zu wagen?

Es ist ja kein Geheimnis, dass Fachkräfte knapper werden. Und zwar besonders bei den Ingenieuren und IT-Spezialisten, die den Kern unseres Unternehmens ausmachen. Deshalb möchten wir als Arbeitgeber so attraktiv wie möglich sein. Für die hochqualifizierten Frauen zum Beispiel, die Arbeit und Familie zusammenbringen wollen. Für die Physiker, die auch Väter oder Abenteurer sein wollen ... Es soll kein Makel mehr sein, Zeit für sich oder seine Familie in Anspruch zu nehmen. Unser Angebot an Flexibilisierung ist so elastisch, dass sich die Aufgabe in alle Lebensplanungen einfügen lässt.

Bekommen Sie den Generationenwechsel zu spüren?

Ja, wenn ich an die Generation meiner Eltern denke, die die Kriegsjahre erlebt haben: Für die war die Arbeit der absolute Mittelpunkt des Lebens. Die jungen Leute sind nicht mehr so wild aufs Arbeiten, Arbeiten, Arbeiten. Denen sind andere Dinge auch wichtig, die möchten die Welt kennenlernen und sich vernetzen.

Ihre neue Chefin ist promovierte Literaturwissenschaftlerin und Mutter von vier Kindern. Am Anfang waren viele erst einmal skeptisch: Würde eine Frau, eine Nicht-Ingenieurin, eine Quereinsteigerin es schaffen, an der Spitze des weltweit größten Werkzeugmaschinenherstellers zu stehen? Aber dann hat Nicola Leibinger-Kammüller das Unternehmen auf beeindruckende Weise durch die Wirtschaftskrise geführt ...

Ich weiß noch: Der 1. Oktober 2009! Wir kamen aus einer Informationssitzung raus und hatten null Maschinen verkauft. Das gab's noch nie in der Geschichte von Tumpf. Alle sprachen schon von Krise, wir dachten, es kommt nicht so schlimm. Aber dann kam es doch ganz ganz schlimm. Und damals hat die Familie gut entschieden: Ja, wir sparen, aber wir trennen uns von niemandem. Außerdem hat die Familie 60 Millionen Euro aus der Privatschatulle in die Firma investiert und die Führungskräfte haben freiwillig auf einen Teil ihres Gehaltes verzichtet. Es gab damals eine ganz ernste Stimmung, eine Stimmung des »Wir kriegen das zusammen hin!«. Und als die Krise vorbei war, sind wir wie ein Phönix aus der Asche aufgestiegen.

Wieso?

Weil wir unsere hochqualifizierten Mitarbeiter alle noch an

Bord hatten und sofort loslegen konnten. Während die anderen Firmen erst wieder mühsam ihre Belegschaft aufbauen mussten.

Selbst als die Produktion fast zum Erliegen kam, haben sich die Mitarbeiter bei Ihnen nicht gelangweilt. Weil die Geschäftsführung sich für ein unkonventionelles Bildungsprogramm entschieden hatte.

In den Monaten der Kurzarbeit haben wir überlegt, wie wir den fünften Tag in der Woche nutzen können: Wir haben unsere Mitarbeiter in den angrenzenden Schnittstellenbereichen hospitieren lassen, um das Verständnis für übergreifende Prozesse zu fördern. Beispielhaft hat ein Ingenieur unsere Servicetechniker unterstützt, die extern zu Kunden fahren und akute Probleme an Maschinen beheben. Heute höre ich noch Kollegen schwärmen, damals, als Kurzarbeit war, da habe ich das und das gelernt.

Und durch die Krise wurde noch einmal deutlich, was Flexibilität für ein Unternehmen bedeutet?

Ja, wir hatten damals schon sogenannte »Regelarbeitszeitkonten«: Damit konnte man bis zu 300 Überstunden machen oder bis zu 200 Stunden unter seinem Soll bleiben. Als die Krise kam, haben unsere Mitarbeiter erst einmal ihre Konten abgebaut. Diese Flexibilität brauchen wir, um saisonale und konjunkturelle Schwankungen auszugleichen. Aber auch unsere Mitarbeiter brauchen Flexibilität.

Und deshalb haben Sie 2012 das neue Arbeitszeit-Modell eingeführt, das in ganz Deutschland und sogar im europäischen Ausland für Aufsehen sorgt. Welche Widerstände und Befürchtungen gab es?

Natürlich hatten wir Bedenken, dass auf einmal alle Mitarbeiter weniger arbeiten und stattdessen an ihrem Häusle bauen wollen. Aber diese Befürchtung war völlig unbegründet: Bisher wollen überhaupt nur rund ein Fünftel von ihrer ursprünglichen Arbeitszeit abweichen; und von diesen wollen nur 30 Prozent weniger, aber 70 Prozent mehr arbeiten als vorher!

Was passiert in Zeiten der absoluten Hochkonjunktur?

Dürfen die Mitarbeiter ihre Arbeitszeit dann trotzdem reduzieren?

Natürlich dürfen sie das. Dort, wo kein Ausgleich möglich ist, nehmen wir einfach neue Mitarbeiter an Bord.

Aber was machen Sie, wenn jetzt auf einmal ganz viele reduzieren?

Das werde ich ständig gefragt in Interviews zu diesem Thema! Aber das passiert nicht. Die Menschen sind verschieden, manche erhöhen, manche reduzieren, das gleicht sich meist aus.

Bei welchen Unternehmen kann eine lebensphasenorientierte Arbeitszeit funktionieren?

Ich glaube, das einzige, was man wirklich braucht, ist eine gute Altersmischung im eigenen Unternehmen.

Braucht man nicht auch eine kritische Masse von Mitarbeitern?

Ich glaube, dass es immer möglich ist, aber dass es besonders gut geht, ab mindestens 200 Mitarbeitern. Aber mit 20 Mitarbeitern geht es auch! Wenn Sie mit allen ordentlich sprechen und wissen, was deren Pläne sind. Die eine sagt, ich bin Mitte fünfzig, meine Eltern sind alt, die nächsten drei Jahre kannst du nicht auf mich zählen. Und die andere sagt, ich bin Mitte zwanzig, also in den nächsten drei Jahren kannst du auf mich zählen. Aber danach würde ich gerne eine Familie gründen ...

Ist das so wie bei Bosch, wo Elternzeit inzwischen als Karriere-Baustein betrachtet wird?

Ja, es gibt bestimmte Karrierebausteine: Dazu zählen ein Wechsel des Geschäftsbereichs und der Funktion, Personalverantwortung, die Leitung eines Projekts sowie berufliche Auslandserfahrung ... Die Elternzeit ist ein Ersatzbaustein, wenn man zum Beispiel sagt: Dieser Mitarbeiter konnte nicht ins Ausland gehen, weil seine Frau krank war und er sich um seine Kinder gekümmert hat. Dann ist das für uns auch jemand, der mit einer schwierigen Situation umgehen kann. Und was ist denn letztendlich eine Führungsleistung? Genau das. Mütter sind extrem gut organisiert und wissen ihre Arbeitszeit zu nutzen. Das bemerken wir immer. Und dann sagen wir nicht: Ach, die waren zwei Jahre lang nicht in der Firma, sondern wir glauben: Hey, die lernen da auch etwas dazu!

Halten Sie während der Elternzeit den Kontakt?

Wir geben unseren »Aussteigern« die Möglichkeit, sich über die aktuellen Entwicklungen zu informieren. »Was gibt's Neues bei Trumpf?« heißt ein Workshop-Format. Das hilft den Müttern, auf dem Laufenden zu bleiben, und wir Personaler wissen rechtzeitig: Aha, das dritte Kind ist aus dem Gröbsten raus, also in einem halben Jahr kommt sie wieder. Und dann finden wir eine Stelle. Wirklich, in so einem großen Unternehmen tut sich eigentlich immer etwas auf …

Worauf achten Sie bei Wiedereinsteigerinnen?

Ich will wissen, was sie in der Familienphase alles gemacht haben. Waren sie in Anführungszeichen »nur« zu Hause oder haben sie sich noch anderweitig engagiert: bei der Nachbarschaftshilfe, der Integration von Flüchtlingen, beim Konfirmandenunterricht?

Fragen Sie danach, wie jemand seine Familienarbeit gestaltet hat? Ist das auch aussagekräftig?

Aber zu privat, als dass ein Personaler intensiv danach fragen dürfte … Aber wir schauen uns den ganzen Menschen an.

Zählen Fähigkeiten und Persönlichkeit inzwischen mehr als formale Qualifikationen?

Es muss beides stimmen, aber im Software-Bereich haben wir etliche Autodidakten angestellt, Hacker und Nerds. Ich weiß nicht, ob Sie das schon wissen? Aber Trumpf hat einen Venture-Capital-Fond und eine Software-Firma mit Namen »Axoom«, die ihren Sitz in Karlsruhe hat. Da gelten noch ganz andere Arbeitsbedingungen als hier, viel laxer und lockerer. Denn diese jungen Leute arbeiten oft lieber nachts als am Tage. Aber das stört uns nicht, solange das Ergebnis stimmt.

Durch die immer schnelleren Innovationszyklen im Inneren

Ihres Unternehmens werden doch sicher viele Arbeitsplätze überflüssig. Halten Sie trotzdem an Ihren Mitarbeitern fest?

Ja, Sie haben Recht! Durch die Digitalisierung werden Arbeitsplätze in der Produktion von Maschinen übernommen, so dass wir die Mitarbeiter in Zukunft dort ehrlicherweise nicht mehr brauchen werden. Aber genau diese Mitarbeiter werden von uns ganz gezielt und langfristig auf neue Arbeitsplätze hin geschult. Die meisten müssen vor allem im IT-Bereich etwas dazulernen. Und deshalb haben wir für die ein eigenes »Industrie 4.0- Personalentwicklungsprogramm« aufgesetzt.

Werden sie im Haus geschult?

Schon lange. Aber Seminare sind das eine, das »Learning on and near the job« das andere. Wir haben sowohl mit den Führungskräften als auch mit den Mitarbeitern Workshops durchgeführt und sie gefragt: Wo geht die Welt hin? Was fehlt euch, um darin zu bestehen? Was würdet ihr gerne dazulernen? Und nicht: Hier habt ihr und jetzt müsst ihr – sonst fällt euer Job weg!

Es heißt doch immer, dass die einfachen Mitarbeiter in der »Industrie 4.0« kaum noch Chancen haben.

Ja, aber dieses Problem haben wir eigentlich nicht. Wir sind ein Hochtechnologie-Unternehmen und die meisten Mitarbeiter sind Fachkräfte.

Wer unterrichtet die Weiterbildungskurse?

Teilweise sind das Personalentwickler, aber wir setzen auch Spezialisten aus unserem Haus ein, zum Beispiel Software-Entwickler oder Serviceleiter. Die machen nicht nur ihre tägliche Arbeit, sondern helfen auch denjenigen, die sich entwickeln wollen. Wir wollen nämlich gemeinsam in die digitalisierte Arbeitswelt gehen. Und wenn es mal zwei Leute gibt, die sich gar nicht mehr mit dem Computer anfreunden wollen, dann finden wir auch noch zwei analoge Arbeitsplätze. Die müssen deshalb nicht gehen.

Gibt es meinen Job in zehn Jahren überhaupt noch?

Ein Gespräch mit dem Arbeitsforscher Klaus F. Zimmermann

Einerseits herrscht in Deutschland fast Vollbeschäftigung und ein wachsender Fachkräftemangel. Andererseits weiß niemand so genau, wie der Arbeitsmarkt der Zukunft aussehen wird: Fallen Jobs weg? Oder werden sie nur anders? Wird die Digitalisierung das Nacheinander-Prinzip begünstigen? Sind wir als Gesellschaft überhaupt dafür gerüstet, und was müssen wir beachten? Und immer mehr Menschen quält die Sorge: Existiert mein Job in Zukunft eigentlich noch?

Diese Fragen wollte ich mit Klaus F. Zimmermann erörtern. Er lehrt und forscht als Ökonomie-Professor an namhaften Universitäten in Deutschland, den USA, China. 1998 gründete er in Bonn das Institut zur Zukunft der Arbeit (IZA), das er bis 2016 leitete, außerdem war er langjähriger Präsident des Deutschen Instituts für Wirtschaftsforschung (DIW) in Berlin. Gerade ist er zurückgekommen von einem längeren Forschungsaufenthalt in Australien, sitzt jetzt in seinem Bonner Arbeitszimmer.

Er spricht lebhaft und gestikuliert viel; man merkt, dass er für sein Thema brennt.

Herr Zimmermann, das Moore'sche Gesetz besagt, dass sich die Rechenleistung neuer Computerchips etwa alle zwei Jahre verdoppelt. Die Fortschritte im Bereich der künstlichen Intelligenz sind atemberaubend. Was überwiegt bei Ihnen, die Faszination oder die Angst, als Mensch überflüssig zu werden?
Die Faszination natürlich.

Aber es gibt Prognosen, dass 42 Prozent der Beschäftigung in Deutschland mittelfristig von Automatisierung bedroht sind. Wie kommt es, dass angesichts dieser Zahlen niemand in Panik verfällt?

Ich kenne diese Prognosen. Aber ein alternatives methodisches Vorgehen liefert ein weniger dramatisches Bild. Demnach weisen nur 12 Prozent der deutschen Arbeitsplätze ein relativ hohes Automatisierungsrisiko auf. Die Arbeit wird nicht weniger. Sie wird anders.

Wieso sind Sie sich da so sicher?

So war es bisher immer in der Geschichte der Menschheit, wenn technische Erfindungen ein neues Zeitalter heraufbeschworen. Im Zuge der Industrialisierung oder beim Übergang zur Dienstleistungsgesellschaft. So wird es auch beim Übergang zur Informationsgesellschaft sein. Die menschliche Motivation zur Gestaltung der Welt und die Marktmechanismen sorgen dafür. Vor zwanzig Jahren wurde viel über das Buch *Vom Ende der Arbeit* des amerikanischen Ökonomen Jeremy Rifkin diskutiert. Aber ich habe nie an das Ende der Arbeit geglaubt. Und wenn man sich die heutige Realität in Deutschland ansieht, dann ist die sehr weit entfernt von dem, was Rifkin vorausgesagt hat.

Trotzdem werden Berufe verschwinden. Welche wird es zuerst treffen?

Solche, bei denen Präzision und Routine eine große Rolle spielen. Steuerberater, Richter und Piloten sind zum Beispiel stärker bedroht als Architekten, Ärzte und Psychologen. Zukunftssichere Berufe zeichnen sich eher durch hohe Anforderungen in den Bereichen Kreativität, soziale Intelligenz und unternehmerisches Denken aus. Auch Tätigkeiten im Bereich Bildung, Erziehung und Pflege sind zukunftssicher.

Im menschlichen Sektor hat man eine gute Chance?

Ja, wenn man sich auf das besinnt, was uns als Menschen ausmacht, muss man so schnell keine Angst haben, von einem Roboter ersetzt zu werden.

Sie haben mal die These aufgestellt, das Wirtschaftswachstum der Zukunft sei weiblich. Glauben Sie das immer noch?

Ja, weil die jungen Frauen heute so gut ausgebildet sind wie nie zuvor in der Geschichte. Auch stärkt die Tatsache, dass Muskelkraft in vielen Berufen an Bedeutung verliert, die relative Position der Frauen auf dem Arbeitsmarkt. Sprachbegabung und Sozialkompetenz werden oft als Stärken des weiblichen Geschlechts beschrieben. Auch das sind Eigenschaften, die in der digitalen Dienstleistungsgesellschaft sehr gefragt sind.

Sollten Kinder programmieren lernen? Die Digitalisierungsbotschafterin Gesche Joost fordert ja zum Beispiel digitale Bildung ab der dritten Klasse. Andererseits ist die Kombination von körperlichen, seelischen, geistigen, sozialen und schöpferischen Fähigkeiten das, was Maschinen nicht so ohne weiteres erzeugen können.

Wir brauchen beides: Selbstbewusste und motivierte Leute, die genug Grundkenntnisse von der Welt haben, Probleme lösen und die richtigen Fragen stellen können. Denn wir haben den Computer ja immer dabei und somit Zugriff auf eine gigantische Datenbank. Und das heißt, wir müssen nicht alle Details im Kopf haben. Andererseits: Wer noch nie Details beherrscht hat, der versteht auch die größeren Zusammenhänge nicht.

Sie sehen die Digitalisierung erstaunlich optimistisch ...

Nicht alles. Es herrscht hoher Anpassungsdruck, die Gefahr, vorübergehend arbeitslos zu sein. Und dass wir im Moment noch nicht wissen, wie wir das sozial besser abfedern können ... Die Monopolstellung der großen Internetfirmen wie Google, Facebook und Microsoft muss beobachtet werden. Die wachsende Unsicherheit in der Frage, was mit unseren persönlichen Daten geschieht. Und die Tatsache, dass man etwa als Politiker gar nicht mehr daran vorbeikommt, bei den sozialen Netzwerken mitzumachen. All das birgt Gefahren. Ihre Mitglieder sind der Netzgemeinde potentiell ausgeliefert, können Opfer von Fehlinformationen und Kampagnen werden – und dann auf Dauer gebrandmarkt sein. Wenn man einmal falsch drin ist, kommt man kaum mehr raus – mit allen peinlichen Fakten, Bildern und Geschichten. Deshalb sollten wir unseren Umgang damit gut reflektieren und uns darauf gefasst machen, dass unsere potentiellen Arbeitgeber sich später einmal fragen: Was kann ich über diesen Kandidaten aus dem Internet lernen?

Wie verändert das Internet die Formen und Strukturen der Arbeit? Werden wir in Zukunft alle vom Küchentisch zu Hause arbeiten? Oder in riesigen Großraumeinheiten?

Nicht mehr Fabriken und Büros, nicht mehr feste Arbeitszeiten und Hierarchien bestimmen die Arbeit der Zukunft, sondern Information und Wissen, vernetztes Denken und Handeln. Teamorientierte Projektarbeit ist auf dem Vormarsch, das Arbeiten von unterwegs und von zu Hause wird selbstverständlich.

Wird es dadurch leichter, Beruf und Familie zu vereinbaren?

Ja, die Chancen sind heute so gut wie nie zuvor. Die Digitalisierung ermöglicht Arbeitsformen, die nicht so stark von physischer Präsenz abhängen. Da kann man vieles in einen normalen Hausarbeitstag hineinbringen.

Sie sagen, dass sich gerade ein neuer Typus des »Arbeitnehmerselbstständigen« ausbildet. Was ist das?

Die atypischen Beschäftigungsverhältnisse nehmen zu. Es gibt mehr Freelancer, die in Zeit-, Honorar- und Projektverträgen arbeiten. Auch die Zahl der Selbstständigen steigt, Solopreneure und kleine Firmen, die wenige feste und viele freie Mitarbeiter beschäftigen, prägen den neuen Mittelstand. Die Grenzen zwischen Arbeitnehmer und Unternehmer verschwimmen.

Goldene Zeiten für Wieder- oder Quereinsteigerinnen?

Durchaus. Eine zweite und dritte Ausbildung, die Unterbrechung eines normalen Arbeitsverhältnisses durch Phasen der Familienarbeit, der Arbeitssuche, der Selbstständigkeit beziehungsweise der ehrenamtlichen Tätigkeit – solche weniger »geradlinigen« Erwerbsbiografien werden in Zukunft immer häufiger anzutreffen sein und keinen Makel mehr darstellen. Jedenfalls wird es normaler sein, dass sowohl die Frauen als auch die Männer Brüche in ihren Erwerbsbiografien haben. Inzwischen spricht man ja nicht nur von Patchwork-Familien, sondern auch von Patchwork-Biografien.

Wenn beide Eltern in der Phase der Familiengründung Vollzeit arbeiten, bleibt menschlich doch vieles auf der Strecke. Doppel-Vollzeit-1,4-Kinder, das kann nicht das einzige Modell sein für unsere Gesellschaft!

Da haben Sie sicher Recht. Aber die Frage ist, soll die Erziehung hauptsächlich in der Familie stattfinden? In Deutschland kommen die Kinder mittags nach Hause. In Frankreich sind sie tagsüber lang in der Schule. Das ist eine andere Organisation der Gesellschaft. Aber natürlich ist kein Schulsystem derart beschaffen, dass es einfach die Rolle der Eltern übernehmen könnte ... Doch noch mal einen Schritt zurück: Ich bin ein Freund von Flexibilität und sanften Übergängen. Sie haben jetzt zwei Extreme einander gegenübergestellt: Entweder man arbeitet gar nicht oder man arbeitet Vollzeit. Aber ist es nicht besser, man bleibt mit einem Fuß im Beruf?

Stimmt es denn, dass man durch eine Familienphase sein Humankapital entwertet?

Man muss anerkennen, dass das Führen eines größeren Haushalts und das Aufziehen von Kindern große Leistungen sind, die auch Qualifikationen hervorbringen, die wir auf dem Arbeitsmarkt gebrauchen können ... Aber es gibt leider ein Problem mit dem, was die Ökonomen »Signalling« nennen. Wie sollen die Firmen wissen, dass ich etwas leisten kann und in der Zwischenzeit gute Sachen gemacht habe? Die brauchen nun mal Belege ... und rein fachspezifisch finden in der Regel doch Humankapitalverluste statt. Sie können nicht erwarten, dass Sie an genau demselben Punkt beruflich anfangen können, an dem Sie vor fünf Jahren aufgehört haben. Oder dass Sie sofort mit Frauen und Männern gleichziehen, die über fünf Jahre mehr Berufserfahrung verfügen.

Aber wie kommt man nach einigen Jahren Erziehungsurlaub überhaupt in die Situation, aufholen und sich beweisen zu können?

Am meisten kann man wahrscheinlich punkten, wenn man

sich in der Familienphase weiterbildet oder sogar noch mal studiert.

Sie haben ja mal gesagt, das lebenslange Lernen sei heute die oberste Bürgerpflicht. Garantiert das Beschäftigung?

Eine gute Ausbildung und die Bereitschaft, sich ständig weiterzuentwickeln, sich neues Wissen anzueignen, neue Nischen zu suchen.

Gibt es denn an den deutschen Hochschulen das Angebot dafür?

Nicht ausreichend. Wir in den Hochschulen konzentrieren uns ja am liebsten auf den Doktorandennachwuchs. Die Weiterbildung nimmt einen viel zu kleinen Raum ein. Warum eigentlich? Auch die Leute, die im Arbeitsmarkt geblieben sind, brauchen ja mal eine Auffrischung. Die amerikanischen Universitäten bieten das schon an, für viel Geld natürlich. Da gibt es inzwischen einen großen Markt für die Aus- und Weiterbildung von Erwachsenen.

Wie könnte man das in Deutschland strukturell umsetzen?

Man könnte erst einmal die vorhandene Infrastruktur der Universitäten, Fachhochschulen und Berufsakademien nutzen, ein paar neue Räume und Stellen schaffen und vor allem neue Abschlüsse.

Die Bevölkerung schrumpft. Zugleich sind die Menschen länger gesund und leistungsfähig. Sie haben sogar die Rente mit 70 gefordert ...

Ja – und wurde beschimpft. Aber was ist wohl besser? Das Rentenniveau zu senken und noch mehr Lasten auf die Schultern der nachwachsenden Generation zu packen? Oder die Mehrarbeit von Menschen in ihren Sechzigern und Siebzigern, die noch etwas beitragen wollen?

Und was würde das für die Zukunft unserer Arbeit bedeuten?

Schon jetzt herrscht in vielen Branchen ein Mangel an Arbeitskräften. Der Ausfall auf der Angebotsseite kann aber teilweise ausgeglichen werden: Die Arbeit wird durch unsere technischen »Prothesen« produktiver. Und dank des medizinischen Fortschritts können wir länger im Leben arbeiten. In jungen Jahren sind wir ungestümer, haben Lust zu experimentieren und Neues auszuprobieren. Im höheren Alter haben wir eine Menge Berufserfahrung. Vor zwanzig Jahren hat ein großer Teil der deutschen Firmen keine Arbeitnehmer über 50 mehr beschäftigt und geglaubt, dass Menschen nur bis 60 arbeiten können. Ein Jugendwahn, von dem wir längst Abschied genommen haben. Es gibt Altersforscher, die behaupten, dass man in einigen Berufen zwischen 60 und 70 die produktivste Phase seines Lebens haben kann.

Wenn ich diese fünf Gespräche noch einmal sehr kurz zusammenfasse, dann vielleicht so: Die Demografie spielt uns in die Tasche, es gibt einige sehr fortschrittliche Unternehmen, und auch die Politik wacht so langsam mal auf.

Aber ein gewisses Spannungsverhältnis bleibt bestehen. Klar für das Nacheinander-Prinzip spricht das Argument der Resonanz-Erfahrung, die man intensiver macht, wenn man sich im jeweiligen Lebensabschnitt auf eine Aufgabe konzentriert, statt beschleunigt durchs Leben zu hetzen.

Andererseits ist damit das Humankapital-Argument, dass eher dafür spricht, beruflich am Ball zu bleiben, nicht völlig entkräftet. Deshalb will dieses Buch ja auch nicht verabsolutieren, sondern dabei helfen, den individuell passenden Weg zu gehen und auch die privaten und gesellschaftlichen Voraussetzungen dafür zu schaffen.

Worin sich alle Experten wohl einig sind: Wir brauchen mehr Flexibilität und zugleich bessere gesellschaftliche Rahmenbedingungen, damit dieses wünschenswerte Mehr an Flexibilität nicht zu einem neuen Prekariat der Einzelkämpfer führt.

Zimmermann äußert sich positiv über die wachsende Anzahl der Selbstständigen und spricht von einem neuen Typus; den wollte ich mir noch einmal genauer ansehen. Gründerinnen,

Jobsharer, Mompreneurs – ihnen ist das nächste Kapitel gewidmet.

Teil 5 Metamorphosen

Eine weibliche Gründerzeit

In der israelischen Gesellschaft existiert ein sehr interessantes Phänomen: Zahlreiche Männer kehren nach langen Jahren im Militärdienst zurück, finden keine Arbeit auf dem traditionellen Arbeitsmarkt und gründen Start-ups. Der Boom der israelischen IT-Branche lässt sich unter anderem so erklären.

Gibt es vielleicht Parallelen in Deutschland? Ja, auch hier kann man gerade eine neue Gründerzeit beobachten – und viele ihrer strahlenden Protagonistinnen sind Mütter, die ausgestiegen sind und sich neu erfunden haben. Im »Corporate Hamsterrad« dürfen oder können sie nicht mehr funktionieren, wenn sie ihre Familien nicht im Stich lassen wollen. Ein Angestelltenverhältnis in einem konservativen und familienfeindlichen Unternehmen kommt für sie nicht mehr in Frage. Aber selbstverständlich wollen sie ihre Qualifikationen auch jenseits der Familien nutzen.

Bei den meisten Frauen ist es ein Gemisch aus Anziehungs- und Abstoßungskräften, das schließlich zur Gründung führt: Sie suchen nach einer neuen Herausforderung, einer selbstbestimmteren Form der Arbeit. Oder hegen die idealistische Überzeugung, dass sie die Welt zu einem besseren Ort machen könnten durch das Produkt oder die Dienstleistung, die sie anbieten. Also machen sie ihr eigenes Ding: eröffnen Cafés und Online-Shops, gründen Beratungsstellen und Agenturen. Rund ein Drittel aller Selbstständigen in Deutschland sind bereits Frauen. Immer mehr trauen sich zu, selbst ein Unternehmen zu gründen und zum Erfolg zu führen, kein Wunder: Frauen sind heute deutlich besser ausgebildet als ihre Mütter und Großmütter, etwa in wirtschaftlichen Zusammenhängen. Seit Jahren ist BWL der beliebteste Studiengang bei weiblichen Studentinnen.

Bezogen auf alle Gründungen lag der Anteil der weiblichen im Jahr 2013 bei 43,4 Prozent. Die Zahl der Einzelunternehmerinnen ist seit 2003 um stattliche 21,1 Prozent gestiegen. Diese Zahlen stammen aus Publikationen der bundesweiten Gründerinnenagentur (bga), die vor vierzehn Jahren ins Leben gerufen wurde.

Eine der 16 Regionalstellen der Gründerinnenagentur bga liegt in der Anklamer Straße in Berlin-Mitte; ein staatlich geförderter Komplex mit Büros, Ateliers und Werkstätten, die günstig an Gründerinnen vermietet werden. Geschäftsführerin Dr. Katja von der Bey erklärt, dass Frauen anders gründen als Männer, nämlich »kleiner, vorsichtiger, mit weniger Kapital«. Die meisten Frauen werden Einzelunternehmerin oder gründen Unternehmen, die langsamer wachsen, aber dafür krisenfester sind als die der Männer. Eine Umfrage des *Startup Monitor* aus dem Jahr 2015 ergab, dass drei Viertel aller Gründerinnen weniger als 5000 Euro Startkapital benötigen und zwei Drittel dabei ausschließlich auf eigene Finanzmittel zurückgreifen. Der Traum vom unermesslichen Reichtum spielt bei Frauen eine kleinere Rolle als bei Männern. In der männlichen Startup-Welt ist »skalierbar« das Zauberwort, während Frauen lieber im Bereich der persönlichen Dienstleistung gründen.

So wie die nun folgenden.

Von der Projektmanagerin zur Gartendesignerin

Mit Arniela Horntrich habe ich mich in der Anklamer Straße verabredet. Sie hat Modedesign studiert und zehn Jahre lang in Berlin als Projektmanagerin in verschiedenen Agenturen gearbeitet. Im Jahr 2006 und 2009 wurden ihre Töchter geboren, sie nahm insgesamt fast vier Jahre Elternzeit und arbeitete danach auf Teilzeitstellen mit etwa 20 Stunden. Zunächst war sie für eine Eventagentur tätig. Jeder Morgen fing mit einem großen Arbeitsüberhang an, weil ihre Aufgabe eigentlich für eine Vollzeitstelle ausgelegt war. Jedes Mal, wenn sie um zwei Uhr ihre Sachen zusammenpackte, wurde sie von der Agenturchefin schräg angeguckt und gefragt: »Was? Du gehst schon?« Tag für Tag. Und ihre immer gleiche Antwort? »Ja, ich muss meine Töchter abholen.« Horntrich kündigte wenig später, weil sie mehr und mehr das Gefühl hatte, kein »vollwertiges Mitglied im Team zu sein«.

Sie und ihr Mann waren Teil einer Baugruppe im Norden Berlins, Horntrich hatte die von anderen als undankbar empfundene Aufgabe übernommen, Terrasse und Garten zu gestalten. Da ihre Mutter eine passionierte Gärtnerin war, hatte sie schon als Kind »durch Osmose« viel über Pflanzen und natürliche Kreisläufe gelernt.

Die Unzufriedenheit in ihrem Job wuchs. Sie arbeitete mittlerweile in Teilzeit in einer Eventagentur, als Office Managerin. Schönes Wort, oder? Sie war mit Mitte dreißig allerdings zehn Jahre älter als alle anderen, die einzige Mutter und hatte das deutliche Gefühl, aus der Agenturwelt irgendwie »rausgewachsen« zu sein. Wenn jemand fragte: »Kannst du das bitte mal kopieren?«, dachte Horntrich: »Natürlich kann ich das. Aber will ich das auch? Ich habe doch mehr Potential und keine Lust, die nächsten zwanzig Jahre in diesem Jöbchen zu sitzen.« Und dann diese seltsamen Events: Auto-Vorführungen mit Bikini-Damen und Häppchen! Im Vergleich zu ihrer Familienarbeit kam ihr das alles ziemlich albern vor.

Von der »Infantilisierung« der Mütter, die mit verringerter Stundenzahl ins Berufsleben zurückkehren, hört man häufig, denn sie wird als sehr demütigend erfahren. In einer Lebensphase, in der sie als Personen einen großen Zuwachs an Fähigkeiten erleben und zu Hause in eine »Senior Position« vorrücken, werden sie im Beruf zurückgestuft und wie blutige Anfängerinnen behandelt.

Horntrich erinnert sich bis heute an einen Nachmittag, an

dem sie mit ihrer besten Freundin rumgesponnen hatte: »Was würden wir tun, wenn wir kein Geld verdienen müssten?« Die Freundin wollte eine Buchhandlung eröffnen, Horntrich wollte sich in das Abenteuer des »Urban Gardening« stürzen. War das nicht fast wie Poesie? Ein Stück Natur in die Steinwüste der Stadt zu bringen, in Hinterhöfen, auf Balkons und auf Dachterrassen eine grüne Oase zu schaffen …

Horntrich bekam Kontakt zu einem netten Architektenpaar, das einen guten Geschmack hatte, aber kein Gespür für Pflanzen. Das wurde Horntrichs erster bezahlter Auftrag. Danach hatte sie den Eindruck: Anscheinend habe ich hier nicht nur eine ökologische Nische gefunden, sondern auch eine Marktlücke; nämlich die für Gartendesign. Ihre Recherchen ergaben, dass es im Grunde wenig Konkurrenz in Berlin gab, und eher gestandene Gärtnermeister mit Latzhose, die, wie Horntrich annehmen durfte, nicht über dasselbe Formbewusstsein verfügten wie jemand, der Design studiert hatte. So wie sie.

Horntrich beantragte den Gründungszuschuss beim Arbeitsamt und eignete sich viel Spezialwissen an. Ihre ersten Kunden gewann sie ausschließlich durch Mund-Propaganda.

Mittlerweile hat ihr kleines Unternehmen »Nelka« eine eigene Webseite, mit Fotos von blühenden Gärten über den Abgründen der Stadt, es kann gegoogelt und über die Plattform »Houzz« gefunden werden. Sie konnte sich einfach dort registrieren und so einen steten Strom von Aufträgen generieren, ohne viel Geld in Werbung stecken zu müssen; selbst für gut vernetzte Gründerinnen wie Arniela Horntrich ein Segen.

Schön sei es, durch die verschiedensten Milieus zu reisen und zu spüren, welche Gärten und Menschen wohl am besten zusammenpassen. Manchmal kann sie auch einen Blick in die Welt der Reichen und Berühmten werfen, gerade hat sie zum Beispiel eine Dachterrasse für den Schauspieler Daniel Brühl geplant. Horntrich versucht, die Konsumhaltung einiger Kunden zu durchbrechen, die auf Pflanzen bestehen, »die das ganze Jahr

grün sind, blühen, top aussehen und keine Pflege brauchen«.
Dann sagt sie: »Tut mir leid, aber die gibt es nicht.«

Anfangs arbeitete sie nur vormittags, so dass sie die Nachmittage mit ihren Kindern verbringen konnte. Inzwischen steigt die Nachfrage, ihre Kinder sind gewachsen und Nelka floriert, so dass der Nebenberuf bald zum Hauptberuf werden wird. Möglicherweise wird sie dann noch einen kräftig gebauten Mann anheuern, der ihr beim Schleppen der schweren Erdsäcke hilft. Aber sonst will sie das bleiben, was man im Jargon der Berliner Gründerszene gerne eine »Solopreneurin« nennt – und keine große Personalverantwortung tragen.

Von der Tänzerin zur Gastronomie-Ikone

Vor vielen Jahren, als ich bei der *Berliner Zeitung* anfing, saß ich manchmal im Café, um einen Artikel zu schreiben. Damals war das »Barcomi's« in Berlin-Mitte mein inoffizieller Coworking-Space. In diesem Raum mit den hohen Fenstern und dem Blick auf die Sophie-Gips-Höfe konnte ich der Enge meines Single-Apartments entfliehen. Dort gab es irgendwie beides: ein Gefühl von Heimat und von Weltläufigkeit.

Das Café ist längst eines der beliebtesten im Viertel und wird in zahlreichen Stadt- und Restaurantführern lobend erwähnt. Heute sitzt mir hier die Gründerin Cynthia Barcomi gegenüber, auf einer Lederbank mit hoher Lehne, etwas abseits vom vertrauten Glucksen und Rauschen der Kaffeemaschinen. Ihre Karriere ist fast wie eine berlinerische Version des »American Dream«: eine junge Mutter, die auszieht, um sich neu zu erfinden – und zwar nicht nur einmal.

1994 stand sie noch mit ihren zwei kleinen Mädchen und vier Weckern vor einem winzigen kleinen Ofen in einer Küche in Berlin-Kreuzberg. Mittlerweile herrscht sie über ein weitverzweigtes Back-Imperium mit rund sechzig Mitarbeitern, ihr Name ist längst zum Logo, ihre Person zur Marke geworden. Sie ist nicht nur Cafébetreiberin, sondern auch Buchautorin und Fernsehköchin und erreicht ein Millionenpublikum.

Barcomis Weg macht deutlich, dass man manchmal mit ganz einfachen Geschäftsideen erfolgreich sein kann (Kaffee und Kuchen!), wenn man versteht, ihnen einen neuen Spin zu geben. Sie bedient ein ganz traditionelles weibliches Bedürfnis, indem sie Know-how und Inspiration für die Küche vermittelt. Gleichzeitig befreit sie das Backen von seinem spießigen Image, und das hat sehr viel mit ihrer bunten Biografie zu tun, man sieht sie ihr förmlich an: Tochter aus gutem Hause, Philosophiestudium an der Columbia University, Tänzerin in der Berliner Boheme, die kühne Gründerin, die Mutter von vier Kindern …

1963 wurde sie in Seattle geboren, als jüngste von drei Schwestern, der Vater war Anwalt, die Mutter Hausfrau. Ihre Großmutter kam in den heißen Sommermonaten aus Florida angereist, um mit ihrer Enkelin im schattigen Garten Karten zu spielen oder in der geräumigen Küche Cookies, Brownies, Cupcakes, Blueberry Scones und Apple Pie zu backen. Als Teenager bekam Cynthia Ballettunterricht und wurde auf ein vornehmes Mädcheninternat an der amerikanischen Ostküste geschickt, anschließend ging sie nach New York, um an der Columbia University Philosophie und Theaterwissenschaften zu studieren. Sie war erst 21 Jahre alt, als sie ihr Studium abschloss. Und danach? Kam sie auf die verrückte Idee, nach Deutschland auszuwandern.

Die Bühne übte eine magische Anziehungskraft auf sie aus, so hatte sie einige Inszenierungen von Pina Bausch gesehen und war seitdem hingerissen von dieser neuen Form des German Tanztheaters. Im Sommer 1985 packte sie einen Koffer und flog nach Berlin. Fand dort eine billige Wohnung, fing wieder an Ballett zu trainieren und putzte nebenbei Tanzstudios, um eigenes Geld zu verdienen.

Langsam gelang es ihr, in der freien Berliner Tanztheater-Szene Fuß zu fassen. Und das war für ein paar Jahre wirk) das, was sie wollte. Allerdings muss man als Tänzer stan. niert sein, immer gesund bleiben. Ein Beruf, der sich nur schw. mit einer Familie vereinbaren lässt. Und unterdessen hatte Cynthia ein Kind bekommen und das Backen wiederentdeckt: Cookies, Brownies, Cupcakes, Blueberry Scones und Apple Pie. Sie hatte etwas Heimweh nach Amerika, nach ihrer Familie. Und wollte für ihre Tochter ein Stück ihrer eigenen Kindheit heraufbeschwören: Kartenspiele und Scharaden, miteinander albern sein und reden an schön gedeckten Tischen. Sie wohnten damals in einer kleinen und bescheidenen Wohnung, aber Barcomi merkte, dass sie ein Händchen dafür hatte, mit wenig Geld ein großzügiges und zugleich gemütliches Ambiente zu schaffen. Sie zog mit dem Kinderwagen durch die Kreuzberger Cafés. Und dabei fiel ihr eines auf: Was den Geschmack des Kaffees anging, war Deutschland Anfang der neunziger Jahre noch ein Entwicklungsland. Selbst in renommierten Häusern bekam man damals oft einen Kaffee vorgesetzt, der wie lauwarmes Spülwasser schmeckte.

Sie hatte eine einfache, aber gute Idee: In Kreuzberg wollte sie ein Café mit einer eigenen Kaffeerösterei aufmachen und dazu amerikanisches Gebäck anbieten.

Also setzte sie sich ein paar Wochen in die Bibliothek, studierte, wo der beste Kaffee wächst, wie man ihn röstet und zubereitet. Ging anschließend zur Industrie- und Handelskammer und ließ sich beraten. Dann fragte sie eine Freundin, wie man einen Businessplan schreibt, und klapperte damit die einschlägigen Banken ab, hörte aber immer nur Sätze, die so ähnlich klangen wie: »Frau Barcomi, wenn das eine gute Idee wäre, dann gäbe es das schon längst, also ist es keine gute Idee!«

Schließlich ging sie zur Bürgschaftsbank, mit einem Probierteller voller Cookies. Und dort saß eine Frau am Schreibtisch, die zufälligerweise »Frau Backhaus« hieß. Die probierte die Cookies und sprach – hier darf man sich dazu getrost die Bewegung eines von Sternen umfunkelten Zauberstabs in einem Walt-Disney-Film vorstellen: »Frau Barcomi, Sie bekommen den Kredit!«

Mit diesen geliehenen 200 000 DM kaufte Cynthia sich einen Kaffeeröster, mietete einen Laden in der Bergmannstraße 21 und beauftragte einen Architekten mit dem Innenausbau. Leider waren die Kosten am Ende viel höher als veranschlagt. »Ich hatte schreckliche Schulden, und der Architekt wurde sehr aggressiv, weil ich nicht sofort bezahlen konnte. *Sitz!*, sagte ich. Du wirst dein Geld bekommen, aber ich muss erst einmal die Gelegenheit haben, es zu verdienen!«

Nach der Eröffnungsfeier des »Barcomi's« im Jahr 1994 lief das Geschäft ziemlich schlecht. Niemand interessierte sich für den frisch gerösteten Kaffee oder für das amerikanische Gebäck. Und nur wenige Leute in Berlin hatten damals eine Vorstellung davon, wie Bagels überhaupt aussehen. »Also überlegte ich: Was haben die amerikanische und die deutsche Kultur gemeinsam? Okay, am Sonntag Kaffee und Kuchen. Und dann habe ich für den Sonntag gebacken wie eine Verrückte, Tag und Nacht. Ich stand mit vier Weckern vor einem viel zu kleinen Ofen und habe in vier Schichten gebacken: Bagels, Muffins, Scones, Cookies … und wieder von vorne.«

Nach zwei Monaten war der Laden voll. Weil das Ambiente des Cafés die Gäste ansprach. Und weil der Trend, die amerikanische Coffee-Shop-Kultur für das deutsche Publikum zu erobern, irgendwie schon in der Luft lag. 1997 bekam sie von dem reichen Kunstsammler Rolf Hoffmann, der ein Fan ihres New-York-Cheesecake war, das Angebot, die wunderschönen Räume im Erdgeschoss der Sophie-Gips-Höfe für die Eröffnung ihres zweiten Cafés zu nutzen.

Das Fernsehen entdeckte sie erst vor wenigen Jahren für sich. Im »ARD Buffet« präsentiert sie regelmäßig ihre eigenen Rezepte. Sie genießt die Auftritte und bereitet sie minutiös vor. »Mein Mann sagt immer: Du musst deine Requisiten kontrollieren! Und deshalb überlege ich mir genau, welche Schüsseln mit welchen Zutaten wo stehen müssen, welche Gänge und Handbewegungen ich wann ausführen muss, damit die Choreografie am Ende perfekt ist.« Das Wort »Choreografie« ist hier übrigens keineswegs übertrieben, Cynthia kann selbst das Kneten von Mürbeteig in einen dramatischen und expressiven Vorgang verwandeln.

Backen ist eine häusliche Angelegenheit. Doch Cynthia darf man sich nicht primär in der Küche vorstellen. Sie ist im urbanen Raum unterwegs als Managerin und toughe Geschäftsfrau, sie gibt Interviews und Seminare, geht auf Kreuzfahrten und macht dort Desserts für das Gala-Dinner der Gäste. Sie parliert mit Fernsehmoderatoren, trinkt Cappuccino mit jungen Youtubern, die an ihren Lippen hängen und in ihre Rührschüssel schauen wie in den Krater eines brodelnden Vulkans ...

Und so berührt sie die tiefste Sehnsucht vieler moderner Frauen: Gleichzeitig ein gelingendes häusliches Familienleben zu haben wie auch ein Leben, das die Ketten der Häuslichkeit sprengt. Das Fotoshooting für ihr letztes Backbuch passierte dann auch in New York. Auf dem Cover steht eine strahlende Cynthia Barcomi mit einem New-York-Cheesecake vor der berühmten Skyline und suggeriert: Gleich hinter diesem Käsekuchen beginnt die große weite Welt!

Von der sozialen Absteigerin zur Agenturchefin

Bei Petra van Laak war es nicht die Verzweiflung über die Ödnis eines Teilzeitjobs, die sie in die Selbstständigkeit getrieben hat, sondern der Zusammenbruch ihrer bürgerlichen Existenz.

2012 reiste sie als »Schicksalsfrau« durch die Talkshows der Republik, um mit Moderatorinnen wie Sandra Maischberger über ihr erstes Buch zu sprechen. *4 Kinder, 1 Frau, 0 Euro (fast) – Wie ich es trotzdem geschafft habe*, so der Titel.

Vor gut fünfzehn Jahren war Petra van Laak noch die Ehefrau eines Unternehmers, lebte mit ihren vier Kindern in einem Jugendstilhaus am See, kümmerte sich um Haushalt und Garten in einem bürgerlichen Vorort von Berlin, fuhr ihre Kinder mit dem Minivan zu Musikschule und Ballettstunde. Anfangs hatte ihr Mann großen Erfolg mit seinem Unternehmen und ließ sich – berauscht von diesem Erfolg – auf immer riskantere Geschäfte ein. Als schließlich die Insolvenz drohte, wollte er das lange nicht wahrhaben und wich aus, wenn seine Frau ihn danach fragte. Eines Tages standen die ersten Immobilienmakler vor ihrem Gartenzaun, um das Haus zu fotografieren, dann kam jemand von den Stadtwerken, um den Strom abzustellen. Und schlagartig wurde Petra van Laak klar, was Sache war.

Sie wollte mit ihrem Mann einen neuen Anfang wagen, aber als das misslang, trennte sie sich von ihm in dem Wissen: Von nun an muss ich die Kinder allein durchbringen!

Sie zog in eine winzige Wohnung, bekam Wohngeld, Kindergeld und Unterhaltsvorschuss vom Jugendamt, war aber zunächst zu stolz, um von Sozialhilfe zu leben. Ihre Suche nach einer einigermaßen vernünftigen und anständig bezahlten Anstellung war jedoch vergeblich. Mit ihren Eckdaten – alleinerziehende Mutter mit vier Kindern zwischen fünf und elf Jahren, Kunstgeschichtsstudium, fast sieben Jahre Erwerbspause – hatte sie keine Chance. Eine kluge, humorvolle, patente Frau, die niemand anstellen wollte.

Petra van Laak verkaufte ihr heißgeliebtes Cello, um für die Kinder Winterjacken kaufen und ein paar Monate lang den Wocheneinkauf bezahlen zu können. Zum Glück gab es auch Menschen, die sich solidarisch verhielten mit der in Not geratenen Mutter: ihre Geschwister, ihre Eltern, Freunde, Nachbarn, Gemeindemitglieder – sofern sie von Petra van Laaks Lage überhaupt wussten.

Eine Zeit lang hielt Petra van Laak ihre Familie mit Billigjobs über Wasser, arbeitete in einem trostlosen Callcenter und machte Castings für dubiose Doku-Soaps. Dann versuchte sie es mit Lektoraten und Übersetzungen für Film und Fernsehen. Und plötzlich kam ihre Sprachbegabung zum Einsatz. Weil die Bezahlung schlecht und die verschiedenen Jobs wenig familienkompatibel waren, sagte sie sich: »Gerade *weil* ich alleinerziehend mit vier Kindern bin, mache ich mich selbstständig.«

Sie erfand sich 2008 mit 0 Euro Startkapital neu; indem sie vor ihren Kindern am Frühstückstisch bekanntgab, dass sie Texterin werden wollte. Ihre Söhne träumten gleich davon, dass sie von nun an Werbeslogans für Mercedes Benz dichten würde. Aber bis dahin war es noch ein langer Weg. Ihren ersten Auftrag bekam sie, während sie ihrer Tochter die Haare wusch und mit dem Telefon in der nassen Hand in den Flur flüchtete – um akustisch einen seriösen Eindruck zu machen.

Ihre Tätigkeit als Texterin lief gut an; die Kundentermine häuften sich. Im zweiten Jahr ihrer Selbstständigkeit wurden zunehmend auch Beratungsleistungen im Bereich Unternehmenskommunikation nachgefragt. Und in van Laak reifte der Plan, ihre Praxis auf ein solides theoretisches Fundament zu stellen: Sie wollte auf ihr geisteswissenschaftliches Studium noch eine Qualifikation in Wirtschaft draufsetzen.

Sie bewarb sich um einen Studienplatz an der Hochschule für Wirtschaft in Zürich, die in Kooperation mit dem Schweizerischen Public Relations Institut ein spezielles Postgraduate Studium zur Unternehmenspublizistik anbot. Die Studiengebühren waren für van Laak unerschwinglich. Doch hätte das gleiche Studium in Leipzig das Dreifache gekostet. Fast hätte sie den Plan, noch einmal zu studieren, aufgegeben. Doch dann bewarb sie sich für alle Fälle um ein Stipendium – und hatte Glück! Das Stipendium wurde bewilligt.

Ein großer Teil der Ausbildung wurde in Form von Blockseminaren und E-Classes gehalten, so dass sie sogar als Mutter von vier Kindern daran teilnehmen konnte.

Durch dieses zweite Studium erlebte van Laak einen großen

Professionalisierungsschub. Sie spezialisierte sich auf Unternehmenskommunikation und gewann zwei Mal in Folge den »Swiss Text Award«. 2012 verfasste sie ihr erstes Buch und 2013 ihr zweites, das sich wie ein Fortsetzungsroman des ersten liest: *Auf eigenen Beinen. Eine vierfache Mutter startet in die Selbstständigkeit.*

Durch diese Signale – abgeschlossenes Fachstudium, zwei Auszeichnungen, zwei Bücher bei einem angesehenen Verlag – gelang es ihr auf einmal, Aufträge von großen Unternehmen und staatlichen Organisationen zu akquirieren.

Heute unterhält die 51-Jährige großzügige Büroräume in der West-Berliner Bülowstraße, beschäftigt zwei feste Mitarbeiter und acht bis zehn Freelancer, hat ein Texter-Fachbuch publiziert und verdient genug, um ihren erwachsenen Kindern das Studium mitzufinanzieren. Eine große Verbundenheit mit ihnen ist in all ihren Erzählungen zu spüren: »Auch in den schweren Zeiten hatte ich immer die moralische Unterstützung meiner Kinder, und nicht nur die moralische!« Ihr ältester Sohn machte die Discounter-Einkäufe, ihr zweiter Sohn deckte den Tisch und brachte den Müll raus, die große Tochter wusch die Wäsche und half der kleinen Tochter bei ihren Hausaufgaben.

An vielen Dingen musste in ihrer Jugend gespart werden. Petra van Laak hat mit ihren Kindern im Garten gezeltet, weil für Urlaub einfach kein Geld da war. »Alles, was nicht aus den Kindern selbst kam, wurde nicht gefördert. Wenn eine Gitarrenstunde geschwänzt wurde, habe ich die Kosten vom Taschengeld abgezogen. Und später habe ich mit meinen Kindern eine Art Vertrag geschlossen: Sie machen Abi, aber dafür rede ich ihnen nicht rein, ob und wie sie dafür lernen.«

Van Laak findet, dass sie und ihre Kinder sich eigentlich gut entwickelt haben … trotz all der Schwierigkeiten. Oder gerade deswegen?

Von der Medienanwältin zur Redenschreiberin und wieder zurück

Corinna Lovens sagt heute: »Wenn mir das Nacheinander-Prinzip schon früher vor Augen gestanden hätte, dann wäre ich ruhiger gewesen.«

Lovens war zunächst Verlagskauffrau bei Bertelsmann, fing dann mit 25 Jahren an, Jura zu studieren, und machte sich mit 33 Jahren in Hamburg als Medienanwältin selbstständig. Sie nagelte einfach ein Kanzleischild an die Tür und dachte dabei: »Wahrscheinlich kommt sowieso niemand! Aber ich probier's jetzt mal!« Doch schon bald hatte sie zwei große Medienkonzerne als Mandanten, konnte vier Mitarbeiter beschäftigen. Ihr Mann Arne, fünf Jahre jünger als sie, kämpfte damals noch um seine berufliche Etablierung als Steuerberater:

»Zwischen 33 und 35 Jahren habe ich meine Kanzlei aufgebaut. Mit 35 ist unser erstes Kind auf die Welt gekommen. Ich habe mir von meiner Sekretärin die Akten ins Krankenhaus schicken lassen, sie im Bett bearbeitet und dann mit dem Fahrradkurier zurückgeschickt. Das ist nichts, worauf ich stolz bin.«

Mit 37 Jahren kam das zweite Kind, und im darauffolgenden Winter die Schweinegrippe, erst das eine Kind und dann das andere, die Krankheit zog sich jeweils über drei Wochen hin. »Ich habe tagsüber die Kinder gepflegt und nachts mein Pensum für die Kanzlei abgearbeitet. Ich wusste: Um die inhaltlich anspruchsvollen Mandate gut betreuen zu können, brauche ich zwanzig Stunden in der Woche. Die hatte ich nicht. Mit 39 Jahren kam das dritte Kind – und der Zusammenbruch. Ich hatte eine Kanzlei, drei Kinder, das älteste war gerade mal vier Jahre alt. Nie hatte ich mir die Zeit genommen, mich von den Schwangerschaften zu erholen. Ich fürchtete mich vor einem Burnout; so einen hatte ich nämlich bei einer guten Bekannten beobachtet, die damals Personalchefin bei einer großen Bekleidungsfirma war und 60 Stunden pro Woche arbeitete. Beim ersten Geburtstag ihres Kindes war sie zusammengebrochen. Sie wird wahrscheinlich nie wieder arbeiten können.«

Ihr Mann Arne hatte inzwischen einen nennenswerten Verdienst, der finanzielle Druck war weg, so dass Corinna Lovens jetzt die Notbremse ziehen und ihre Kanzlei dichtmachen konnte. Sie verordnete sich ein »Luxusjahr« mit Haushaltshilfe und Kinderfrau, ging zum Sport, zu diversen Karriere-Coachings und entwickelte jede Woche eine andere »geniale« Geschäftsidee, wie zum Beispiel Coffee-to-go-Fahrräder für Spielplätze oder Trinkflaschen für Einjährige im Retrolook. Und jedes Mal sagte ihr Mann: »Ja, tolle Idee!« Aber sie selber dachte nach einer Woche jedes Mal: »Nee, langweilt mich!« Bis sie eines Nachts aufwachte und wusste: »Ich hab's. Ich werde freie Rednerin!«

Ihr war aufgefallen, dass es in einer Stadt wie Hamburg viele Paare gab, die unterschiedlichen Religionen und Kulturen angehörten und sich trotzdem danach sehnten, mit einem feierlichen Ritual getraut zu werden. Es gab Paare, die gar nicht an Gott glaubten, aber eine Hochzeit im Standesamt als zu »nüchtern« empfanden, Paare, die zwar noch Mitglieder der christlichen Kirchen waren, aber ihren Geistlichen nicht zutrauten, eine schöne Predigt zu halten. Dem wollte sie abhelfen.

Anfangs musste sie tapfer sein, weil ihr Mann ausnahmsweise gar nicht begeistert war von ihrer Geschäftsidee. »Das ist doch kein skalierbares Produkt«, sagte er. »Das hängt an deiner Person!« Aber eigentlich war es genau das, was ihr daran gefiel.

Gemeinsam mit einer guten Freundin gründete sie das kleine Unternehmen »Wertvolle Worte«. Sie nahmen Geld in die Hand, um eine professionelle Webseite gestalten zu lassen, suchten systematisch Kontakt zu den Hochzeitsveranstaltern im Raum Hamburg.

Seitdem schrieb Lovens bewegende Reden für säkulare Hochzeiten, Taufen und Beerdigungen, dachte sich Zeremonien aus, in denen sich die Menschen aufgehoben fühlen. Sie war also fast eine moderne Priesterin, die den Festen des Lebens Seele einhauchte: »Wenn ein deutscher Jude eine Ungarin heiratet und ich lese, dass in der ungarischen Tradition die Braut dem Bräutigam einen Hefezopf zum Abbeißen gibt, dann sorge ich vielleicht dafür, dass auf den Tischen Hefezöpfe stehen. Und dann freuen sich die ungarischen Gäste, dass ich daran gedacht habe.«

Als Rednerin hatte Lovens nun das Privileg, ihre Arbeit dosieren zu können. Und das musste sie auch, denn im Sommer 2015 kam ihr viertes Kind auf die Welt. »Das hat sich so dazugeschmuggelt«, sagt sie lachend. »Mit den ersten drei Kindern war ich immer in Eile, immer ein Baby, immer gewickelt. Jetzt konnte ich endlich mal in Ruhe schauen, wie sich alles entwickelte. Wie das jüngste Geschwisterkind aufblühte, und wie die Großen alle mütterlichen Tätigkeiten genau beäugten.«

Inzwischen ist es Lovens und ihrer Partnerin gelungen, mit »Wertvolle Worte« eine erfolgreiche Marke zu schaffen. So erfolgreich, dass plötzlich die Frage im Raum stand, ob sie ihr Unternehmen nicht in ein Franchise-Unternehmen verwandeln sollten. Aber das hätte von Lovens einen zu großen zeitlichen Einsatz verlangt. Deshalb beschloss sie, ihren Unternehmensanteil zum Jahreswechsel gewinnbringend an ihre Partnerin zu verkaufen. Zwar hält Lovens immer noch Reden, aber nur bei den »besonders schwierigen Fällen«. Denn seit einiger Zeit arbeitet sie in der Kanzlei ihres Mannes wieder als Anwältin.

Früher war für Lovens ideal, dass sie als Redenschreiberin spätnachmittags, abends und am Wochenende arbeiten konnte. Aber inzwischen hat ihr Mann weniger Zeit, die Kinder zu übernehmen. Und weil die vier jetzt bis in den späten Nachmittag mit Kindergarten, Schule und Freizeitaktivitäten beschäftigt sind, ist es für alle auf einmal praktischer, wenn Lovens die Werktage zwischen 9 und 15 Uhr zum Arbeiten nutzt, den Rest der Zeit hingegen für die Familie reserviert.

Ist das der einzige Grund für den zweiten großen Kurswechsel? Nein. Nicht nur sind ihre Stundensätze als Anwältin höher. Auch fehlte ihr bei der Biografie-Arbeit irgendwann die intellektuelle Herausforderung. »Nach fünf Jahren wusste ich auf den ersten Blick: Okay, dieses Paar ist seit neun Jahren zusammen und hat sich insgesamt drei Mal getrennt. Und meist lag ich richtig mit meiner Vermutung!«

Seit ein paar Monaten ist Lovens also glücklich mit ihrem neuen alten Beruf und sagt: »Das werde ich auch meinen Töchtern raten: Besorgt euch eine gute Ausbildung, und dann macht euch keinen Kopf, wenn der Beruf wegen der Familie ein paar Jahre in den Hintergrund tritt. Das kommt alles wieder.«

Vom sinnlosen Meeting ins Homeoffice

Die Erfindung des Internets steht für den Anfang einer neuen Epoche, in der sich die Form, in der die Menschen leben, lernen, arbeiten und kommunizieren, radikal verändert. Diese Veränderung erfasst nicht nur eine kleine Avantgarde, die in der Digitalwirtschaft tätig ist, sondern immer weitere Kreise der Weltbevölkerung.

Ein Großteil des Mehrwerts, der durch die Digitalisierung entsteht, wird in herkömmlichen Branchen erwirtschaftet, nehmen wir zum Beispiel den Einzelhandel, die Logistikbranche oder das, was sich unter dem Stichpunkt »Industrie 4.0« zusammenfassen lässt.

Die Stars im Internet-Business sind diejenigen, die sogenannte »Plattformen« geschaffen haben, eine potente Software und einen virtuellen Marktplatz, auf dem Angebot und Nachfrage effektiv aufeinandertreffen: Plattformen wie eBay, Airbnb, Huber, Lieferheld, Houzz, Helpling, My Hammer, Proz, Parship, Upwork, Betreut oder Aupairworld.

Ein Beispiel: Früher hatten Mütter bei der Suche nach einem

guten Au-pair eine winzige Auswahl, die Empfehlung von Bekannten sowie ein paar Kandidatinnen, die zufällig ihre Anzeige in der Zeitung gelesen hatten. Heute geht man mit einem »Profil« für drei Monate auf die Webseite von Aupairworld und findet Hunderte von Au-pairs weltweit, die grundsätzlich in Frage kommen könnten. Man kann ihnen eine Nachricht schreiben und oft noch am selben Tag mit jungen Frauen in den entlegensten Winkeln von Sibirien, Kolumbien oder Madagaskar skypen.

Ähnliches gilt für alle, die im Internet bestimmte Produkte und Dienstleistungen suchen und anbieten wollen, seien es nun schwarze Kaschmirsocken, Übersetzungen aus dem Chinesischen oder die Begrünung einer Dachterrasse.

Die Möglichkeiten für »Lean Startups« sind deutlich gewachsen, also für kleine Selbstständigkeiten und neue Gründungen, die ein gutes Konzept, ein talentiertes Team und nur sehr wenig Startkapital benötigen. Bücher wie der *New York Times*-Bestseller *The $100 Dollar Startup* führen das eindrucksvoll vor Augen.

Der Slogan »Knowledge at your Fingertips« führt uns eine weitere großartige Seite der Digitalisierung vor Augen: Dass jeder am häuslichen Computer Zugang hat zu einem bedeutenden Teil des menschlichen Wissens und der aktuell verfügbaren Informationen. Dass man Recherchen, für die man früher Wochen brauchte, heute in Sekunden erledigen kann. Dass man ohne nennenswerten finanziellen und zeitlichen Aufwand mit Bekannten in Kontakt treten kann, um miteinander zu sprechen, Dokumente, Fotos und Filme auszutauschen.

Und was bedeutet das alles für die Vereinbarkeit von Familie und Beruf? Ein Eldorado an neuen Möglichkeiten.

In den vergangenen zwanzig Jahren wurden Tools geschaffen, die es einer wachsenden Zahl von Menschen erlaubt, in Unabhängigkeit von Ort und Zeit zu arbeiten. »Telearbeit« und »Homeoffice« sind keine Notlösungen mehr: Laut einer Umfrage des Branchenverbandes Bitcom können in annähernd jedem dritten Unternehmen Arbeitnehmer schon ganz oder teilweise von zu Hause aus arbeiten. Jeder zehnte deutsche Arbeitnehmer tut es bereits. Gerade in wissensintensiven und kreativen Berufen sind ein stilles Zimmer, ein Laptop und ein Smartphone schon die besten Voraussetzungen, um produktiv zu sein: als Programmierer, Designer, Berater, Autor, Wissenschaftler, Steuerexperte, Anwalt oder Finanzbuchhalter, als jemand, der im Customer Support arbeitet, in der Werbung, im Marketing oder in der Filmproduktion.

In der Industriegesellschaft wurden die Lebensbereiche zunehmend getrennt: Schon Robert Musil beschreibt das im Kakanien-Kapitel seines Romans *Der Mann ohne Eigenschaften*: »Die Berufe sind an bestimmten Orten in Gruppen zusammengezogen, man isst während der Bewegung, die Vergnügungen sind in andern Stadtteilen zusammengezogen, und wieder anderswo stehen die Türme, wo man Frau, Familie, Grammofon und Seele findet.« Damals leerten sich die ländlichen Gegenden, die Familien wurden in den Vororten konzentriert, das Gewerbe in den Gewerbegebieten, die Büros, Theater und Kinos in den Stadtzentren.

Heute, in der Informationsgesellschaft, rücken die Lebensbereiche wieder enger zusammen. Eltern, die oben beschriebene Berufe ausüben, können wieder in unmittelbarer Nähe ihrer Kinder arbeiten, fast wie zu Zeiten der Agrargesellschaft. In der hellen Freude über die zurückeroberte räumliche Nähe sollte man aber nicht unerwähnt lassen, dass kleine Kinder im Wachzustand die Computerarbeit ihrer Eltern nur für kurze Zeiträume tolerieren. Die meisten Kinder nehmen diese abstrakte und bewegungsarme Tätigkeit nicht als »Arbeit« wahr, sondern vor allem als mentale Nicht-Verfügbarkeit ihrer Eltern.

Ganz anders als die konkreten, bewegungsreichen Arbeiten in Haushalt und Garten, die Kinder begeistert nachahmen. Beim Kochen, Backen, Wäschewaschen, Jäten und Laubrechen kann man Kinder deshalb mit spielerischer Leichtigkeit miteinbeziehen.

Vielleicht kennen Sie auch das Youtube-Video mit Robert Kelly, einem Asien-Experten, der auf BBC ein Skype-Interview gibt. Während er live über den Konflikt von Nord- und Südkorea spricht, platzen seine beiden kleinen Kinder ins Zimmer; kurz darauf kriecht seine Frau auf allen vieren über den Teppich, um sie zurück in den Flur zu ziehen, in der irrigen Annahme, nicht im Bild zu sein. Das unfreiwillig komische Video wurde mittlerweile 26 Millionen Mal auf Youtube geklickt. Und hat eine lebhafte Debatte über Wohl und Wehe von Homeoffice-Arbeit ausgelöst. Gerade Kinder unter sechs Jahren können nicht nachvollziehen, warum ihr Elternteil sich zu Hause plötzlich in einer professionellen Sphäre aufhält, zu der sie keinen Zutritt haben sollen. Es ist ja schließlich dasselbe Zimmer, wo man gerade noch miteinander gespielt hat.

Wenn die Kinder in die Grundschulklassen, ins Gymnasium gehen und ihr eigenes Leben entfalten, ist das Homeoffice jedoch zunehmend eine gute Form von Präsenz: Auch am eigenen Schreibtisch sind Mutter oder Vater greifbar für Gespräche, Probleme, Handreichungen und schwierige Hausaufgaben. Dennoch haben die Kinder nicht den Eindruck, dass ihre Eltern rund um die Uhr dafür da sind, sie zu bedienen und ihnen den Weg zu bereiten.

Und sind Kinder krank – also: normal krank, mit irgendwelchen Erkältungen und fiebrigen Infekten –, können Eltern im Homeoffice weiterarbeiten, während die Kinder im benachbarten Bett eine heiße Milch mit Honig trinken.

Dass man durch Homeoffice Zeit gewinnen kann, liegt auf der Hand. Man muss nicht ins Lenkrad beißen, weil man wieder eine geschlagene Stunde im Stau steht, nicht in überhitzten U-Bahn-Abteilen stehen. Man muss nicht jeden Morgen in Nylonstrumpfhosen, enge Röcke und Anzugjacken steigen, um hinreichend »professionell« auszusehen. Und man kann seine Arbeitszeit stärker den eigenen Biorhythmen und den sozialen Rhythmen der eigenen Familie anpassen, etwa die Arbeitstage so strukturieren, dass am Nachmittag eine Zeitinsel für die Familie entsteht. Für Mütter und Väter, die ausschließlich im Homeoffice arbeiten, ist das in der Regel kein Kunststück. Aber auch diejenigen, die in großen Konzernen angestellt sind, können jetzt immer häufiger einige Tage Telearbeit pro Monat oder pro Woche beantragen. Sie werden dann zu Hause mit den gleichen Computern und Telefonen ausgestattet, die sie im Büro benutzen, haben Zugriff auf alle nötigen Daten.

Neulich las ich eine Reportage über Janina Kugel, Personalvorstand bei Siemens. Sie ist Mitte vierzig und Mutter von Zwillingen. »Früher gab es bei uns starre Arbeitszeiten für alle«, sagt Kugel. Heute könne sie selbst als Vorstandsmitglied relativ zeitig Feierabend machen, sich um die Kinder kümmern und gegebenenfalls danach noch mal E-Mails beantworten.

Und viele junge Mütter (und Väter) können, um ein Wort des Springer-Vorstandschefs Mathias Döpfner zu paraphrasieren, »dem lieben Gott auf Knien danken, dass er den Menschen die Digitalisierung hat erfinden lassen«.

Ursprünglich ist die Großstadt der Treffpunkt der Talente. Traditionell sind dort nicht nur die begehrten Arbeitsplätze, sondern kulturelle Einrichtungen, die das Leben in der Stadt anregend und angenehm machen: Bibliotheken, Konzertsäle, Museen und Stadien, Restaurants und Cafés, die uns die negativen Seiten des Großstadtlebens in Kauf nehmen lassen, nämlich eingesperrt zu sein in überteuerte Wohnungen, überfüllte Großraumbüros – und im Alltag keine andere Wahl zu haben, als die eigenen Kinder auf winzige Spielplätze zu schicken, in Ganztagsschulen und Aktivitäten, die es erfordern, dass die halbe Familie den halben Nachmittag im Auto von A nach B fährt.

Deshalb wird der große Luxus der kommenden Jahre darin bestehen: die Freiheit zu haben, die großen Städte zu verlassen und uns in Orten mit hoher Lebensqualität oder Großfamilienanschluss anzusiedeln, auf dem Land, am Meer oder in den Bergen; also familienfreundlicher zu wohnen als in einem winzigen Apartment in der Mitte der Großstadt, mit gesünderer Luft, schönerer Aussicht, billigeren Mieten und Platz zum Toben und Spielen. Selbst wenn wir nicht dauerhaft umziehen, so können wir doch immerhin das Privileg genießen, für ein paar Monate unterwegs zu sein und dennoch unseren beruflichen Verpflichtungen nachzukommen.

Durch die Digitalisierung ist die Provinz nicht mehr so »schrecklich provinziell« wie früher. Weil das Reisen so mühelos geworden ist, weil wir die technischen Mittel haben, um mit den Menschen, die für unser Leben oder unsere Arbeit inspirierend sind, auch über größere Entfernungen in Verbindung zu bleiben. Und weil die großen Werke der Kunst und Kultur verfügbar sind. Man muss sich, wenn man in einer Provinzstadt lebt, nicht mit einem Stück drittklassigen Stadttheaters begnügen, sondern kann durch Anbieter wie Netflix auf die großen Filmdramen der Gegenwart zugreifen.

»Zum Glück haben die technologischen Fortschritte, die das ›remote working‹ möglich gemacht haben, auch den Kulturgenuss im Remote-Modus begehrenswerter gemacht: Stellen Sie sich vor, Sie beschreiben einem Großstadtbewohner aus den sechziger Jahren eine Welt, in der jeder Zugang hat zu jedem Film, der je gedreht wurde, jedem Buch, das je geschrieben wurde, und jedem Musikstück, das je aufgezeichnet wurde, eine Welt, in der man fast jedes Sportevent live ansehen kann. Sicher hätten sie uns ausgelacht … Und doch ist es so: Wir leben jetzt in dieser Welt.«

Das schreiben die beiden Bestsellerautoren Jason Fried und David Heinemeier Hansson, die mit *Remote* ein großartiges Buch über die neue Bedeutung des »Homeoffice« verfasst haben. »Remote«, das heißt so viel wie »entfernt« und »zurückgezogen« vom Getöse der Großraumbüros. Dieses kleine Wort greift um sich, vielleicht, weil es mehr Appeal hat als Worte wie Tele- und Heimarbeit. Es klingt nach einer neuen Ära.

Fried und Heinemeier Hansson sind Gründer der Software-

Firma »37signals«. Und weil, wie sie sagen, »die größten Talente auf der Welt nicht alle an einem Ort leben«, haben sie Mitarbeiter engagiert, die in den USA wohnen, in Kanada, Großbritannien, Schweden, Deutschland und Neuseeland. Offensichtlich gelingt es ihnen, über diese großen Distanzen produktiv zusammenzuarbeiten. Sie haben zwar ein Büro in Chicago, in dem einmal im Jahr alle für ein paar Tage zusammenkommen. Aber selbst die Mitarbeiter aus Chicago verbringen große Teile ihres Arbeitstages »remote«, also im Homeoffice, in einer Bibliothek oder einem Café. Warum? Weil sie dort allein sein können mit ihren eigenen Gedanken, nicht ständig unterbrochen werden wie in den »Interruption Factories« (»Fabriken für Unterbrechungen«), in die sich moderne Büros verwandelt haben, wo sinnlose Meetings und Telefonate den Tag zerhäckseln und verhindern, dass man »auf der Arbeit wirklich seine Arbeit machen« kann. So dass ihre Ergebnisse weniger durchdacht und schöpferisch sind.

In vielen Jobs wäre es ideal, die Vorteile der Präsenz mit den Vorteilen des mobilen Arbeitens zu kombinieren: Immer mehr Arbeitgeber lassen sich auf ein Modell ein, das zwei Tage im Büro und drei Tage Homeoffice vorsieht. So kann der Arbeitnehmer Absprachen treffen, von der Inspiration bei der unmittelbaren Begegnung profitieren und ganz generell Kontakt zu seinen Kollegen halten, auch wenn er den Rest der Zeit von zu Hause arbeitet.

Bis hierher habe ich die Chancen der Digitalisierung betont, nicht die Belastungen. Die meisten neuen Freelancer und Homeoffice-Worker werden mehr Freiheiten haben, aber auch mehr Risiken und weniger soziale Absicherung.

Für alle, die sich entschließen, weitgehend im Homeoffice zu arbeiten, gibt es eine Reihe von neuen Herausforderungen. Die erste ist wahrscheinlich der Verlust eines bestimmten Soziallebens, der aber durch die Nähe von Familienmitgliedern und Freunden teilweise ausgeglichen werden kann – und durch den bewussten Versuch, sich die nötige Stimulation durch kollegiale Gespräche und Ortswechsel selbst und anders zu organisieren.

Die zweite Herausforderung ist es, die Trennung von Arbeits- und Lebenszeit zu realisieren, auch wenn wir keine getrennten Orte mehr dafür haben. Da lohnt es sich, neue Kulturtechniken zu erfinden, kleine Tricks und Kniffe, die uns bei der eigenen Disziplinierung helfen. Die Autoren von *Remote* zitieren das lustige Beispiel eines Mitarbeiters, der sich zwei Paar Hausschuhe angeschafft hat: Das eine trägt er im Dienst, das andere in seiner Freizeit. Auch raten sie dazu, für »Arbeit & Spiel« verschiedene elektronische Geräte zu benutzen, zum Beispiel einen Desktop und einen Laptop – und dann festzulegen, dass Surfen, Chatten und Online-Shopping ausschließlich am Feierabend und auf dem Laptop erlaubt sind.

Die dritte Herausforderung besteht darin, die eigenen Vorgesetzten zu überzeugen, dass man im Remote-Modus auf keinen Fall schlechter und oft sogar besser arbeiten kann als im Büro. Das hat mit Vertrauen zu tun und mit der Fähigkeit eines Vorgesetzten, nicht nur die schiere Anwesenheit eines Mitarbeiters in seinem Büro zu kontrollieren, sondern den tatsächlichen Fortschritt seiner Arbeit zu prüfen und zu würdigen. Von dieser Vertrauenskultur sind allerdings viele Firmen noch sehr weit entfernt. Und viele Manager wollen mit eigenen Augen sehen, dass ihre Mitarbeiter acht Stunden lang brav auf ihren Drehstühlen im Büro sitzen.

Es gibt Stimmen in fast allen deutschen Parteien, die das Recht auf mobiles Arbeiten und Homeoffice als Ergänzung zum normalen Büro-Arbeitsplatz gesetzlich festschreiben wollen. Progressive Politiker denken darüber nach, wie sie den Wandel der Arbeitswelt durch Digitalisierung und demografischen Wandel politisch flankieren können. Beispielsweise, indem sie neue Formen der Arbeitsteilung fördern.

Vom Jöbchen zum Jobsharing

Die Möglichkeit des Jobsharing wird schon seit den siebziger Jahren diskutiert. Aber erst in den Nullerjahren dieses Jahrhunderts war die Zeit endlich reif für die Umsetzung. Zum einen, weil immer mehr Frauen arbeiteten, zum anderen, weil die nötigen technologischen Voraussetzungen geschaffen waren.

Jobsharing ist eine große Chance für Eltern. Und außerdem die Grundlage des Geschäftsmodells von Jana Tepe und Anna Kaiser. Die beiden sind erst 29 und 32 Jahre alt, gelten aber jetzt schon als legendäres Berliner Gründerinnen-Team. Die Tatsache, dass sie sich ihre Führungsaufgabe teilen, ist zugleich der Kern ihrer Gründungsidee: Ihr Start-up heißt »Tandemploy.com« und ist eine Plattform für Jobsharing. Sie haben noch keine Kinder, doch ihr Unternehmen kann für Eltern einen großen Mehrwert schaffen.

Das Team von Tandemploy arbeitet in einer Altbauwohnung in der Choriner Straße in Berlin-Mitte, die vier großzügigen Räume sind durch die offenen Flügeltüren mehr verbunden als getrennt, und auch sonst wirkt hier alles offen und durchlässig. In der Küche liegt ein frisch gebackenes Bauernbrot. Ich erfahre, dass einer der vier Programmierer halbtags in einer Bio-Bäckerei arbeitet und sich in seinem Blog »Stadt Land Flow« Gedanken macht, wie man die sitzende und abstrakte Tätigkeit am Computer mit handwerklichen Tätigkeiten unterbrechen kann, die den Einsatz des ganzen Körpers erfordern.

Das IT-Team hat auch die Tische gezimmert, auf denen jeweils vier Bildschirme stehen. Auf hohen, unbehandelten Holzstämmen liegen ebenfalls Tischplatten, so dass das elfköpfige Team seine Besprechungen im Stehen halten kann. Neben dem Besprechungsraum gibt es noch eine Kammer für ungestörte Telefonate und dahinter einen Ruheraum, in den man sich für eine kleine Mittagspause zurückziehen kann. Über einem der beiden

Schlafplätze steht mit blauer Schrift: Zzzzzz! Und statt gerahmter Kunst hängt hier die Arbeits- und Lebensphilosophie an den Wänden. Wenn Anna Kaiser von ihrer Tastatur aufblickt, sieht sie »Die Vision« von Tandemploy: »Stell dir eine Welt vor, in der Menschen mit weniger, aber cleverer Arbeit mehr erreichen. Eine Welt, in der die Menschen durch das Teilen von Arbeit mehr Zeit zum Leben haben. Eine lebensfreundliche Arbeitswelt, die letztlich zu mehr Freude und Motivation in beiden Lebensbereichen – der Arbeit und dem Privaten – führt. Diese Welt wird nicht nur menschlicher sein, sie wird als Nebeneffekt sogar produktiver und wirtschaftlich erfolgreicher sein, als sie es heute ist und jemals war.«

Im Jahr 2013 waren die Gründerinnen von Tandemploy noch bei »i-potentials« angestellt, einer Personalberatung für die Start-up-Welt. Eines Tages landete auf Jana Tepes Schreibtisch eine Bewerbung von zwei hochqualifizierten Frauen, die sich gemeinsam auf eine Stelle bewarben und genau beschrieben, wie sie zusammenarbeiten und sich durch unterschiedliche Talente und Erfahrungen ergänzen könnten. Tepe war wie elektrisiert und erzählte ihrer Kollegin Anna Kaiser davon … Auch die fing Feuer. Ein paar Tage später kündigten sie und begannen, an ihrem Businessplan zu arbeiten.

Seitdem ist viel geschehen. Sie sind ungeheuer gefördert worden, waren im Technologie-Inkubator, einem Entwicklungsprogramm von Microsoft, und haben eine geniale Medienkampagne gestartet, die das Thema »Jobsharing« in den Fokus der gesellschaftlichen Debatte rückte. Teilzeit bedeutet heute laut Jana Tepe fast automatisch anspruchslose Tätigkeit und das Ende der Karriere: »Viele Hochqualifizierte würden in bestimmten Lebensphasen gerne weniger arbeiten«, ergänzt Anna Kaiser. »Aber der Preis ist ihnen zu hoch.« Und beide proklamieren: »Jobsharing hebt Teilzeit auf eine ganz neue Ebene.«

Nicht nur von der Rushhour bedrängte Mütter registrieren sich mittlerweile bei Tandemploy. Stattliche 30 Prozent der Arbeitnehmer in ihrer Datenbank sind Männer beziehungsweise Väter, die sich eine buntere Arbeitswoche wünschen. »Wir fragen bei allen nach, warum sie zu uns kommen«, sagt Anna Kaiser. »34 Prozent erhoffen sich mehr Zeit für die Familie, 32 Prozent mehr Zeit für eigene Projekte, 12 Prozent mehr Zeit für Weiterbildung. Andere Gründe, die genannt werden, sind: Ehrenamt, die Pflege von Angehörigen und die eigene Gesundheit.«

Es funktioniert ähnlich wie bei einer Dating-Plattform, nur dass hier drei Parteien zusammenkommen müssen: zwei Menschen, die sich einen Job teilen, und ein Unternehmen, das sie einstellen will. Ein Algorithmus sorgt für das Matching derjenigen, die schon einmal grundsätzlich zusammenpassen. Danach kann man bei einem persönlichen Treffen herausfinden, ob die Chemie stimmt und man eine gemeinsame Zukunft als Tandem hat. Inzwischen können ihre beiden Profile in der Datenbank mit einem einzigen Klick verschmelzen und Bewerbungen wie diese entstehen lassen: »Gemeinsam sprechen wir fünf Sprachen, sind analytisch und kreativ ...«

»Das geht in Richtung dieser eierlegenden Wollmilchsau, die man als Personaler immer sucht und niemals findet«, sagt Jana Tepe ironisch.

Ein Vorteil aus Arbeitgebersicht ist die reibungslose Vertretung bei Urlaub und Krankheit. Und schon das führt dazu, dass die Unternehmen insgesamt weniger zahlen müssen, auch wenn die Lohnnebenkosten bei Jahresgehältern über 25 000 Euro leicht ansteigen.

Die beiden idealistischen jungen Frauen setzen viel daran, ihre Ideale im eigenen Unternehmen umzusetzen. »Gründer im Hightechbereich arbeiten normalerweise 80 Stunden pro Woche. Jana und ich arbeiten nur jeweils 40 – und haben ab Jahr 1 der Gründung Urlaub genommen«, sagt Anna Kaiser.

Insgesamt elf Mitarbeiter hat das Unternehmen, zwei davon sind Eltern und Jobsharer. Die junge Mutter kam nach sechs Monaten aus der Elternzeit zurück, brachte dann manchmal ihre kleine Tochter mit, die allerdings auch ein sehr friedliches Kind war. Wie werden Tepe und Kaiser es handhaben, wenn sie selbst eine Familie gründen? Wissen sie das schon?

»Meine Eltern haben viel Zeit mit mir verbracht. Und ich habe das sehr genossen«, sagt Anna Kaiser. Sie könnte sich vorstellen, nicht nur einen Ruheraum in ihrem Büro zu haben, sondern auch ein Still- und ein Spielzimmer, in dem angestellte Babysitter und Eltern abwechselnd auf die Kinder aufpassen.

Im Moment schreibt »Tandemploy« noch keine schwarzen Zahlen. Aber vor ein paar Tagen haben die Gründerinnen Verträge mit zwei milliardenschweren Dax-30-Konzernen abgeschlossen, die ihre Software intern nutzen wollen: für Mitarbeiter in der Familienphase, die als gute Teamplayer bekannt sind.

Von der Mami zum Mompreneur

Mompreneur ist ein Neologismus aus den Begriffen »Mom« und »Entrepreneur«. Er wurde 2011 das erste Mal in einem Artikel benutzt und bezeichnet Frauen, die das Muttersein mit dem Unternehmertum verbinden. Auch in Deutschland gibt es immer mehr Frauen, die sich als Mompreneur begreifen. Sandra Messer ist so eine Frau.

Ellwangen an der Jagst ist eine schwäbische Stadt mit 20 000 Einwohnern, die nicht gerade dafür bekannt ist, das deutsche Silicon Valley zu sein. Und doch bringt hier Sandra Messer das Kunststück fertig, mit nur 20 Wochenstunden Laptop-Arbeit eine fünfköpfige Familie zu ernähren. Wie kann das sein?

Sandra Messer hat eine Nische gefunden. Sie ist »Word Press«-Expertin. Das heißt, sie gibt Leuten die Antworten auf Fragen wie diese: Wie kann ich Geld verdienen mit einem Blog? Mit welcher Software kann ich eine professionell aussehende Website erstellen? Wie kann ich mein Zeitmanagement verbessern? Und wie baue ich Schritt für Schritt ein funktionierendes Online-Business auf?

Um ihr Studium zu finanzieren, begann Messer 2002 in einer Agentur Webseiten zu erstellen. Später führte sie IT-Schulungen in Firmen durch. Nach der Geburt ihres ersten Kindes 2007 ging sie in Elternzeit und überlegte sich, wie sie von zu Hause aus Geld verdienen könnte. Sie entwickelte ihre erste eigene Website und erste Schulungsvideos. Heute generiert sie den Löwenanteil ihrer Einnahmen durch solche »Webinare«, die man gegen Geld herunterladen kann.

Die beiden Messers hatten immer den Wunsch, ihren Kindern in den ersten Lebensjahren das Aufwachsen in einem häuslichen Umfeld zu ermöglichen. Und diesen Wunsch haben sie sich durch ihr kleines, aber florierendes Online-Geschäft erfüllt.

Morgens geht Sandra Messer in ihr frisch angemietetes Büro, während ihr Mann den einjährigen Sohn versorgt. Als Angestellter war er früher von 8 bis 19 Uhr unterwegs. Inzwischen ist er in den »Familienbetrieb« eingestiegen und unterstützt seine Frau bei der Buchhaltung. Mittagessenkochen übernimmt dann wieder sie.

Wie fast jedes Familienidyll musste auch dieses hart erkämpft werden: Sandra Messer sagt, dass es jahrelang keine freie Zeit gab für sie, sondern nur »den Wechsel zwischen Arbeit, Kindern und Haushalt«. Anfang 2012 kam eine schlimme Krebserkrankung im engsten Familienkreis dazu und über anderthalb Jahre Ungewissheit, Ängste und natürlich noch mehr Belastung: »Danach habe ich mich so leer gefühlt, dass ich vier Monate unfähig war, den Computer auch nur anzuschalten. Während dieser zwangsweisen Auszeit machte ich mir zum ersten Mal ernsthafte Gedanken über Work-Life-Balance und was ich wirklich im Leben will.«

Eine andere Frau, die höchst erfolgreich vermitteln kann, wie die Digitalisierung Müttern das Leben erleichtert, ist Esther Eisenhardt. Auch bei ihr war das eigene Leben der Anlass. Sie ist Mitte vierzig und hat elf Jahre in der Start-up-Welt gearbeitet, in gut bezahlten und verantwortlichen Positionen bei eBay und Brands4Friends. Nach der Geburt ihrer Töchter war sie plötzlich die Einzige weit und breit, die sich mit dem Problem der Vereinbarkeit herumschlagen musste. »Ich hatte einen Vollzeitjob von 7 Uhr morgens bis 16.30 Uhr, hetzte dann quer durch die Stadt, um meine Töchter abzuholen. Wenn sie um 19 Uhr ins Bett gingen, warteten noch mal zwei Stunden Chaosbeseitigung auf mich und zig unerledigte Dinge aus dem Büro. Irgendwann dachte ich: So geht das nicht weiter!«

Eisenhardt hatte keine Lust mehr, immer im »Firefightermodus« zu sein und trotz der ewigen Hetzerei nie den eigenen Ansprüchen zu genügen. Außerdem spürte sie, dass ihre älteste Tochter, ein sehr sensibles Kind, unter der äußeren oder inneren Abwesenheit ihrer Mutter zu leiden begann.

Also stieg sie aus, um etwas Eigenes zu gründen. »Mütter sind die am meisten unterschätzte Ressource in unserer Wirtschaft!« war ihr Ausgangspunkt. Und so gründete sie eine Jobbörse für Mütter, die den Namen »Momslink« tragen sollte. Sie wollte eine eigene Plattform schaffen, hatte einen großen Kredit von der IBB eingeworben, investierte viel Zeit, Geld und Nerven – und verlor.

Heute sieht sie, dass sie das Pferd von der falschen Seite aufgezäumt hatte. Ihr Vorhaben scheiterte daran, dass Arbeitgeber primär nach qualifizierten und zuverlässigen Arbeitskräften suchen; ob nun Mutter oder nicht.

Doch war ihr Scheitern ein fruchtbares. Ein paar Jahre später stieß sie bei einer Amerika-Reise auf den Ausdruck »Mompreneur« – und dachte: »Ja, genau, das ist es, was ich bin und sein will.« Sie sicherte sich den Domainnamen www.Mompreneurs.de und startete im Jahr 2014 ihre Webseite, die sich schon nach wenigen Monaten einer ungeheuren Beliebtheit erfreute. Eisenhardts Anliegen war es, Vorbilder zu schaffen und klarzumachen, dass man Erfolg auch anders definieren kann als in jener Start-up-Welt, die sie nach dem Studium kennengelernt hatte; wo hohe Umsatzzahlen mit einer Achtzig-Stunden-Woche bezahlt wurden, mit einer Existenz ohne Familie und Freunde.

In wöchentlichen Porträts von ausgewählten Mompreneurs machte sie Mütter sichtbar, die sowohl ein spannendes Geschäft als auch ein »lebendiges Familienleben« haben. Sie schilderte, wie sie ihr »Business« aufgebaut hatten, wie sie Arbeit und Familie miteinander vereinten. Mütter, die nicht unbedingt den Ehrgeiz hatten, das nächste »Facebook« zu gründen, aber finanziell unabhängig sein, ihre Familie emotional gut versorgen und trotzdem ihr »eigenes Ding drehen« wollten. Sie ließ sie von Frustrationen und überwundenen Tiefpunkten berichten und als Ratgeberin auftreten, die ihre »Top 3 Tipps & Tools« verrieten, um anderen Müttern Zeit, Geld und Nerven zu sparen. Ihre Porträts wurden mit Fotos illustriert, die Frauen in ihrem beruflichen und familiären Umfeld zeigten und eine selbstbestimmte, kompetente und lebensbejahende Ausstrahlung hatten, Mütter, die mit ihren Laptops an hellen Holzküchentischen sitzen, im Hintergrund ihre spielenden Kinder. Die Madonna mit dem Laptop – eine neue Ikone der Vereinbarkeit.

Eisenhardt sagt, sie arbeite heute »komplett remote«. Ihr Geschäftsmodell: Porträts – die Protagonistinnen zahlen inzwischen eine Gebühr, um vorgestellt zu werden –, Events und Coachings. Im Sommer steht sie um halb sechs auf, geht joggen, mixt sich einen grünen Smoothie – ist dann bereit für ihren Tag. Nachdem sie ihre Töchter zur Schule geschickt hat, geht sie an ihren häuslichen Schreibtisch. Von 8 bis 12 Uhr ist das, was sie ihre »Fokuszeit« nennt. Dann macht sie die Dinge, die für ihre Arbeit am wichtigsten sind, ihr am meisten Kreativität und Konzentration abfordern. Soziale Netzwerke sind vormittags tabu, E-Mails und Telefonate werden später erledigt, zu einer Tageszeit, in der die Leistungsfähigkeit sinkt, für Kommunikations- bzw. Routine-Arbeiten aber noch ausreicht.

Weil man im Homeoffice diszipliniert sein und sich eine eigene Routine aufbauen muss, denkt sie in ihrem Blog viel über technische Tools wie die Pomodoro-App nach oder wie Excel-Tabellen und den Trello-Kalender, die ihr dabei helfen, ihr Jahr, ihren Monat, ihre Woche und ihren Tag zu planen. Oder über mentale Tools, die eigentlich Formen der Selbstorganisation sind. Dazu gehört die Fähigkeit, Aufgaben zu priorisieren, und die Fähigkeit, Nein zu sagen.

Wenn ihre Töchter aus der Schule kommen, macht sie Hausaufgaben mit ihnen, liest englische Bücher vor, trainiert die richtige Aussprache. Auch hier spürt man den »Coach« in der Mutter durchschimmern. Denn das sogenannte »Mastermind«-Coaching von anderen Mompreneurs und solchen, die davon träumen, es zu werden, ist Eisenhardts wichtigste »Monetarisierungsstrategie«.

Mit ihrem Blog traf Esther Eisenhardt das Lebensgefühl einer neuen Frauengeneration, inzwischen ist sie der Kopf einer Bewegung geworden. In der wachsenden Community, die sich im Umfeld von Eisenhardts Webseite organisiert, hat sich sogar eine eigene Sprache entwickelt, die man als »Gründerinnen-Existentialismus« bezeichnen könnte: Man soll leidenschaftlich sein und sich trauen, die »Komfortzone zu verlassen« und »out of the box« zu denken.

In einer geschlossenen Facebook-Gruppe tauschen sich täglich etwa siebentausend Frauen miteinander aus, in 17 deutschsprachigen Städten gibt es regelmäßige Events und Netzwerktreffen, zu einem kommen in der Regel um die 35 Personen.

Die Frauen, die ich bei einem solchen Netzwerktreffen beobachten durfte, sind fast alle Gründerinnen und solche, die es gerne wären. Sie halten einen Vortrag, sprechen dabei mit einer betont aufrechten Haltung ins Mikrofon und stellen sich am Ende noch einmal vor: »Du, dein Business und deine Kids in 30 Sekunden!« Eine selbsternannte »Zeitmanagerin« zitiert Heidegger: »Wir verlieren unser Wesen im Alltag.« Eine Event-Agentin namens »Fräulein Feiertag« sagt lachend: »Meine Tochter wollte irgendwann nicht mehr, dass ich ihre Kindergeburtstage organisiere, jetzt quäle ich andere Kinder!« Die Betreiberinnen der Online-Shops DreiWeine und Haus-im-Glück stellen sich vor, sie schicken Spirituosen und Wohnaccessoires an ihre Kundschaft. Dann sprechen zwei Frauen, die spezielle Massagen und Sportkurse für Schwangere anbieten, und zum krönenden Abschluss eine Dame, die eine Akademie für Matrisophie gegründet hat.

Eine Frau muss tun, was eine Frau tun muss? Ganz genau!

Dieses sind Beispiele, die vom Gelingen einer Gründung handeln. Natürlich gibt es auch unzählige Geschichten, die von ihrem Scheitern erzählen. Viele Mompreneurs sind sich der Gefahren, denen sie sich aussetzen, zunächst nicht bewusst; sie verlangen sich in beiden Bereichen hohe Produktivität ab, weil die meisten ja doch versuchen, in siebzig Prozent der üblichen Arbeitszeit auf hundert Prozent der Leistung zu kommen. Und weil sie anschließend versuchen, die fehlende Erziehungszeit dadurch auszugleichen, dass sie ihre Kinder irgendwie »intensiver« erziehen als Mütter, die immer präsent sind.

So ist es nicht verwunderlich, dass viele versuchen, ihrer eigenen Beschleunigung etwas entgegenzusetzen. Die Themen Gesundheit, Schlaf, Ernährung und Bewegung spielen etwa in Eisenhardts Blog eine große, fast schon obsessive Rolle. Sie beschreibt zum Beispiel, wie sie vier Wochen nach Indien fliegt, um eine Ayurveda-Entschlackungskur zu machen. Und wie sie das von einem amerikanischen How-to-Guru entwickelte Konzept des »Miracle Morning« praktiziert: 30 bis 60 Minuten früher aufstehen und die Zeit in sich selbst investieren, durch Lesen, Tagebuchschreiben, Meditieren oder Joggen sein körperliches und geistiges Wohlbefinden steigern, bevor alle anderen Verpflichtungen des Tages losgehen.

Segen und Fluch der Digitalisierung liegen hier nah beieinander. Der Fluch ist das, was man »die Entgrenzung der Arbeit«

nennt. Gemeint ist: Nur, weil wir an jedem Ort und zu jeder Zeit arbeiten könnten, dürfen wir nicht dem Irrtum aufsitzen, dass wir auch an jedem Ort und zu jeder Zeit arbeiten sollten und müssten. Ein Leben in ständiger Erreichbarkeit lässt sich nur dann aushalten, wenn wir uns das Recht herausnehmen, private Rückzugsräume für uns und unsere Familien zu definieren.

Im Windschatten von Webseiten wie Dawanda und Co hat sich eine neue Form von »Cottage Industry« gebildet: Mütter, die in Heimarbeit hübsche Handarbeiten herstellen und über das Internet vertreiben: Kissenbezüge, die mit den Scherenschnitten der eigenen Kinder geschmückt werden, im Quiltingverfahren hergestellte Tagesdecken und liebevoll entworfene Hochzeits-einladungskarten. Das ist natürlich eine Bereicherung für den Markt und für alle Verkäuferinnen, die keine teuren Laden-flächen mehr anmieten oder stundenlang auf zugigen Markt-plätzen herumstehen müssen. Aber man sollte im Kopf behal-ten, dass 90 Prozent der Anbieterinnen bei Dawanda mit ihren Handarbeiten nur einen kleinen Zuverdienst erwirtschaften.

Das Gleiche gilt für etliche Mütter, die Onlineshops für indivi-dualisierte Babykleidung, Seidentücher und ökologische Strick-waren betreiben und »denken, sie könnten die Sache aus der Portokasse bezahlen und auf einer halben Pobacke absitzen. Das geht nämlich meistens schief«, sagt Dr. Anike von Gagern, die Mitgründerin von »Tausendkind«, »einem Kinderkaufhaus mit reiner Online-DNA«, das inzwischen siebzig Mitarbeiter hat und eine stolze Palette von 43 000 Produkten vertreibt. Von Gagern hat viele Jahre als Unternehmensberaterin bei McKinsey gearbei-tet und weiß: »Handel ist sehr kapitalintensiv. Man braucht ein Lager, und man braucht erst einmal viel Geld, um dieses Lager zu vermarkten.«

Man darf also in der Euphorie über die weibliche Gründerzeit nicht vergessen, dass Gründungen auch zu Insolvenzen und Frei-beruflichkeit zu Altersarmut führen kann.

Teil 6 Chancen

Was wir individuell verändern können

Das Nacheinander-Prinzip kann vielen Frauen und ihren Familien helfen, ein selbstbestimmteres, reicheres Leben zu führen. Natürlich berührt es die großen gesellschaftlichen und politischen Fragen; genauso aber die persönlichen. Was kann jede einzelne tun, um es leben zu können?

Vorausschauend planen –
und Überraschungen einkalkulieren

Zunächst brauchen wir eine gute Ausbildung, und die können wir auch gut planen. Allerdings besteht das Lebendige des Lebens ja darin, dass sich viele Entwicklungen unseren Planungen entziehen. Manche Frauen lernen ihre große Liebe mit 18, andere mit 38 kennen. Manche Kinder kommen ungefragt oder lassen lange auf sich warten – und trotz moderner Verhütungsmittel lässt sich der Zeitpunkt der Familiengründung nur bedingt wählen. Dennoch lohnt es sich zu überlegen, welcher Zeitpunkt für das Nacheinander-Prinzip besonders günstig ist:

Nicht zu früh, denn man muss ja erst mal lernen, auf sich selbst aufzupassen, bevor man gut auf seine Kinder aufpassen kann.

Aber während des Studiums zum Beispiel: Zwar studiert man dann länger, aber die eigenen Kinder sind vielleicht schon im fortgeschrittenen Kindergartenalter, wenn man seinen Fuß zum ersten Mal in ein Büro setzt.

Günstig ist auch, sich nach dem Studium ein paar Jahre ganz auf den Beruf zu konzentrieren, damit man sich einen Namen machen und Kontakte aufbauen kann, die man später nutzen kann.

Wenn man allzu lange wartet, kann es leider sein, dass die eigenen Kinderwünsche unerfüllt bleiben. Weil es nicht mehr gelingt, schwanger zu werden. Weil man die physische Kraft nicht mehr hat, die strapaziöse Kleinkindzeit auf sich zu nehmen. Oder weil die Großeltern zu gebrechlich sind, um im wilden Alltagsgeschäft der Kindererziehung noch mitmischen zu können.

Aber auch diese Variante gibt es: Dass eine Frau nach langer Karriere eine Familie gründet und sich freut, erst einmal ein häusliches Leben mit ihren Kindern zu führen. Dabei denke ich an eine Bekannte, die ein Unternehmen gegründet und zehn Jahre lang erfolgreich geführt hat – und die mit Anfang vierzig plötzlich fand: Soll das alles gewesen sein? Soll mein Leben so vollständig von der Arbeit aufgefressen werden? Sie suchte und fand einen neuen Lebensgefährten, der mehr Lust auf Familie hatte als der alte – und hatte Glück: Im Alter von 42 und 46 Jahren brachte sie zwei gesunde Kinder zur Welt und feierte zwei Jahre später ein rauschendes Hochzeitsfest: Beim Gang zum Altar trug sie den Brautkranz auf dem fast schon grauen Haar!

In jedem Fall muss klar sein, dass Familiengründung eine große und existenzielle Verwandlung ist. Dass wir nicht schon im Voraus wissen, welches Schicksal wir mit unseren Kindern haben und welche Persönlichkeit wir als Mutter oder Vater entfalten. Vielleicht schätzen wir den häuslichen Frieden, richten Gemüseteller und lesen die unverwüstlichen Idyllen von Astrid Lindgren vor. Oder wir nehmen unsere Kinder mit auf Dienstreise und diskutieren nachts bei McDonald's über den Sinn und Unsinn von Tischmanieren: Alles ist gut, solange wir zulassen, dass unsere Kinder bei unserem Leben dabei sein dürfen.

Die Entwicklungslinien des Kindes berücksichtigen

Natürlich gibt es Gesetze in der kindlichen Entwicklung: Die ersten drei Lebensjahre fordern eine große Hingabe, weil das Kind immerzu im Gespräch und im engen körperlichen Kontakt mit seinen Eltern stehen will. In der Kindergartenzeit baut es erste Freundschaften auf, braucht aber noch viel Zuwendung von Seiten der Familie. In der Grundschulzeit wird es spürbar selbstständiger, kann sich über längere Strecken allein und mit anderen Kindern beschäftigen. Es entwickelt realistische Vorstellungen von seiner Umwelt und findet sich in seinem Alltag zurecht. In dieser Zeit wächst der Spielraum, den die erziehenden Eltern für ihre Berufstätigkeit haben, sehr schnell. Weswegen manche Mütter und Väter die Grundschul- und frühe Gymnasialzeit als eine Art »Goldenes Zeitalter« empfinden: Man ist den Kindern noch sehr nah, hat aber schon wieder Raum für ein eigenes Leben. In der Pubertät ist die Erziehung nicht so zeitaufwendig wie früher, aber auf andere Weise anstrengend: Jetzt heißt es, die Kinder nicht über eine Fahrt aufnehmende Karriere völlig aus den Augen zu verlieren. Man benötigt Zeit für Gespräche, die auf sehr grundsätzliche Fragen Antwort geben, sowie Nerven aus Stahl für endlose Diskussionen, wilde Gefühlsausbrüche und Phasen der absoluten Lethargie. Übergänge brauchen generell mehr Aufmerksamkeit als Zeiten der Kontinuität: Einige berufstätige Eltern nehmen deshalb zum Beispiel eine Auszeit, um die Einschulung ihres Kindes zu begleiten.

So weit die vorhersehbaren Entwicklungen, aber was ist mit den unvorhersehbaren? Was, wenn ein Kind plötzlich ausgeschlossen wird von seinen Klassenkameraden, wenn der beste Freund sich abwendet, die erste Liebe in einem Desaster endet? Was, wenn der Sohn an seiner Lese-Rechtschreib-Schwäche verzweifelt oder die Tochter eine rätselhafte Autoimmunkrankheit bekommt? Ich kenne keine Mutter, die in solchen Krisen nicht alles daransetzt, so viel wie irgend möglich für ihr unglückliches Kind da zu sein.

Und das ist der Punkt: Das moderne Leben handelt davon, die Entwicklungslinien der eigenen Kinder in Einklang zu bringen mit der jeweiligen Karrierelogik des eigenen Berufs. Und ein Gespür zu entwickeln, in welchen Phasen wir den Fokus auf die Familie und in welchen wir ihn auf den Beruf legen sollten.

Was die Politik verändern muss

Wir können unsere individuellen Lebensläufe neu organisieren, aber das reicht nicht. Gemeinsam müssen wir die Institutionen reformieren, damit das Nacheinander-Prinzip für immer mehr Frauen und Männer eine gute und realistische Option wird.

Ehegattensplitting zeitlich begrenzen

Beim Ehegattensplitting wird das Einkommen eines Paares zusammengerechnet, halbiert und erst dann besteuert. Davon profitieren vor allem Paare, bei denen ein Partner viel, der andere wenig verdient, also zum Beispiel Paare mit traditioneller Rollenverteilung, bei denen der Mann arbeitet und die Frau bei den Kindern zu Hause bleibt. Oder auch umgekehrt: bei denen die Frau die Familie ernährt und der Mann die Kinder betreut.

In den letzten Jahren ist das Ehegattensplitting in die Kritik geraten. In der SPD und bei den Grünen wird schon seit einigen Jahren diskutiert, ob man es nicht sogar abschaffen sollte. Das Problem ist janusköpfig: Durch die Einführung der Individualbesteuerung könnte zwar die Berufstätigkeit der Mütter gefördert werden, doch zugleich wären Mütter dann häufiger gezwungen, kurz nach der Geburt ihrer Kinder wieder Vollzeit arbeiten zu gehen.

Für das Nacheinander-Prinzip ist Ehegattensplitting besser als Individualbesteuerung. Aber noch besser wäre es, wenn der Staat das Ehegattensplitting zeitlich begrenzen würde. Denn wenn die Kinder größer werden, ist diese steuerliche Begünstigung nicht mehr so nötig. Weil die Betreuung dann weniger zeitaufwendig ist für die Eltern.

Die Mütter – noch sind ja meistens sie es – könnten wieder mehr Zeit in ihre Berufstätigkeit investieren. Und die Gehälter der Eltern steigen in der Regel mit der wachsenden Berufserfahrung.

Deshalb plädiere ich dafür, das Ehegattensplitting zeitlich zu begrenzen – also es bis zu dem Zeitpunkt laufen zu lassen, an dem das jüngste Kind der Familie zum Beispiel zwölf Jahre alt ist – und danach auf die Individualbesteuerung umzusteigen. So würde der Staat einen finanziellen Anreiz für den beruflichen Wiedereinstieg der Mütter beziehungsweise Väter setzen, die eine längere Familienphase gemacht haben. Damit sie nicht versucht sind, sich für immer in der Hausfrauen- und Hausmänner-Rolle einzurichten, in einer allzu kleinen und unterambitionierten Teilzeit oder schlimmer noch: in einem Minijob ohne Perspektive. Mit meinem Vorschlag könnte man Familien fördern und es vielen Eltern erleichtern, sich ein paar Jahre ganz der Erziehung ihrer Kinder zu widmen. Und mit der zeitlichen Begrenzung könnte man sie dazu anhalten, sich rechtzeitig um ihre berufliche Zukunft zu kümmern.

Denn beim reinen Ehegattensplitting ist der finanzielle Anreiz für den beruflichen Wiedereinstieg zu gering. Und es ist eigentlich nicht einzusehen, dass Mütter, die sich die Doppelbelastung von Familie und Vollzeitberufstätigkeit in der Rushhour des Lebens antun, Paare quersubventionieren, die gar keine Kinder haben, beziehungsweise Paare, deren Kinder längst aus dem Haus sind.

Auch halte ich für unnötig, dass jemand sich in Vollzeit um das Wohlergehen seines Ehepartners kümmert. Jedenfalls nicht, solange dieser Partner gesund ist. In einem Zwei-Personen-Haushalt sind die Aufgaben überschaubarer und leichter zu teilen.

Wichtig wäre noch, dass man das Ehegattensplitting für die inzwischen weithin anerkannte Neudefinition von Familie öffnet: Familie ist dort, wo Kinder sind – und wo Erwachsene im Alltag Verantwortung für sie übernehmen. Das Splitting sollte also auch für Paare gelten, die ohne Trauschein zusammenleben, und natürlich auch für Eltern und Kinder in Patchwork-Familien. Allerdings muss auch gelten: Wer ohne Trauschein den Splittingvorteil für sich in Anspruch nimmt, muss auch ohne Trauschein eine weitergehende finanzielle Verantwortung füreinander übernehmen, wenn die Beziehung scheitert.

Elterngeld verlängern

Das Ehegattensplitting hilft allerdings nur Familien, die genug verdienen, um überhaupt nennenswert Einkommenssteuer zu zahlen. Aber was ist mit den vielen Familien, die weniger verdienen? Wie unterstützt man sie dabei, sich eine Familienphase eher leisten zu können? Das Elterngeld hilft ihnen im ersten Jahr. Aber im zweiten Jahr müssen beide Eltern in der Regel an ihren Arbeitsplatz zurückkehren und ihre Kinder fremdbetreuen lassen. Auch wenn sie gerne noch länger selbst für ihre Kinder sorgen würden – oder sich nicht sicher sein können, dass die Fremdbetreuung liebevoll und kindgerecht ist.

Die Einführung des einkommensabhängigen Elterngelds war eine wichtige Modernisierung der deutschen Familienpolitik. Aber Antje Schmelcher hat in ihrem Buch *Feindbild Mutterglück* zu Recht darauf hingewiesen, dass das Elterngeld eine soziale Schlagseite hat. Weil die Mütter und Väter mit hohen Einkommen, also in der Regel Akademikerinnen und Akademiker, finanziell stärker profitieren. Und weil diese privilegierte Gruppe ohnehin in der glücklichen Lage ist, eine Familienphase aus eigener Tasche bezahlen zu können.

Im Sinne des sozialen Ausgleichs wäre es deshalb vernünftig, über ein »Elterngeld 2.0« nachzudenken: also über eine Fortzahlung des Elterngeldes im zweiten Lebensjahr eines Kindes – zumindest für jene Eltern, die mit ihrem Arbeitseinkommen unter einer bestimmten Grenze liegen. Auf diese Weise hätten alle die Chance, das Nacheinander-Prinzip zu realisieren!

Frühkindliche und schulische Bildung fördern

Außerdem sollte der Staat massiv in die Qualität von frühkindlicher und schulischer Bildung investieren. Das betrifft die Konzepte, die Ausstattung, die Ausbildung und den Betreuungsschlüssel, damit die Erziehenden eher die Chance haben, auf das einzelne Kind, seine besonderen Eigenschaften und Bedürfnisse einzugehen. Nur diejenigen Eltern, die ihr Kind »gut aufgehoben« wissen, haben die nötige Gemütsruhe, sich in ihrer Arbeitszeit wirklich auf ihre Arbeit zu konzentrieren. Und das ist von überragender Bedeutung für diejenigen, die Vollzeit arbeiten müssen, um den Lebensunterhalt für ihre Familie zu verdienen.

Unterhaltsrecht verbessern

Im Sinne des Nacheinander-Prinzips sollte man neu über das im Jahr 2005 bzw. 2008 veränderte Unterhaltsrecht nachdenken. Alleinerziehende Geschiedene müssen nach einer Entscheidung des Bundesgerichtshofs Vollzeit arbeiten, sobald ihr jüngstes Kind drei Jahre alt ist. Ein Anspruch auf Unterhalt vom Ex-Partner besteht dann nur noch, wenn der betreuende Elternteil nachweisen kann, dass er aufgrund konkreter Umstände nicht in vollem Umfang arbeiten kann.

Doch im Alter von drei Jahren ist ein Kind noch sehr bedürftig und profitiert sehr von der persönlichen Zuwendung des ihm verbliebenen Elternteils. Vollzeit zu arbeiten, allein ein kleines Kind zu erziehen und den gesamten familiären Alltag zu organisieren, führt regelmäßig zu Situationen der Überforderung. Deshalb plädiere ich dafür, dass alleinerziehende Geschiedene ab dem dritten Geburtstag erst wieder Halbzeit arbeiten müssen und dann stufenweise mehr, bis die Vollzeit-Pflicht mit Vollendung des zwölften Lebensjahres des jüngsten gemeinsamen Kindes erreicht wird. Ähnliche Modelle sollten auch für Paare ohne

Trauschein gelten, sofern sie das angestrebte befristete Ehegatten-splitting für sich in Anspruch genommen hatten.

Alles schön und gut, könnten man jetzt einwenden: Aber wie soll der Staat diese zusätzlichen Leistungen bezahlen? Ich schlage eine dreifache Umverteilung vor: von den Kinderlosen zu den Familien, von den älteren zu den jüngeren Eltern, von den besser Verdienenden zu den schlechter Verdienenden, und zwar in der berechtigten Hoffnung, dass das Geld dann bei den Kindern ankommt und in die Lebenschancen der nachwachsenden Generation investiert wird.

Dabei geht es nicht notwendig um mehr Umverteilung per se, sondern auch um einen fairen Ausgleich für Familien. Es ist ein offenes Geheimnis, dass das deutsche Rentensystem nachteilig wirkt für Eltern und vorteilhaft für kinderlose Paare: Letztere können sich nämlich ganz auf ihr berufliches Fortkommen konzentrieren, höhere Einkommen erreichen, einen höheren Rentenanspruch erwerben und mehr für private Vorsorge ausgeben. Zugleich gehen sie davon aus, dass die Kinder anderer Leute später die Rente für sie erwirtschaften.

Betrachten wir im Vergleich ein Paar mit drei oder mehr Kindern. Bei sogenannten Mehrkindfamilien ist die Arbeitskraft eines Elternteils oft ein bis zwei Jahrzehnte zumindest halb durch die vielfältigen Anforderungen der Erziehung gebunden. Die Familie muss in dieser Zeit mit einem reduzierten Familieneinkommen auskommen, kann weniger in die Rentenkasse einzahlen und hat im Alter deutlich weniger Geld zur Verfügung als kinderlose Paare. Und das, obwohl sie durch die Erziehung ihrer Kinder eine wichtige Voraussetzung dafür schafft, dass das umlagenfinanzierte Rentensystem überhaupt noch funktionieren kann.

Neben einer anderen Familienbesteuerung könnte diese Ungerechtigkeit auch direkt angegangen werden: So könnte man statt drei Jahren fünf Jahre Erziehungszeit in der Rentenversicherung anrechnen oder das Existenzminimum von Kindern vom

Einkommen abziehen, bevor die Sozialabgaben berechnet werden.

Mutige Reformen angehen

Im Jahr 2001 veröffentlichte die brillante amerikanische Wirtschaftsjournalistin Ann Crittenden ihr Buch *The Price of Motherhood. Why the most important Job in the World is still the least valued* (*Der Preis der Mutterschaft. Warum der wichtigste Job in der Welt immer noch so wenig honoriert wird*). Dort schreibt sie, dass Frauen längst befreit wurden, Mütter hingegen nicht. Weil sie ökonomisch immer noch stark benachteiligt werden. Und weil unsere Gesellschaft und unsere Institutionen die ungeheure Arbeit ignorieren, die eine Mutter investieren muss, um ein einziges gut erzogenes Kind zu »produzieren«.

Crittenden argumentiert, dass ungefähr zwei Drittel des Bruttosozialprodukts in Form von »Humankapital« geschaffen werden – also von neugierigen, freundlichen, fähigen und schöpferischen Menschen. Und sie sagt, dass das Potential eines Menschen besonders in den ersten Lebensjahren gefördert wird – durch Mütter und andere enge Bezugspersonen von Kindern, die durch ihre tatkräftige Zuwendung die Grundlagen für unseren gesellschaftlichen Wohlstand legen. Nur leider können Mütter an diesem Wohlstand nicht direkt teilhaben. Bisher schlägt der von ihnen geschaffene Mehrwert kaum bei ihren Renten zu Buche. Er schützt sie nicht davor, im Beruf marginalisiert zu werden, wenn sie sich in bestimmten Lebensphasen weigern, Vollzeit zu arbeiten. Und er bewahrt sie nicht vor dem sozialen Abstieg, wenn sie sich scheiden lassen und als Alleinerziehende durchs Leben schlagen.

Was Crittenden am Amerika der Jahrtausendwende kritisiert, gilt in Abschwächung auch für das heutige Deutschland. Eine neue Generation von Politikern müsste antreten, um diese Missstände wenigstens teilweise zu beseitigen: Mit familienpolitischen Reformen allein wird das allerdings nicht gelingen, auch der Arbeitsmarkt und die Unternehmen müssen reformiert werden.

Renteneintritt verzögern und flexibilisieren

Der Arbeitsmarkt der Zukunft wird von zwei Faktoren bestimmt, von der demografischen Entwicklung und von der Digitalisierung. Frauen und Männer werden älter, sie sind länger leistungsfähig. Und die Berufe verändern sich so, dass körperliche Kraft und Ausdauer eine immer kleinere Rolle spielen. Viele Arbeitnehmer können und wollen länger arbeiten und gesellschaftliche Verantwortung übernehmen. Deshalb sollte man das Alter für den Renteneintritt hochsetzen und zugleich flexibilisieren.

Das höhere Renteneintrittsalter ist gut für das Nacheinander-Prinzip, weil es sich dann noch mehr lohnt, in den Wiedereinstieg nach Familienphasen zu investieren. Es lohnt sich für die Mütter, die Väter, den Staat und die Unternehmen. Noch zwanzig, dreißig, manchmal vierzig Jahre Berufstätigkeit vor sich zu haben, das ist eine verdammt lange Zeit!

Die Motive des Staates liegen auf der Hand: Wenn es den Müttern gelingt, auf ihrem Qualifikationsniveau in einen lukrativen Job einzusteigen, dann wächst das Bruttosozialprodukt, steigt das Steueraufkommen und die Frauen können für ihre eigene finanzielle Absicherung sorgen. Zugleich sinkt die Gefahr, dass der Staat aufgrund von Arbeitslosigkeit oder Altersarmut für sie aufkommen muss.

Bildung für Erwachsene besser organisieren

Die disruptiven Prozesse, die mit der Digitalisierung einhergehen, sind ein weiterer Grund, mit dem lebenslangen Lernen endlich ernst zu machen.

Seit der Bundestagswahl 2017 gibt es einen frischen Konsens bei etablierten Parteien, dass der Staat massiv in die Weiterbildung seiner Bürger investieren sollte. Die SPD will ein »Chancenkonto« einführen, die CDU ein »gesetzliches Zeitguthaben«, die Grünen eine »Arbeitsversicherung«, die FDP wirbt für das vom Bausparen inspirierte »Bildungssparen«, und die Linke fordert sogar einen Rechtsanspruch auf Weiterbildung.

Die Konzepte der Parteien sind also verschieden. Aber alle sind sich einig, dass man mehr Angebote für Weiterbildung schaffen muss, und vor allem, dass die Menschen mehr Geld und mehr Zeit brauchen, um diese Angebote dann auch wahrzunehmen.

Zunächst einmal: Wie könnte man die Weiterbildungslandschaft in Deutschland diversifizieren?

Die Universitäten und Fachhochschulen könnten mehr Fortbildungskurse für bereits Graduierte anbieten, für Erwachsene, die eigentlich schon voll im Leben stehen und dennoch für eine Weile in die Hörsäle zurückkehren.

Und wie wäre es mit der Erfindung eines »Senior Master«, eines auf zwei Semester verkürzten Studienganges, der das Fachwissen von berufserfahrenen Absolventen auffrischt und sie in die jüngsten Entwicklungen in Forschung und Technik einführt?

Man sollte neue Fächerkombinationen zulassen, also die Möglichkeit, nach dem Bachelor einen Master in einem anderen Fach anzuschließen. Die Menge der »nicht-konsekutiven Masterstudiengänge«, die das erlauben, ist in Deutschland nämlich noch vergleichsweise klein.

Außerdem muss man mehr Studiengänge berufsbegleitend studieren können: mit einer Mischung aus Online- und On-Campus-Kursen, mit Seminaren, die am Abend, am Wochenende oder in den Sommerferien stattfinden. Dabei könnte man sich die »Harvard Extension School« zum Vorbild nehmen, in der Harvard-Professoren jährlich 14000 erwachsene Studenten unterrichten, die neben der Universität familiäre und berufliche Verpflichtungen jonglieren. Ihnen bieten neue Formen des E-Learning (wie Video-Vorlesungen und Web-Konferenzen) die nötige räumliche und zeitliche Flexibilität.

Weiterbildung fördern

Aber oft ist gar nicht die akademische, sondern die betriebliche Weiterbildung der richtige Weg. Und hier kann der Staat eine Partnerschaft eingehen mit den Unternehmen: Er kann den Arbeitgebern Zuschüsse zahlen und den Arbeitnehmern in der Zeit des Verdienstausfalls unter die Arme greifen: Durch ein zinsloses Darlehen zum Beispiel oder eine Art »sekundäres BAföG« für Berufstätige. Im Namen des Nacheinander-Prinzips würde ich es begrüßen, wenn jede Mutter beispielsweise einen staatlichen Bildungsgutschein erhielte: sechs Monate Weiterbildung pro Kind!

Qualifizierung ist der Schlüssel zum wirtschaftlichen Erfolg Deutschlands und zur Sicherung der Beschäftigung. Qualifizierung muss eine wichtige Aufgabe der Bundesagentur für Arbeit werden, da sind viele Politiker sich einig. Und die größte Behörde des Bundes mit fast 100 000 Mitarbeitern muss sich dahingehend reformieren.

Arbeitsagenturen reformieren

Nicht nur bei der Qualifizierung, sondern auch bei der Beratung sehe ich dort großen Handlungsbedarf. Bei den Recherchen zu diesem Buch habe ich mit etlichen Wiedereinsteigerinnen gesprochen, die unerfreuliche Erfahrungen mit Arbeitsagenturen gemacht haben. Annette Raschke* zum Beispiel: Sie hat studiert, bei einer Stiftung gearbeitet, dann zehn Jahre im Ausland gelebt, ihre zwei Söhne erzogen, gut Englisch gelernt und ehrenamtlich eine NGO unterstützt. Aber als sie mit Ende vierzig hoffnungs-

voll in einem Thüringer Jobcenter vorsprach, sagte ihre »Fall-
managerin«: »Für Sie sind alle Züge abgefahren. Sie sind unver-
mittelbar.« Raschke brauchte Monate, um sich von diesem »Beratungsgespräch« zu erholen und genug Selbstbewusstsein zu
mobilisieren, um ihre Arbeitssuche wieder aufzunehmen.

Immerhin hatte der frühere Leiter der Bundesagentur für Arbeit Frank-Jürgen Weise gewisse Defizite in seiner Behörde bereits 2008 anerkannt und deshalb gemeinsam mit der damaligen
Familienministerin Ursula von der Leyen das Aktionsprogramm
»Perspektive Wiedereinstieg« ins Leben gerufen, von dem weiter
oben die Rede war. Aber dieses Aktionsprogramm ist klein und
nur ein Tropfen auf den heißen Stein. Es könnte noch viel, viel
mehr getan werden.

Returnships einführen

Wichtig wäre es, das Programm »Perspektive Wiedereinstieg« zu
erweitern und sogenannte Returnships einzuführen. »Returnship« kommt von »Internship«, dem englischen Wort für Praktikum. Es handelt sich dabei um spezielle Unternehmenspraktika
für Frauen und Männer, die ihre Karriere einige Jahre unterbrochen haben, um Familienarbeit zu leisten, und die nun in die
Arbeitswelt zurückkehren wollen. In Amerika werden sie seit einigen Jahren sehr erfolgreich vergeben. Die NGO *Path Forward*
etwa hat viele große Unternehmen wie PayPal, Goldman Sachs
und Deloitte bei der Frage beraten, wie sie Returnship-Programme einführen können und so Zugang bekommen zu einem interessanten neuen Talentpool.

Üblicherweise startet ein Returnship-Programm zweimal im
Jahr und dauert drei Monate. Eine Klasse von jeweils acht bis
fünfzehn Teilnehmern begibt sich auf die Reise. Der Vorteil: Sie
können sich untereinander austauschen, und für das Unternehmen lohnt es sich, ein eigenes Trainingsprogramm für die Gruppe anzubieten.

Returnships werden bezahlt, dauern wenige Monate und sind auf die Übernahme in eine reguläre Beschäftigung angelegt. Eine Übernahmegarantie gibt es nicht. Im Durchschnitt werden jedoch 80 Prozent der Rückkehrerinnen direkt übernommen, weil sie so die Chance haben, ihre Vorgesetzten durch Engagement und Fähigkeiten zu überzeugen. Und zwar auch dann, wenn sie in eine Position einsteigen, die im Grunde neu für sie ist.

So gesehen sind Returnship wie eine Probe- oder Kennenlernzeit nach einer Lücke im beruflichen Lebenslauf. Wiedereinsteigerinnen können außerdem herausfinden, ob und wo genau sie im neuen Unternehmen am richtigen Platz wären, während sie ihre Kenntnisse auffrischen.

Was könnte unser Familien- und Arbeitsministerium tun, um Deutschland in dieser Hinsicht voranzubringen?

- Es sollte die »Perspektive Wiedereinstieg« um ein groß angelegtes »Returnship«-Programm ergänzen.
- Es sollte einen finanziellen Anreiz für die Unternehmen setzen, hier Pionier zu sein. Und zum Beispiel den ersten 50 Großkonzernen, 100 Mittelständlern und 200 kleineren Betrieben, die Returnship-Programme einführen, einen Teil der Anlaufkosten ersetzen.
- Es sollte Qualitätsstandards für Returnship-Programme setzen. Returnships müssten auf jeden Fall besser bezahlt werden als normale Praktika, um die langjährige Berufserfahrung der Bewerber zu honorieren. Returnships dürften nicht länger als ein paar Monate dauern, um sicherzustellen, dass sie sich nicht heimlich in eine neue »Praktikumsfalle« für 40-jährige Frauen verwandeln. Außerdem müsste gewährleistet sein, dass alle Programme bestimmte Elemente der Orientierung und Schulung enthalten (Mentorengespräche, Workshops und Ähnliches.)
- Eine zentrale Webseite sollte alle offenen Returnship-

Stellen sichtbar machen und Onlinebewerbungen
ermöglichen.

Was die Wirtschaft verändern muss

Neben der Politik spielt die Wirtschaft eine entscheidende Rolle für das Gelingen des Nacheinander-Prinzips. Die Politik kann die richtigen Anreize setzen für den Wandel, aber die Unternehmen müssen ihn schließlich vollziehen, im eigenen Interesse und im Interesse der Zukunftsfähigkeit unserer Gesellschaft.

Arbeitszeit weiter flexibilisieren

Eine politische und betriebswirtschaftliche Großbaustelle ist die Flexibilisierung der Arbeitszeit. Zwar gibt es schon lange das Recht auf Teilzeit, aber etliche Mütter tappen in die berüchtigte »Teilzeitfalle« – und kommen dort nie wieder heraus, selbst dann nicht, wenn ihre jugendlichen Töchter und Söhne sie längst um einen halben Kopf überragen. Umfragen zeigen, dass viele Männer mehr und viele Frauen weniger arbeiten, als sie sich wünschen.

Deshalb setzte sich die SPD in der letzten Legislaturperiode für ein Rückkehr-Recht auf Vollzeit ein. Doch der Gesetzentwurf, ursprünglich im Koalitionsvertrag vereinbart, scheiterte im Mai 2017 am Veto der CDU und am Widerstand der Arbeitgeber, die den größeren bürokratischen Aufwand und steigende Kosten fürchteten. Zu Recht? Immerhin ist im aktuellen Koalitionsvertrag erneut ein Rückkehrrecht auf Vollzeit verankert, allerdings umfassend nur für Unternehmen ab 200 Mitarbeitern.

Durch eine bessere Vereinbarkeit von Beruf und Privatleben können sich Firmen als attraktive Arbeitgeber positionieren: Sie haben mehr und bessere Bewerbungen. Die Mitarbeiter sind zufriedener, motivierter, leistungsfähiger und loyaler. Es gibt weniger Kündigungen, weniger Verlust von Wissen und gewachsenen Arbeitsbeziehungen, weniger Kosten für Rekrutierung und Einarbeitung.

Eine neue Unternehmenskultur prägen

Seien wir realistisch: Natürlich ist es den Arbeitgebern in der Regel lieber, wenn Mütter und Väter nach dem Gleichzeitigkeits-Prinzip leben – wenn sie dem Unternehmen möglichst schnell nach der Geburt eines Kindes wieder zur Verfügung stehen, wenn sie Vollzeit arbeiten und den Löwenanteil der Familienarbeit delegieren.

Aber trotzdem kann es von Vorteil sein, wenn sie ihren Mitarbeiterinnen und Mitarbeitern signalisieren: Bei uns habt ihr zusätzlich die Option des Nacheinander-Prinzips. Ihr könnt ein paar Jahre weniger arbeiten oder ganz aussteigen: Wir unterstützen euch dann beim Wiedereinstieg! Diese Ansage hilft, um qualifizierte Frauen zu gewinnen und dauerhaft an das eigene Unternehmen zu binden. Und sie hilft, ihnen die quälende Unruhe zu nehmen: Was passiert, wenn ich es doch nicht schaffe, alles auf einmal zu bewältigen? Wenn das zweite Kind schneller kommt als geplant, wenn die Eingewöhnung im Kindergarten schiefläuft oder wenn ich vor lauter Stress ein halbes Jahr lang eine Sinusitis nach der anderen bekomme?

Neben den Maßnahmen, die Arbeitnehmern mehr ungestörte Zeit am Arbeitsplatz schenken (Betriebskindergärten), brauchen wir auch Maßnahmen, die Arbeitnehmern mehr ungestörte Zeit mit der Familie schenken. Dazu gehören:

- die Gewissheit, die gesetzlich zugesicherten Schutzzeiten in Anspruch nehmen zu können, ohne mit massiven Karrierenachteilen rechnen zu müssen
- mehr Auszeiten für Kindererziehung, Pflege und

Weiterbildung sowie Sabbaticals für persönliche Zwecke
- die Erlaubnis, die wöchentliche Arbeitszeit in bestimmten Abständen neu festlegen zu können, zu reduzieren und zu steigern (Wahlarbeitszeit)
- mehr Freiheit bei der Wahl des Arbeitsortes (Homeoffice, mobiles Arbeiten)
- mehr Angebote für hochqualifizierte Teilzeit (etwa durch Jobsharing)

Es wäre wünschenswert, dass die Unternehmen anfangen, den Prozess des Ausstiegs, der Familienphase und des Wiedereinstiegs ihrer Mitarbeiter systematisch zu begleiten: Durch Personalentwicklungsgespräche, Kontakthalten, Coaching, Seminare und Schulungen. Außerdem sollten sie sich durch Auswahlwochenenden, spezielle Returnship- und Traineeprogramme und Ausbildungen stärker öffnen für talentierte Quereinsteigerinnen und Quereinsteiger.

Natürlich wäre die Erwartung übertrieben, dass die Firmen jeden der genannten Vorschläge aufgreifen. Aber die Arbeitsgeber sollten zumindest diejenigen Vorschläge umsetzen, die zu ihrem eigenen Profil und ihren eigenen Bedürfnissen passen.

Familienfreundlichkeit richtet sich eben auch an diejenigen, die eine Hochleistungskarriere vorhaben und wissen, was das für einen Drahtseilakt in der Familiengründungsphase bedeutet. Familienfreundlichkeit im Unternehmen ist für solche Mitarbeiter der Sicherungsgurt, der Mut macht und die Angst vor dem Absturz oder Burnout nehmen kann.

Seriöse Arbeitnehmer haben ein vitales Interesse daran, nachhaltig mit ihren Arbeitnehmern umzugehen. Sie sollen sich anstrengen, aber nicht vor Überforderung krank werden, freudlos und unproduktiv.

In einem Text über »Vereinbarkeit« bei der Firma Bosch steht die Formulierung, dass »Bosch familiäre Verpflichtungen genauso wertschätzt wie berufliches Engagement«. Und Formulierungen wie diese sind Vorboten einer anderen Unternehmenskultur, einer neuen geistigen Haltung.

In ihrem TED-Talk aus dem Jahr 2014 sagt Anne-Marie Slaughter: »Als Führungskraft und als Managerin habe ich stets nach der Maxime gehandelt: Wenn die Familie an erster Stelle steht, heißt das nicht, dass der Beruf an zweiter Stelle stehen muss. Haben Sie ein familiäres Problem? Dann erwarte ich, dass Sie sich darum kümmern, und bin zuversichtlich – und meine Zuversicht hat sich stets ausgezahlt –, dass die Arbeit dennoch gemacht und besser gemacht wird.« Sie sagt, dass Mitarbeiter, die einen Grund haben, nach Hause zu kommen, um für ihre Kinder oder Familienmitglieder zu sorgen, fokussierter und zielorientierter seien. Die besten Unternehmen wüssten das. Und eine Studie aus dem Jahr 2012 zeige, dass Praktiken, die die Bedürfnisse der Mitarbeiter respektieren, die Betriebskosten der Firma senken und ihre Anpassungsfähigkeit in der globalen Dienstleistungsgesellschaft steigern.

Warum? Weil Flexibilität dann zwei Seiten hat: Wenn die Firma ihren Mitarbeitern entgegenkommt, sind die Mitarbeiter auch gerne bereit, ihrer Firma entgegenzukommen.

Wie wir die Kultur verändern können

Aber nicht nur die Unternehmenskultur muss sich verändern. Insgesamt brauchen wir eine Kultur, in der die Arbeit, die traditionell von Männern erledigt wurde, genauso geachtet wird wie die Arbeit, die traditionell von Frauen erledigt wurde – und zwar unabhängig von der Frage, wer sie macht. Berufstätigkeit und Fürsorge für die Menschen, die man liebt, bezahlte und unbezahlte Arbeit, beides ist unverzichtbar für den Reichtum unserer Gesellschaft. Das klingt trivial, ist es aber nicht.

Meine kleine Tochter überraschte mich neulich mit der Beobachtung: »Männer können nur Hosen anziehen, Frauen können Hosen, Röcke und Kleider anziehen. Stimmt doch, oder, Mami?« Ja, stimmt. Frauen sind schon lange modern, schon weil sie es sein mussten. Männer fangen gerade erst an.

Im Grunde ist unsere Kultur noch nicht so weit. Selbstbewusste Männer wie der von mir beschriebene Mathias, die ein Jahrzehnt lang zu Hause bei der Familie bleiben, gehören heute, über 200 Jahre später, immer noch zu einer kleinen Avantgarde. Viele Männer fürchten immer noch, ihre Männlichkeit zu verlieren, wenn sie nicht die Rolle des Ernährers ausfüllen. Viele Frauen behaupten zwar, halbe-halbe machen zu wollen, wählen ihre Männer aber dann doch nach dem Kriterium: Kann er Karriere machen und gut verdienen?

Woran liegt das? Ist es unsere Erziehung? Ist es »das System«? Sind nicht auch wir »das System«?

Natürlich will ich, dass meine Tochter gut in der Schule ist, im Kopf rechnen und Schach spielen kann, dass sie auf hohe Berge klettert und ihren Fahrradplatten repariert – genauso wie ihre drei Brüder. Aber ich will auch, dass meine Söhne Freude am Kochen entwickeln, wissen, wie man hinterher die Küche aufräumt, ich bitte sie, auf ihre jüngeren Geschwister aufzupassen, ihnen die Hausaufgaben zu erklären und sie zu trösten, wenn sie sich weh getan haben. Denn ich will, dass sie ein breites Spektrum an menschlichen Möglichkeiten haben, auf das sie als Erwachsene zurückgreifen können.

Ich will, dass meine Kinder auf Bilder, Bücher, Theaterstücke, Videos und Filme stoßen, die ihnen helfen, diese menschlichen Möglichkeiten zu entwickeln – und die Achtung für bezahlte und unbezahlte Formen der Arbeit transportieren, ohne im Eifer des Gendermainstreaming über das Ziel hinauszuschießen.

Bei etlichen Kinderbüchern ist uns das in letzter Zeit nämlich unangenehm aufgefallen. Meine Söhne sagen dann: »Natürlich, schon wieder ist das Mädchen die Heldin, unternehmungslustig und mutig – und der Junge? Ein Angsthase und ein Schulversager.« Diese Einseitigkeit ärgert sie, genauso wie die Dekonstruktion von ritterlichen Tugenden, die die Autorin Cornelia Funke beispielsweise in ihren 1994 erschienenen *Rittergeschichten* betreibt. Darin sind alle Ritter nur lächerliche Figuren, so als seien die Tapferkeit und der Idealismus des männlichen Geschlechts nichts als Lüge und Pose. Aber das ist auch unfair, wenn man den Jungs auf diese Weise ihre Identifikationsfiguren wegnimmt!

Durch Einblicke in die Kulturen anderer Länder ist mir klar geworden: Andere Länder können uns inspirieren, aber letztlich muss Deutschland seinen eigenen Pfad der Modernisierung finden. Mit ihrer weitgehend staatlich durchorganisierten Kindheit sind Belgien und Frankreich für mich keine Vorbilder: Ich will keine einseitige politische Förderung einer »Doppel-Vollzeit-1,4-Kinder-Monokultur«. Im Vergleich dazu gibt es in Deutschland eine Hochkultur des In-Ruhe-zu-Hause-Erziehens und eine sehr vielfältige Bildungslandschaft, auf die wir stolz sein können: staatliche und private Schulen, halbtags und ganztags, mit ganz unterschiedlichen pädagogischen Konzepten bis hin zu Waldorf und Montessori. Genauso wenig wie wir in der Pädagogik an eine allein seligmachende Lehre glauben, sollten wir an eine allein seligmachende Familienform glauben.

Als politisch Engagierte können wir alle dazu beitragen, den Bewusstseinswandel voranzutreiben, als Teil der Arbeitswelt, als Kulturschaffende, Erziehende, als Menschen im Alltag, die mit kleinen Gesten ihre Wertschätzung für andere ausdrücken.

Ich denke an diejenigen, die ihre ganze Kraft und Fantasie der Familie widmen und die immer da sind, wenn ihre Kinder oder ihre Eltern sie brauchen.

Ich denke an diejenigen, die die Kühnheit haben, ein kinderloses Leben ins Auge zu fassen, weil sie frei sein wollen für ihre intellektuellen Abenteuer. Oder weil sie sich einfach auf ihren Beruf konzentrieren wollen und dort großartige Dinge leisten.

Ich denke an diejenigen, die ihre Berufstätigkeit in der Rushhour des Lebens durchstehen und es dennoch irgendwie schaffen, ihre Kinder nicht im Stich zu lassen.

Ich denke an die Alleinerziehenden, die keine andere Wahl hatten, als alles auf einmal zu machen, und die sich ein Bein ausreißen, um ihre Kinder gut zu erziehen und für ihren Lebensunterhalt aufzukommen.

Und natürlich denke ich an die beeindruckenden Frauen in meinem Buch. Ich wollte diese neuen »Heldinnen der Wirklichkeit« ins Rampenlicht holen.

Ich bin davon überzeugt, dass viel davon abhängt, die Lebensleistung von anderen anzuerkennen, auch, wenn diese Lebensleistung von ganz anderer Art ist als die eigene. Diese Toleranz und Großzügigkeit, die muss man üben. Dass wir sie oft nicht haben, liegt an dem Leidensdruck, den wir als moderne Mütter nun mal haben. An dem Gefühl, gescheitert zu sein, nur weil wir nicht alle traditionellen und modernen Ideale eines gelingenden weiblichen Lebens auf einmal verkörpern können.

Ich selbst hatte in der Familienphase oft den Eindruck, dass meine Leistung nicht gesehen wurde.

Aus dieser Missachtung entsteht das Bedürfnis, auch die anderen zu missachten und den Blick auf das zu richten, was ihnen fehlt, was sie schlecht gemacht haben … Aber das ist der Weg der Schadenfreude und der Eifersucht – ein falscher Weg, Schwestern!

Warum diese Besessenheit von unseren ungelebten Möglichkeiten? Ist sie vielleicht die Kehrseite der neuen Wahlfreiheit? Und zugleich das, was uns daran hindert, wirklich frei zu sein?

Könnten wir nicht mehr auf die gelebte Wirklichkeit schauen, auf das, was wir gut machen? Weniger auf das, was *nicht* passiert ist?

In Brüssel ist mir das aufgefallen, bei den Eltern, die ihre Kinder wie wir auf die Internationale Deutsche Schule schickten. In dieser Expat-Community gab es viele gut ausgebildete Mütter, die zu Hause bei ihren Kindern waren – und die sich wie ich gerne durch die beruflichen Möglichkeiten definierten, die sie ausgeschlagen hatten. Sie waren Fast-*Süddeutsche*-Redakteurin, Fast-Persönliche-Referentin von Jürgen Trittin, Fast-Cheflektorin eines großen italienischen Verlags, Fast-Sopranistin an der Oper von Singapur, und sie alle bekamen ernste Gesichter und wurden melancholisch, wenn sie daran dachten, was wohl aus ihnen geworden wären, wenn … wenn sie keine Kinder gehabt hätten, wenn sie die Kinder stärker delegiert hätten, wenn sie nicht mit ihrem Mann ins Ausland gezogen wären, vielleicht auch, wenn sie noch begabter und kompromissloser gewesen wären; aber daran dachten sie natürlich weniger gern.

Sie alle hatten noch Kontakt zu irgendwelchen Weggefährtinnen von früher, die inzwischen große Karrieren gemacht hatten. Und wenn sie in der Zeitung von ihren jüngsten Erfolgen lasen, dann gab es ihnen plötzlich einen Stich in den eingeschläferten ehrgeizigen Teil ihres Herzens.

Aber zugleich gab ihnen die Expat-Situation die willkommene Gelegenheit, sich in Ruhe um ihre Familien zu kümmern. Weil sie gar keine Arbeitserlaubnis hatten. Weil sie hier nicht in ihren alten Beruf zurückkehren konnten. Weil ihr Mann zwar sehr viel arbeiten musste, aber dafür genug verdiente, dass sie als Familie eine hohe Miete und haushaltsnahe Dienstleistungen bezahlen konnten. Und weil es bei den ständigen Umzügen und Schulwechseln, die sie ihren Kindern zumuteten, wenigstens ein Elternteil geben musste, der für Kontinuität sorgte – und der sie für die schmerzliche Abwesenheit von Großeltern, engen Verwandten und gewachsenen Freundschaften entschädigte.

Viele dieser Expat-Frauen lebten nach der Devise: Wenn schon Familie, dann richtig! Sie hatten mindestens drei Kinder und einen hohen Anspruch an sich selbst als Erzieherin, Mentorin und Familienmanagerin. Gerne ließen sie Kenntnisse aus ihren früheren professionellen Kontexten in ihren Alltag einfließen.

Ich denke zum Beispiel an eine frühere Unternehmensberaterin, die mit Hilfe von Excel-Tabellen errechnete, welche Mengen von welchen Lebensmitteln sie für das Backen ihrer Weihnachtsplätzchen benötigte – und welche Sorten sie wann backen musste, um eine optimale Ausnutzung von überflüssigen Eigelben und Eiweißen zu erreichen.

Viele von ihnen hatten dennoch das Bedürfnis, die Karrierefrauen schlechtzureden, denen sie bei den offiziellen Abendessen mit ihren Männern begegneten. Und sich zu weiden an den Anzeichen von Wohlstandsverwahrlosung, die sie bei deren Kindern bemerkten, seien es nun Sprachfehler, Computerspielsucht oder ein Mangel an Empathie …

Das war ihre Rache für die kalten Blicke, die wiederum die Karrierefrauen auf sie geworfen hatten, wenn sie auf die zuallererst gestellte Frage, was sie denn eigentlich beruflich machten, nicht viel antworten konnten, ins Stammeln gerieten, ins Prätendieren, in einen peinlichen Rechtfertigungszwang.

Das ist ein Beispiel für den Mangel an Toleranz und Großzügigkeit, von dem ich gerade sprach. Von dem Leidensdruck und der panischen Angst, das falsche Leben gewählt oder in das falsche Leben hineingeraten zu sein.

Diese Zerrissenheit hat mich einige Jahre lang gelähmt. Ich konnte mich weder in den Beruf noch mit ganzem Herzen in die Familienarbeit stürzen.

Damit es anderen nicht so geht, auch deshalb habe ich dieses Buch geschrieben. Hätte mir das Nacheinander-Prinzip schon damals so klar vor Augen gestanden wie jetzt, dann wäre ich von Anfang an fröhlicher gewesen und voll Zuversicht: dass alles seine Zeit hat …

»You can't *have* it all!« So lautet der berühmte Slogan von Anne-Marie Slaughter. Ein Satz, der trifft, der auch mich trifft, der nur etwas zu gierig klingt in meinen Ohren. Da fällt mir dieser Schlager von Gitte ein, der mir schon als Teenager irgendwie penetrant erschien: »Ich will alles, ich will alles, und zwar sofort!« Wie wäre es mit: You can't *be* it all!

Das klingt nun, als wollte ich zum Schluss alle visionären Lebensentwürfe auf ein mittleres Niveau herunterbrechen. Nein, das will ich nicht. Aber wenn wir unsere Lebenskraft auf Familie und Beruf aufteilen, dann dauern die Dinge nun einmal länger als bei den Menschen, die sich auf eine einzige Sache konzentrieren. Das heißt nicht, dass wir uns mit dem Mittelmaß bescheiden müssen.

Die Frauen in diesem Buch sind alles andere als mittelmäßig, aber sie mussten einen langen Atem haben, um ihre hochgesteckten Ziele zu erreichen. Aushalten, dass es viele Jahre gab, in denen das, was sie taten, zunächst nach nichts aussah. Und auch offiziell nichts galt. Obwohl es doch so wichtig war und so wertvoll.

Also: Freuen wir uns an unseren lieben, prächtigen, unausstehlichen Kindern, solange sie noch bei uns zu Gast sind!

An die, die noch keine haben und zurückschrecken vor dem vermaledeiten Vereinbarkeitsproblem: Seid beherzt! Und eins nach dem anderen.

Lassen wir doch die Ängste hinter uns, die Angst, zu spät zu kommen und etwas zu verpassen. Die Angst, nicht perfekt zu sein und zu versagen.

Es gibt so viel mehr Wege, beruflich erfolgreich zu werden, nicht nur die konventionellen, so viele Plätze, wo kluge, gütige und fähige Menschen gebraucht werden. Legen wir los und gucken, was geht!

Literaturverzeichnis

Teil 1 Das Nacheinander-Prinzip

Im Gleichzeitigkeitswahn

S. 10   Wißmann, Konstantin/Heckendorf, Katharina: Vereinbarkeit. Wer weiß, wie's geht? In: Die Zeit, 1. Juni 2016

S. 10   Knauß, Ferdinand: Die Lüge von der Vereinbarkeit. In: Die Wirtschaftswoche, 6. Februar 2015

S. 11   Bertram, Hans: Keine Zeit für Liebe – oder: Die Rushhour des Lebens als Überforderung der nachwachsenden Generation? In: Hans Bertram/ Bujard, Martin (Hrsg.): Zeit, Geld, Infrastruktur – zur Zukunft der Familienpolitik, Nomos 2012

S. 11   Bernau, Patrick: Karriere macht man früh. Wer in seinem Leben viel verdienen will, muss vor dem 35. Geburtstag damit anfangen. In: Frankfurter Allgemeine Zeitung, 25. Februar 2015

S. 11   Erster Gleichstellungsbericht für die Bundesregierung: Neue Wege – Gleiche Chancen. Gleichstellung von Frauen und Männern im Lebensverlauf, 2011

S. 12   Scheidungsquoten in Deutschland und der Welt. FoWid - Forschungsgruppe Weltanschauungen in Deutschland, 2016

S. 12   Russell Hochschild, Arlie: The Second Shift. Working Parents And the Revolution At Home. Viking 1989

S. 13   Russell Hochschild, Arlie: Outsourced Self. What Happens, If We Pay Others To Live Our Lifes, Picador 2012

S. 15   Baum, Antonia: Man muss wahnsinnig sein, heute ein Kind zu kriegen. In: Frankfurter Allgemeine Sonntagszeitung, 6. Januar 2014

S. 16   Huebener, Mathias / Müller, Kai-Uwe / Spieß, Katharina C. / Wrohlich, Katharina: Zehn Jahre Elterngeld: Eine wichtige familienpolitische Maßnahme. In: DIW Wochenbericht Nr. 49/2016

Was mir vorschwebt

S. 17   Bundesministerium für Familie, Senioren, Frauen und Jugend: Wachstumseffekte einer bevölkerungsorientierten Familienpolitik, Berlin 2006

S. 17   Brisch, Karl-Heinz: Bindungsstörungen: Von der Bindungstheorie zur Therapie, Klett-Cotta 2017

S. 17   Statistisches Bundesamt: Sterbetafel 2013/2015, Methoden- und Ergebnisbericht zur laufenden Berechnung von Periodensterbetafeln für Deutschland und die Bundesländer, 2016

S. 19 Tolstoi, Leo und Rosemarie Tietze (Übersetzerin): Anna Karenina, dtv 2011

S. 24 Bundeszentrale für politische Bildung: Junge Frauen: Bessere Schulabschlüsse – aber weniger Chancen beim Übergang in die Berufsausbildung, 2.7.2004

S. 24 OECD Studie, Lohngefälle zwischen Männern und Frauen. In: Manager Magazin, 17. Dezember 2012

S. 26 Werbetext der Firma Bosch. In: Zeit Spezial. Arbeit. Liebe. Geld. Heft 2/2016, nach S. 80.

S. 28 Sennett, Richard: Der flexible Mensch, BVT 2006

Die Angst vor dem Urteil der anderen

S. 31 Abel, Carolin/Hellebrand, Bettina/Mänken, Sabine (Hrsg.): Die verkaufte Mutter. 21 Erfahrungsberichte zur Freiheit der modernen Frau, Quell Edition 2015, S. 53

S. 32 Rudzio, Kolja/Schwarze, Till/Thurm, Frida/Venohr, Sascha: Wozu der ganze Stress? In: Die Zeit, 22. Januar 2017

Die drei Wellen des Feminismus. Und der Anfang der vierten

S. 34 Friedan, Betty: The Feminine Mystique, Penguin Modern Classics 2010

S. 34 Nave-Herz, Rosemarie: Die Geschichte der Frauenbewegung in Deutschland, Leske + Budrich 1994

S. 34 Karl, Michaela: Die Geschichte der Frauenbewegung, Reclams Universal-Bibliothek 2011

S. 34 Hähnel, Silvia/Pawlak, Britta: Gleichberechtigung für Mann und Frau – Ein langer Weg. Auf: Helles Köpfchen.de

S. 34 Bertram, Hans/Deuflhard, Carolin: Zentrale familienbezogene Reformen: 1969-1986. In: Die überforderte Generation. Arbeit und Familie in der Wissensgesellschaft, Verlag Barbara Budrich 2015, S. 93

S. 35 Brost, Marc/Wefing, Heinrich: Geht alles gar nicht. Warum wir Kinder, Liebe und Karriere nicht vereinbaren können, Rowohlt 2015

S. 36 Garsoffky, Susanne/Sembach, Britta: Die Alles ist möglich-Lüge. Wieso Familie und Beruf nicht zu vereinbaren sind, Pantheon 2014, S. 208

S. 36 Radisch, Iris: Die Schule der Frauen. Wie wir Familien neu erfinden, DVA 2007

S. 36 Gaschke, Susanne: Die Emanzipationsfalle. Erfolgreich, einsam, kinderlos, Bertelsmann 2005

S. 37 Russell Hochschild, Arlie: Time Bind. When Work Becomes Home & Home Becomes Work, Metropolitan Books 1997

S. 37 Ehrenreich, Barbara/Russel Hochschild, Arlie: Global Woman: Nannies, Maids And Sex Workers In The New Economy, Metropolitan Books 2003

S. 37 Crittenden, Danielle: What Our mothers Didn't Tell Us. Why Happiness Eludes The Modern Woman, Simon and Schuster 1999

S. 37 Crittenden, Ann: The Price Of Motherhood. Why The Most Important Job In The World Is Still The Least Valued, Picador 2001

S. 37   Sandberg, Sheryl: Lean In: Women, Work, And The Will To Lead, Alfred
        A. Knopf 2013
S. 37   Slaughter, Anne-Marie: Why women still can't have it all. In: The Atlan-
        tic, Juli/August 2012
S. 37   Slaughter, Anne-Marie: Can we all ›have it all‹? TED-Talk auf: www.ted.
        com 2013. Deutsche Übersetzung auf: www.youtube.com 2014
S. 37   Slaughter, Anne-Marie: Was noch zu tun ist. Damit Frauen und Männer
        gleichberechtigt leben, arbeiten und Kinder erziehen können, Kiepen-
        heuer & Witsch 2016
S. 38   De Marneffe, Daphne: Die Lust, Mutter zu sein, Piper 2007, S. 340f.

Kritik von rechts

S. 40   Herman, Eva: Das Eva-Prinzip. Für eine neue Weiblichkeit, Pendo 2006
S. 41   Kelle, Birgit: Muttertier. Eine Ansage, Fontis 2017, S. 7f. , S. 21
S. 42   Kelle, Birgit: GenderGaga: Wie eine absurde Ideologie unseren Alltag
        erobern will, Kopp Verlag 2015
S. 42   Pfister, René: Der neue Mensch. Unter dem Begriff »Gender Main-
        streaming« haben Politiker ein Erziehungsprogramm für Männer und
        Frauen gestartet. In: Der Spiegel, Ausgabe 1/2007
S. 42   Ewert, Burkhard: »Überleben des eigenen Volkes sicherstellen«. AfD:
        Petry will Volksentscheid über Abtreibung. In: Neue Osnabrücker Zei-
        tung, 21. August 2014
S. 42   Antrag der Alternative für Deutschland auf dem 4. Bundesparteitag in
        Bezug auf Gender Mainstreaming/Gender Diversity (Gender-Ideologie),
        2015

Kritik von links

S. 44   Mika, Bascha: Die Feigheit der Frauen: Rollenfallen und Geiselmentali-
        tät. Eine Streitschrift wider den Selbstbetrug, Goldmann 2012
S. 44   Schäfer, Andreas: Probleme in Pink. Frauen sind selber schuld. In: Tages-
        spiegel, 3. Februar 2011
S. 44   Unterberg, Swantje im Interview mit Barbara Stiegler: Cappuccino-
        Mütter sind eine Gefahr für die Gleichstellung. In: Spiegel Online,
        22. Juni 2017
S. 44   Bronsky, Alina: Achtung, Cappuccino-Mütter gefährden die Emanzipa-
        tion. In: Berliner Zeitung, 2. Juli 2017
S. 47   Dorn, Thea: Die neue F-Klasse. Wie die Zukunft von Frauen gemacht
        wird, Piper 2006

Das umgekehrte Tabu

S. 46   De Marneffe, Daphne: Die Lust, Mutter zu sein, Piper 2007, S. 17f.
S. 46   Schmelcher, Antje: Feindbild Mutterglück. Warum Muttersein und
        Emanzipation kein Widerspruch ist, Orell Füssli 2014, S. 61-85
S. 48   Bronsky, Alina/Wilk, Denise: Die Abschaffung der Mutter. Kontrolliert,
        manipuliert und abkassiert – warum es so nicht weitergehen darf, DVA
        2016

My Way – oder die Unkultur des Bereuens

S. 51 Donath, Orna: #regretting motherhood. Wenn Mütter bereuen, Knaus 2016

S. 52 Mundlos, Christina: Wenn Muttersein nicht glücklich macht. Das Phänomen Regretting Motherhood, Mvg Verlag 2016

S. 52 Kant, Immanuel, hrsg. von Wilhelm Weischedel: Kritik der reinen Vernunft, Suhrkamp Taschenbuch Wissenschaft 1995, B75

S. 56 Morrison, Toni: Menschenkind, Rowohlt 2000

Teil 2 Lebensgeschichten

Amelie, die Theaterintendantin

S. 79 Deuflhard, Amelie / Krempl-Klieeisen, Sophie: Volkspalast: Zwischen Aktivismus und Kunst, Theater der Zeit 2006

S. 79 Deuflhard, Amelie (Hrsg.): Spielräume produzieren – Sophiensäle, Theater der Zeit 2006

S. 85 Heftige Diskussion um AfD-Anzeige gegen Kampnagel-Chefin. In: Hamburger Abendblatt, 17. Dezember 2014

Ursula, die Ärztin

S. 101 Fischer, Sarah: Warum ich lieber Vater geworden wäre, Ludwig 2016

S. 101 Chua, Amy: Battle Hymn Of The Tiger Mother, Bloomsbury 2012

Paula, die Wissenschaftlerin

S. 102 Bleckmann, Paula: Medienmündig. Wie unsere Kinder selbstbestimmt mit dem Bildschirm umgehen lernen, Klett-Cotta 2012

S. 111 Bleckmann, Paula / Fenner, Irmela: Verankerung und Vertreibung in realen und virtuellen Welten. Biographische Längsschnittinterviews zur Bewältigung bei Computerspielsucht. Verlag Barbara Budrich, BIOS, Jg. 26, Heft 1, 2013

S. 117 Deutscher Bundestag. Bericht des Ausschusses für Bildung, Forschung und Technikfolgenabschätzung: Neue Elektronische Medien und Suchtverhalten, 2016

Mathias, der Consultant

S. 137 Rosin, Hanna: The End of Men and the Rise of Women, Viking 2012

S. 138 Koppetsch, Cornelia / Speck, Sarah: Wenn der Mann kein Ernährer mehr ist, Edition Suhrkamp 2015

S. 140 Gaschke, Susanne: Erst das Kind macht den Mann. In: Die Zeit, 4. Oktober 2015, S. 3

S. 141 Gesterkamp, Thomas: Die neuen Väter zwischen Kind und Karriere, Verlag Barbara Budrich, 2010

Teil 3 Bestandsaufnahmen

Angestellte im öffentlichen Dienst

Angestellte in der Privatwirtschaft

Herausforderungen

Teil 4 Expertisen

Hartmut Rosa

S. 182 Rosa, Hartmut: Beschleunigung und Entfremdung. Entwurf einer Kritischen Theorie spätmoderner Zeitlichkeit, Suhrkamp 2014

S. 182 Rosa, Hartmut: Resonanz. Eine Soziologie der Weltbeziehung, Suhrkamp 2017

S. 182 Rosa, Hartmut: Autonomieerwartung und Authentizitätsanspruch. Das Versprechen der Aufklärung und die Orientierungskrise der Gegenwart. In: Laboratorium Aufklärung. Olaf Breidbach und Hartmut Rosa (Hrsg.), Wilhelm Fink Verlag 2010

Hans Bertram

S. 187 Bertram, Hans: Familien leben. Neue Wege zur flexiblen Gestaltung von Lebenszeit, Arbeitszeit und Familienzeit, Verlag Bertelsmann Stiftung 1997

S. 188 Bertram, Hans: Familien brauchen Zeit. Warum wir so wenig Geburten haben. In: Frankfurter Allgemeine Zeitung, 21.4.2004

S. 188 Siebter Familienbericht für die Bundesregierung: Familie zwischen Flexibilität und Verlässlichkeit – Perspektiven für eine lebenslaufbezogene Familienpolitik, 2006

S. 188 Bertram, Hans/Bujard, Martin (Hrsg.): Zeit, Geld, Infrastruktur – zur Zukunft der Familienpolitik, Nomos 2012

S. 188 Bertram, Hans/Deuflhard, Carolin: Die überforderte Generation. Arbeit und Familie in der Wissensgesellschaft, Verlag Barbara Budrich 2015

Katrin Göring-Eckardt

S. 195 Erler, Gisela: Das Müttermanifest, 1987

S. 196 Buchsteiner, Jochen: Lasset die Kinder zu uns kommen. Der grüne Führungsnachwuchs rüstet zum Kampf. In: Die Zeit, 10. Mai 2001

S. 196 Göring-Eckardt, Katrin: Leichter gesagt als getan. Familien in Deutschland, Herder 2006

S. 106 Göring-Eckardt nennt bisherige Familienpolitik der Grünen falsch. In: Huffpost, 23. August 2014

S. 197 Deutscher Bundestag: Zeit für mehr – Damit Arbeit gut ins Leben passt. Antrag der Fraktion Bündnis 90/Die Grünen, Juli 2016

S. 197 Grüne Zeitpolitik. Alles unter einen Hut. Auf: www.gruene-bundestag. de

S. 197 Göring-Eckardt, Katrin: Familien und Alleinerziehende entlasten und allen Kindern dieselben Chancen geben, Familienpolitisches Entlastungspaket/18. Mai 2017

S. 198 Schröder, Christina: Abschaffung des Ehegattensplittings wäre perfide. In: Die Welt, 6. Dezember 2017

Christiane Grunwald

S. 201 Grunwald, Christiane: Personalerhaltung im oberen Management. Strategien und Maßnahmen zur Vermeidung ungewollter Fluktuation, Springer Fachmedien 2001

S. 201 Grunwald, Christiane: Führungskultur bei Trumpf, Trumpf GmbH + Co 2016

S. 201 Königer, Marc: Moderne Arbeitszeitgestaltung bei Trumpf, Trumpf GmbH + Co 2013

S. 201 Achtsam. Geschäftsbericht der Firma Trumpf im Jahr 2014/2015, Trumpf GmbH + Co 2015

S. 201 Leibinger, Berthold: Wer wollte eine andere Zeit als diese. Ein Lebensbericht. Murmann 2010

S. 201 Leo, Maxim: Die Madonna aus Schwaben. In: Berliner Zeitung, 6. Juli 2012

S. 201 Wißmann, Konstantin / Heckendorf, Katharina: Vereinbarkeit. Wer weiß, wie's geht? In: Die Zeit, 1. Juni 2016

S. 207 Heuser, Uwe Jean im Interview mit Nicola Leibinger-Kammüller: Wir waren durchgeschwitzt. In: Die Zeit, 26. April 2017

Klaus F. Zimmermann

S. 208 Zimmermann, Klaus F.: Reflexionen zur Zukunft der Arbeit. In: Hinte, Holger / Zimmermann, Klaus F. (Hrsg.): Zeitenwende auf dem Arbeitsmarkt. Wie der demografische Wandel die Erwerbsgesellschaft verändert, Bundeszentrale für politische Bildung 2013

S. 208 Rinne, Ulf/Zimmermann, Klaus F.: Die digitale Arbeitswelt von heute und morgen. In: Arbeit und Digitalisierung. Aus Politik und Zeitgeschichte, 66. Jahrgang, 18-19, 2016

S. 208 Ford, Martin: Aufstieg der Roboter. Wie unsere Arbeitswelt gerade auf den Kopf gestellt wird – und wie wir darauf reagieren müsse, Plassen 2016

Teil 5 Metamorphosen

Eine weibliche Gründerzeit

S. 219 Bundesweite Gründerinnenagentur (bga): Gründerinnen und Unternehmerinnen in Deutschland – Daten und Fakten IV, Nr. 39, 2015, S. 8, S. 13

S. 220 Bundesweite Gründerinnenagentur (bga): Gründerinnen und Unternehmerinnen in Deutschland I-III – Personenbezogene Daten und Fakten, Nr. 35, 2013

S. 220 Studie 3. DSM (Deutscher Startup Monitor). Hrsg. von KPMG in Deutschland, 2015

S. 220 www.nelka.net

S. 223 Barcomi, Cynthia: Kochbuch für Feste, Goldmann 2008

S. 223   Barcomi, Cynthia: Let's Bake: 70 wundervolle Back-Rezepte, die perfekt gelingen!, Mosaik 2013
S. 223   Barcomi, Cynthia: Cheesecakes, Pies & Tartes, Mosaik 2016
S. 227   Van Laak, Petra: 1 Frau 4 Kinder 0 Euro (fast). Wie ich es trotzdem geschafft habe, Droemer 2012
S. 227   Van Laak, Petra: Auf eigenen Beinen. Eine vierfache Mutter startet in die Selbständigkeit, Droemer 2013
S. 227   Van Laak, Petra: Duden Ratgeber – Clever texten fürs Web: So bringen Sie Ihr Unternehmen zum Glänzen – auf Homepage, Blog, Facebook und Co, Duden Verlag 2017
S. 227   www.text-vanlaak.de
S. 231   www.wertvolle-worte.de
S. 242   www.tandemploy.de

Vom sinnlosen Meeting ins Homeoffice

S. 235   Guillebeau, Chris: The $100 Dollar Startup, Pan Books 2012
S. 236   Musil, Robert: Der Mann ohne Eigenschaften, Rowohlt 1978, S. 31
S. 236   Beise, Marc / Schäfer, Ulrich: Schöne neue Arbeitswelt. In: Deutschland Digital. Unsere Antwort auf das Silicon Valley. Campus 2016, S. 198 f.
S. 237   Baltzer, Sebastian: Vorsicht, Home-Office! In: Frankfurter Allgemeine Sonntagszeitung, 28. Januar 2018
S. 239   Fried, Jason / Heinemeier Hansson, David: Remote. Office not required, Vermillion 2013, S. 19

Von der Mami zum Mompreneur

S. 245   www.sandra-messer.info
S. 246   www.mompreneurs.de
S. 251   www.tausendkind.de

Teil 6 Chancen

S. 260   Schmelcher, Antje: Feindbild Mutterglück. Warum Muttersein und Emanzipation kein Widerspruch ist, Orell Füssli 2014
3. 263   Crittenden, Ann: The Price of Motherhood. Why the Most Important Job in the World is Still the Least Valued, Picador 2001
S. 266   Schwarze, Till / Zacharakis, Zacharias: Bieten Bildung, suchen Wählerstimmen, Chancenkonto, Familienzeit, Bildungssparen, grüne Arbeitsversicherung. In: Zeit Online, 18. Juli 2017
S. 267   Aktionsprogramm Perspektive Wiedereinstieg. Auf: www.perspektivewiedereinstieg.de
S. 272   Slaughter, Anne-Marie: Can we all »have it all«? TED-Talk auf: www.ted.com 2013. Deutsche Übersetzung auf: www.youtube.com 2014
S. 274   Funke, Cornelia: Rittergeschichten – Aus der Serie: Leselöwen, Loewe 2000.

Danksagung

Ich danke all den Frauen und Männern, die mir ihre Lebensgeschichten erzählt haben,
den Experten, die dem Thema Tiefe und Weite gaben,
meiner Agentin Elisabeth Ruge, die mich zu diesem Projekt er-
mutigte,
dem Suhrkamp Verlag und vor allem meiner Lektorin Rebecca
Casati, die es einfühlsam und kompetent begleitete,
meinem Mann und meinen Eltern Elisabeth und Karl Corino
für ihr waches Interesse und ihre moralische Unterstützung,
und nicht zuletzt meinen Kindern, die mich zu diesem Buch ins-
piriert und in den letzten Wochen tapfer ausgehalten haben, dass
ich jedes Versprechen mit den Worten begann: »Wenn ich mein
Buch fertig habe, dann ...«

Eva Corino